社会治理·能力为本系列丛书

社 区 治 理

主　编　郭小建

副主编　溥存富　刘宇竹

西南交通大学出版社
·成都·

图书在版编目（ＣＩＰ）数据

社区治理 / 郭小建主编. —成都：西南交通大学
出版社，2018.12（2024.7 重印）
（社会治理·能力为本系列丛书）
ISBN 978-7-5643-6644-5

Ⅰ. ①社… Ⅱ. ①郭… Ⅲ. ①社区管理 – 研究 – 中国
Ⅳ. ①D669.3

中国版本图书馆 CIP 数据核字（2018）第 285621 号

社会治理·能力为本系列丛书
Shequ Zhili

社区治理

主编　郭小建

责 任 编 辑	罗小红
封 面 设 计	原谋书装
出 版 发 行	西南交通大学出版社
	（四川省成都市二环路北一段 111 号
	西南交通大学创新大厦 21 楼）
发行部电话	028-87600564　028-87600533
邮 政 编 码	610031
网　　　址	http://www.xnjdcbs.com
印　　　刷	四川煤田地质制图印务有限责任公司
成 品 尺 寸	185 mm×230 mm
印　　　张	13.25
字　　　数	287 千
版　　　次	2018 年 12 月第 1 版
印　　　次	2024 年 7 月第 4 次
书　　　号	ISBN 978-7-5643-6644-5
定　　　价	36.00 元

课件咨询电话：028-87600533
图书如有印装质量问题　本社负责退换

前 言
PERFACE

2017年6月12日《中共中央 国务院关于加强和完善城乡社区治理的意见》(以下简称《意见》)发布。《意见》是为实现党领导下的政府治理和社会调节、居民自治良性互动,全面提升城乡社区治理法治化、科学化、精细化水平和组织化程度,促进城乡社区治理体系和治理能力现代化提出的。城乡社区治理事关党和国家大政方针贯彻落实,事关居民群众切身利益,事关城乡基层和谐稳定。

本书共分九章。第一章阐述了社区的定义及社区的基本要素,第二章阐述了社区治理的理论,第三章阐述了社区治理体制的内涵,第四章阐述了社区治理的模式,第五章详细介绍了社区治理的多元主体及其权责义务,第六章对社区公共事务进行了介绍,第七章对社区治理中的社区商业服务展开介绍和分析,第八章重点对个案工作、小组工作、社区工作三种方法作扼要的介绍,第九章收录了重庆仁爱社会工作服务中心自组织化社区治理4S模式项目案例。

本书由重庆城市管理职业学院郭小建任主编,重庆城市管理职业学院溥存富、重庆市青年职业技术学院刘宇竹任副主编。各章节分工如下:第一章由重庆城市管理职业学院郭小建执笔,第二章由重庆仁爱社会工作服务中心黄全美执笔,第三章由重庆仁爱社会工作服务中心张小江执笔,第四章由重庆仁爱社会工作服务中心李莉执笔,第五章由重庆仁爱社会工作服务中心黄婉秋、周玲玲执笔,第六章由重庆市青年职业技术学院刘宇竹、重庆仁爱社会工作服务中心王喻燕执笔,第七章由重庆仁爱社会工作服务中心何春燕、西华大学黄皓执笔,第八章由重庆城市管理职业学院李科蕾执笔,第九章由重庆仁爱社会工作服务中心万文、冉燕执笔。

由于时间仓促,加之编者水平有限,书中难免存有疏漏之处,诚恳地希望各位专家、学者及社会工作者给予我们反馈,并不吝赐教。

编者组
2018年5月

目　录
CONTENTS

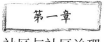

第一章
社区与社区治理

第二章
社区治理理论

第三章
我国城市社区治理体制的历史沿革

第九章

社会工作方法在社区治理中的应用实务

第一章 社区与社区治理

【本章概览】

本章阐述了社区的定义及社区的基本要素，社区的类型及其功能，社区治理的含义及我国社区治理的基本原则，同时分析了治理与统治的区别、治理与管理的区别。

【学习目标】

1. 掌握社区的定义
2. 掌握社区的类型
3. 掌握社区的构成要素
4. 掌握社区的功能
5. 掌握社区治理的定义
6. 掌握社区治理的基本原则

【导入案例】

人人都当"臭皮匠" 社区就会有"超级诸葛亮"
（资料来源：人民网–上海频道）

"俗话说得好，'三个臭皮匠，赛过诸葛亮'，日常生活中，我们普通人只能充当臭皮匠，而很难成为诸葛亮。但如果我们的社区居民都来充当臭皮匠，那我们社区里就会有一位'超级诸葛亮'。"闵行区莘庄镇都市星城居民区党支部书记李复兴这样说。

搭平台，聚人气，居民参与是前提

2015年初，莘庄镇提出下属居委会打造"一支部一品牌"的要求，都市星城居委会借此机会深入群众，想实实在在为居民做点事情，动员居民自发自治，打造居民主人翁社区。当年3月，李复兴在支部会议上提出了有关"臭皮匠"的想法，大家众说纷纭，想做又怕做不起来。后来，居委会和党员骨干抱着试试看的心态开始了召集居民、招募志愿者等工作。

最初到工作室的居民只是聚在一起喝喝茶，聊聊天，没有硬性规定和要求，用李复兴的话说就是"聚聚人气，让大家都知道有这么一个平台和地方"，短时间内便起到了不错的宣传效果，在聊天的过程中也自然而然地反映出许多小区内部的矛盾和问题，这为"臭皮匠工作室"的成立打下了很好的基础。

随着工作室的人气越聚越旺，议事的氛围越来越浓，2015年5月，"臭皮匠工作室"正式挂牌成立。目前，"臭皮匠"工作室有核心成员14人，基本以党员为主。工作室定于每周三和周六召开讨论会，大家围绕着一个核心议题进行讨论。如果可以立即解决的问题，与会人员会立即执行，保证解决问题的效率。与很多小区自治只有老年人参与的现象不同，工作室周六的讨论会议主要针对在职的年轻党员，保证了居民年龄段的多样化。工作室在每月25日会开展一系列的志愿服务活动，如清理社区垃圾，美化社区环境。据悉，工作室目前已经形成了自己的宗旨、目标、任务以及严格的考勤制度。

居民事，居民议，设身处地办民事

被盗失窃事件是小区里的老大难问题。居民老王（化名）因自行车乱放乱停而被盗。老王心里不舒服，跑去找物业大吵大闹，物业工作人员跟老王百般解释仍不管用，使得物业很头疼。"臭皮匠"们得知此事，主动找老王沟通。首先指明"这件事情责任在自身，乱停乱放本来就是不对的"，其次柔性说服"反正自行车也很破旧了，就当换新的了，旧的就淘汰了"。"臭皮匠"们的你一言我一语，使老王渐渐放宽了心，接受了来自"臭皮匠"们的劝告。

看似一件不值一提的小事，却容易激化居民与物业公司的矛盾。同样的话，在物业嘴里说出来就是"强词夺理""找借口找理由"，但是在平时抬头不见低头见的居民口中说出来就是关心和慰藉，问题和矛盾也就能够在平缓中得到解决。

还有一个故事不得不提，那便是李景奎老人"趣整群租客"了。近几年来上海市大力整治群租，旨在改善社区环境，但同时增加了外来务工人员的压力。对此，"臭皮匠"成员陈大爷说："我也是外地人，我了解他们的处境，很多人打工一个月也就挣三四千，吃喝刚够，那还租得起房子，只能群租。当然，不可避免地存在很多不文明行为……"

李景奎老人楼栋内以前经常出现大小便的情况，有的一户住有七八人，卫生间使用紧张，但不管怎样，在楼洞里大小便是不对的。一开始就有居民反映过这个问题，李景奎老人也找过这群小伙子，但根本没有人承认是自己干的，也无人理睬他。后来某一天，李景奎悄悄在楼道里撒了面粉，从门口的位置一直撒到了楼梯间之前被大小便的地方。当天凌晨四点，李景奎老人查看发现，面粉上出现了一溜脚印，直到这家群租户的门口。一早，李景奎老人敲响了他们的门，在证据充足的情况下，他们只能承认。李景奎老人说："我也是外地人，只不过比你们早来几十年，我们来到上海都是想有更好的生活，那么我们就要融入上海人的生活，如果不想被他们看不起，首先自己要看得起自己啊！"从此以后，楼道内再没出现过随地大小便的情况。

"臭皮匠"工作室成立宗旨即为民办实事。两年的时间里一直在践行这一宗旨：一是善于发现，发现社区内闪光点并进行宣传推广，做正能量的传播者；二是善于收集，收集社区建设的短板和群众的意见建议，集思广益，良策解题，做社区文明的推动者；三是善于劝导，启发劝导社区不文明行为者改正错误，做文明行为的引导者；四是善于学习，运用法律法规知识，教育和规劝严重违反社会公德行为者，做社区公平正义的维护者。成立"臭皮匠"工作室让居民主动参与到社区自治管理工作当中，及时发现、探讨、解决社区新问题，积极应对解决社区的疑难杂症，为社区自治提供有效助力。

　　"臭皮匠"工作室负责人马顺妹说，"奉献与包容"是"臭皮匠"们工作的基石。如今，在"臭皮匠"工作室日常的工作中，他们的志愿服务已经覆盖到居民生活的方方面面，从环境卫生、矛盾调解到文明宣传等，到处都活跃着"臭皮匠"们的身影。

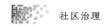

第一节　社区的涵义及要素

一、社区的涵义

社区是社会学的一个基本概念。最早使用"社区"这一概念的是德国社会学家滕尼斯。他在 1887 年出版的《社区与社会》一书中最先使用了"社区"（gemeinschaft）一词。美国的社会学家查尔斯·罗密斯把滕尼斯的社区（gemeinschaft）译成了英文"community"。"community"一词的含义很广泛，在社会学上，它主要是指在一起生活、工作的人的共同体。这和滕尼斯的"gemeinschaft"一词的含义已有区别。中文的"社区"概念是从英文的"community"翻译过来的。1933 年，费孝通等燕京大学的一批青年学生，在翻译美国著名社会学家帕克的社会学论文时，第一次将"community"这个英文词译成"社区"。在此之前，有人将它译为"共同社会""地方共同社会""共同区域社会"等。

我国从 20 世纪 80 年代政府倡导社区建设以来，"社区"一词得到了广泛的应用，现在已经成为较普及的名词之一。更重要的是，社区在中国社会中地位的上升，已经影响了整个社会结构的变迁。在党的十六大报告中，"社区"这个词被再三提到："完善城市居民自治，建设管理有序、文明祥和的新型社区"；"加强公共服务设施建设，改善生活环境，发展社区服务，方便群众生活"；"高度重视社区党的建设，以服务群众为重点，构建城市社区党建工作新格局"。作为社会学的一个基本概念的"社区"，被中国社会接纳并写进了中国最高级别的官方文献中，其中蕴含的社会意义是非常深刻的。社区已经成为当今中国规模最大的、覆盖面最广的、可用作社会支持（尤其是对社会弱势群体和贫困群体）和进行社会动员的组织资源，也成为我国多学科学者广泛研究的对象。

中共中央 2000 年 11 月 3 日转发的《民政部关于在全国推进城市社区建设的意见》（中办发〔2000〕23 号）对社区做出如下界定：社区是指聚居在一定地域范围内的人们所组成的社会生活共同体。目前我国政府官方认可的城市社区范围，一般是指经过社区体制改革以后做了规模调整的居民委员会辖区。本书所讨论和研究的社区即指这类社区。

要准确把握社区的主要特征，除了要了解社区的含义、类型、基本构成要素，我们还有必要了解社区与社会、社区与社会群体和社会组织的区别与联系，因为它们是关系密切且容易混淆的几个概念。

二、社区的基本特征

（一）社区是一个社会实体

社区有一定的地域，有一定数量的人口以及由这些人所构成的社会群体和社会组织，有完整的组织机构和运行机制，还有自己独特的社区精神和社区文化等。它包括了社会有机体的最基本内容，是宏观社会的缩影。

（二）社区具有多重功能

社区是人们生活和交往的最基本的场所，人们在这里进行生活、交往、娱乐、经营等各种活动。概括起来，社区的主要功能有：社会管理和协调功能、社区互助和服务功能、社区教育和培训的功能，以及社区文化的社会化功能等。

（三）社区是人们参与社会生活的基本场所

人们的基本生活大都在本社区范围内进行。人们主要在本社区范围内解决吃、穿、住、用等日常生活的物质需要和各种感情、精神的需要。另外，绝大多数居民作为某一社区的正式成员，在本社区范围内享有参与社区管理、选举人民代表、选举社区干部等权利。从这个意义上说，社区还是人们参与政治生活的基本场所。社区作为人们生活的基本场所，决定了它必须具备相应的活动设施。

（四）社区以聚落作为自己的依托或物质载体

所谓聚落，是指人类各种形式的居住场所，它不单纯是房屋的集合体，还包括与居住直接有关的其他生活设施。我国城乡的聚落形式有村落、集镇、县城镇和城市等，它们都是社区的依托或物质载体。一般来说，一个社区的构成要素大都聚集在聚落之中，人们的基本生活也是在聚落这一地域内进行的。

（五）社区是发展变化的

如同其他社会现象一样，社区也是人类活动的产物，随着社会的发展而发展。

三、社区的构成要素

所谓社区的构成要素，也就是构成社区的主要因素。与社区的概念一样，各方学者对社区的构成要素的理解也是不同的。根据各家学者对社区构成要素的阐述并结合我国社区建设的实际情况，我们一般认为构成社区的主要因素大致包括五大类别：一是，一定数量的人群；二是，一定的地域条件；三是，一定的生产生活设施；四是，居民所具有的社区意识；五是，具有一定特色的社区文化等。

（一）一定的人群

社区是社会的缩影，是一种比家庭等初级群体更大、更复杂的人类群体。社区首先是一个"人群"或一个"人的生活共同体"，一定数量的人群是社区的第一要素，以一定社会关系为基础组织起来并进行共同生活的人群是社区存在的第一个前提。没有人群，社区就没有主体，这时有的仅仅是地域范围，是区域的概念而非社区概念。社区的人口要素，主要应该包括社区人口的数量、社区人口的结构和社区人口的分布这三方面。

（二）一定的地域

一个社区居民的主要活动大多集中于某一特定的地域空间里，这个空间便是社区的地域要素。它包括社区的自然环境、自然资源、生活环境、生活条件等方面。社区可以说是特定人群与特定地域条件相结合而形成的人类社会区域生活共同体，是一个地域性的社会实体。地域的自然地理和其他物质资料状况对整个社区的发展有着重要的意义。因此，一定的地域便自然成为社区的要素之一。

（三）一定的生产和生活设施

社区是人们参与社会生活的基本场所，是人们开展各种活动的平台，而各种活动的开展，都必须要有与之相适应的物质要素的支持。同时，社区居民委员会为了满足社区居民的物质和精神需求，组织开展社区服务也需要有各种设施和条件，社区文化活动、环境整治、治安强化、流动人口管理、帮困扶贫等都需要一定的活动设施。因此，一定的生产和生活设施是构成社区的重要因素。从我国社区的实际情况来看，社区的基本设施主要包括以下类型：社区成员进行日常生活的基本设施，例如房屋、交通工具、通信设备、便民商店、社区服务中心等；社区的公共服务设施，例如学校、文化站（室）、宣传栏、医院（卫生院、医疗所）等；社区成员参加社区管理活动和政治活动的基本设施，例如办公用房、办公设备等。

（四）一定的社区意识

社区意识主要是指社区居民对自己所属的社区有一种认同、喜爱和依恋的思想及心理感觉。这种思想和心理感觉是社区生活对其成员的思想观念长期影响的结果，也是构成社区的一个重要因素和衡量社区的标准之一。它是社区环境内部成员之间所建立的归属情谊，它来自社区成员彼此所具有的共同利益、共同问题、共同需要及共同环境等所产生的认同心理。所以，如果一个社区的居民毫无社区意识，就意味着他们毫无凝聚力，很难形成和谐的社区生活，构建社会共同体。

（五）一定特色的文化

社区文化指"通行于一个社区范围之内的特定的文化现象，包括社区内人们的信仰、价值观、行为规范、历史传统、风俗习惯、生活方式、地方语言和特定象征等"。从实质上说，社区文化就是一个社区的主流意识，是共同的社区心理和社区行为，是带有浓厚社区色彩和烙印的人际关系和交往方式，是人们对社区的归属感、认同感、依恋情结和荣辱心态，是一种较为一致的价值取向。当然，不同的社区，其文化方面表现出来的特点有所不同，各具特色，这一点在我国实行计划经济时期尤为突出。

第二节 社区的类型及功能

一、社区的类型

从我国社区建设的实际来看，社区大致可以分为以下几种类型。

（一）按社区所形成的不同方式来划分

按社区所形成的不同方式来划分，社区可以分为自然社区和行政社区。

1. 自然社区

自然社区是人们在生产和生活中自然形成的、完全符合社区的最初含义的社区，是人们在长期的共同生活中逐渐扩展而形成的，如农村中的自然村落、自然镇，以及农村人口向城市流动过程中形成的自然迁移人口的聚集地等。在城市，某些长期定居生活在同一地方的人们在历史的长河中自然形成的街坊或者特定区域，也属于自然社区的类型。

2. 行政社区

行政社区是指依靠行政力量，以行政辖区划分的方式形成的社区。社区与社区之间的界限被明确地标在行政地图上，并以法律形式加以界定。在中国的城市里，通常以"居民委员会"的地域和管辖范围作为一个社区，这也是我们一直说的我国官方所划分的城市社区的范围；在农村，则以一个"村民委员会"的范围作为一个社区。

（二）按社区的功能来划分

社区的功能不同，体现出来的社区的类型会完全不同，以高科技园区为中心的社区，往往信息便捷，环境优美，街道景色和谐统一；以文教设施为中心的社区，科学与人文氛围较浓，人力资源比较充裕，文化色彩明显；以商业活动为中心的社区则区域繁华程度高，购物休闲方便等。根据这种对社区的主要影响因素，我们也可以将社区划分为很多种：政治型社区、经济型社区、工业型社区、军事型社区、教育型社区、旅游型社区、文化型社区等。不过，需要说明的是，按主要活动及其功能对社区进行分类具有明显的相对性，有些社区既有较强的经济功能，又是一定区域的政治中心，甚至还是文化中心，其主要功能是多方面的，对于这些社区，应加以具体分析。

（三）按社区形成的基础来划分

各社区由于形成的基础不同，居民的组成方式、居住条件、思想观念、文化背景也完全不同。

1. 由社区居民委员会管辖的社区

社区居民委员会是以原来的居民委员会为基础，按照新的标准和原则，适当扩大规模、调整范围而形成的。这类社区在目前现有的社区中占较大比重。

2. 由新兴物业管理小区转换成的社区

随着城市建设的发展，特别是房地产业的迅猛发展，一座座住宅小区如雨后春笋般出现。这些小区在建设初期一般没有成立社区居民委员会，多是由业主委员会或物业公司承担小区的日常管理工作。在社区建设中，部分小区按照要求，经过民主选举，成立社区居民委员会，实现小区到社区的转换。

3. 由过去的村组改造成的社区

伴随城市的发展和城镇化进程的加快，原先的一些城市郊区已发展为城区或城镇，尤其是城郊地带和经济发展较快的城镇，过去的农民变成了居民。在社区建设中，撤销村组，改建为社区居民委员会。

4. 由机关单位或者企业的后勤服务过渡而来的社区

过去，一些大型的机关和企事业单位承担着大量的社会事务管理和服务职能，有的是垂直管理，有的是系统管理。现在，通过体制、机构改革，这些机关单位将这部分职能剥离出来交由社区，原先由机关或单位直接管理的干部职工及其家属也相应转移到社区，实现了由"单位人"向"社区人"的转化。

二、社区的功能

社区是社会的缩影，人们在社区进行政治、经济、文化、社交、娱乐等社会活动。社区的功能主要有社会管理和协调功能、社区教育和培训功能、社区互助和服务功能以及社区文化的社会化功能等。

（一）社会管理和协调功能

社区是社区成员的聚集之地，居民生活在社区内，与社区联系紧密、关系密切。社区必须拥有各种机构和组织以及自己的社会化体系来维护社区的秩序，营造安全、稳定的社区环境，保障居民生命和财产的安全，并通过该体系把社区内最重要的价值观、行为模式、文化传统传输给社区居民。社区提供良好、完整的自治管理和服务，培养社区居民良好的社区意识，协调社区成员之间的关系，为个人和家庭提供稳定和谐的生活和发展环境。

（二）社区教育和培训功能

社区教育和培训的功能就是有效整合、充分利用社区的教育设施和社区内外的教育资源，为社区居民提供各类教育服务、扩大社区居民的知识面、改善知识结构、掌握各种技能和技巧、提高思想政治素质和科学文化素质，促进区域经济建设和社会发展。

（三）社区互助和服务功能

目前社区互助的主要内容大概包括：面向社区老人、儿童、优抚对象、残疾人、低保对象等弱势群体的援助与服务；社区成员之间开展的志愿服务和互助服务；社区志愿者开展的面向全体社区居民的各种无偿、低偿便民利民服务；区域单位、社区家庭和社区居民参加的各种捐赠救助、服务救助、公益劳动、结对帮扶等活动。

与社区互助不同，社区服务功能的基本要求是通过基础性保障和福利性照顾达到满足社区居民日常生活所需的目的。就目前社区情况而言，社区服务的内容主要包括社会救助和福利服务、便民利民服务、社会化服务、再就业服务和社会保障社会化服务等。

（四）社区文化的社会化功能

当今世界，文化与经济、政治相互交融，在综合国力竞争中的地位和作用越来越突出。文化的力量，深深熔铸在民族的生命力、创造力和凝聚力之中。综观人类社会发展的历史，文化既表现在对社会发展的导向作用上，又表现在对社会的规范、调控作用上，还表现在对社会的凝聚作用上。

要发挥社区文化的社会化功能，还要注意以下几个方面的问题：

第一，要注重宣传教育。社区要大力弘扬和培育民族精神，要对中华民族几千年来形成的优秀的民族精神、近代以来在争取民族独立和解放以及社会主义现代化建设进程中体现出的宝贵精神进行宣传，以丰富民族精神的内涵。

第二，营造良好的文化环境。良好的文化环境是发展先进文化的重要条件。社区文化环境包括两个层面：一是整个社区的文化氛围；二是全体社区成员的文化修养和对文化事业的关切程度。两者相互联系、相互依存。

第三，发展文化产业。发展文化产业对于满足人民群众不断增长的精神文化需求和促进人的全面发展具有重要意义。

第三节　我国当代社区的历史沿革

当代社区是指 1949 年 10 月 1 日中华人民共和国成立之后的中国社区发展演变过程及其主要特征。经过几十年的发展，尤其是改革开放的四十年来，中国当代的社区建设得到了不断的发展和完善，逐步走上真正的社区化发展之路。我国的社区建设在城乡人民生活质量的提高、精神文明的建设、基层民主化建设、人口素质的提升、社会化管理等方面发挥了巨大作用，同时，社区建设在不断适应社会政治经济体制的改革的基础上不断调整，以更好地适应社会经济基础发展的需要。

一、中国当代乡村社区发展的演变过程及特征

（一）改革开放前的多变阶段（1949—1978）

中华人民共和国成立以后，我国进行了许多重大的乡村制度改革，对当代的乡村社区发展产生了较为深远的影响，从不断推行的一系列改革与政策来看，乡村社区发展始终处于多变的发展状态之中，直到改革开放以后才走上稳步的发展阶段，这是与我国特殊的国情和时代需要相适应的。中华人民共和国成立之后全面推行土地改革，彻底废除封建地主土地所有制。1950 年 6 月我国公布了《土地改革法》，在解放区开展了土地改革运动，到 1952 年 9 月，除部分少数民族聚居地区外，全国基本上完成了土地改革。封建地主土地所有制的废除，为后来中国乡村社区的蓬勃发展奠定了基础。

（二）改革开放后的稳步发展阶段（1979—2001）

1978 年党的十一届三中全会的召开，标志着我国乡村社区发展新时期的到来。历史的教训和时代的要求，促使党和政府重新考虑中国的发展道路和方向问题，不仅开始实行积极的对外开放政策，而且在广大的农村地区开始了以联产承包责任制为起点的一系列广泛而深刻的改革，极大地改变了乡村社区的面貌，翻开了乡村社区建设崭新的一页。我国乡村建设由此进入稳步发展的新阶段。

（三）当代乡村社区的特质

与城市社区相比，乡村社区有如下特质：拥有较广阔的地域，对自然生态环境的依存性更强；人口密度比较低；人口素质较低、人口的职业结构比较简单，同质性较强；家庭人口规模比较大、核心家庭比例小；乡村社会组织较城市简单。在一般传统乡村社区中，习俗组织（如宗族、家族社团组织）较多而法定组织较少，分科执掌、分层负责的科层制组织尚不发达；风俗作用强，居民的血缘、地缘关系较密切，居民多比较保守或迷信。当今随着社会

经济和科技的发展，我国大部分乡村社区正逐步摆脱原有的传统条件限制，在社区意识、文化服务、组织关系等方面均趋向城镇化和现代化发展，具备了一些新的特征。

二、中国当代城市社区发展的演变过程及特征

结合街道体制演变和我国社区建设相关政策，我国城市社区发展大体上可划分为五个发展阶段：街道建立与恢复发展阶段，开展社区服务阶段，创建文明社区阶段，推进管理体制改革阶段和城市基层社区自治阶段。

（一）街道建立与恢复发展阶段（1949年至20世纪80年代中期）

中华人民共和国在成立之初，为了加强城市管理，在市辖区和不设区的市，按一定的管理区域设立了街道以及政府的派出机构——街道办事处。最初，我国的城市街道办事处是在废除民国时期保甲制的基础上建立起来的，由接管委员会办事处演化而来。

（二）开展社区服务阶段（20世纪80年代后期）

1987年，民政部在武汉主持召开了城市社区服务工作座谈会，明确了社区服务的内容和任务，以及社区服务与民政部门的关系。从这次会议开始，"社区服务"概念在全国兴起，也标志着我国城市社区服务的产生和兴起。

（三）创建文明社区阶段（20世纪80年代末至90年代初）

社区文明是城市文明的依托和重要标志。从20世纪80年代末开始，上海社区建设进入了以市政府大力推动，以精神文明创建为主要内容，全面改造社区硬件设施，不断提高市民文明素质和城市文明程度的攻坚拓展阶段。1991年市委明确提出建设"社会安定、环境优美、生活方便、文化体育生活健康"的文明社区的目标。从此，文明社区的创建活动列入市委、市政府和各区、街道的工作目标和发展计划之中，其主要目标是提高市民素质和文明程度。

（四）推进管理体制改革阶段（20世纪90年代）

社区建设与城市的管理体制改革紧密结合，是上海城市社区发展的一大创造和特色。20世纪90年代以来，随着市场经济的发展、大规模的城市改造和建设、大批居民的迁移、外来人口的大量进入、"单位体制"的变化、社会问题的增多，城市社会管理的任务大大加重。为探索适应新形势下的城市社区建设管理体制和运行机制，民政部于1999年开展了"全国社区建设实验区"的试点工作，先后确定了26个城区作为实验区。实验区社区建设的要求是：改革城市基层管理体制，强化社区服务功能，以街道、居民委员会为依托，以提高居民的生活质量和文明程度为目标，以群众自治为宗旨，因地制宜，建设治安良好、环境优美、生活方便、人际关系和谐的现代化文明社区，以维护社会稳定，实现城市社会经济的协调发展。

（五）城市基层社区自治阶段（20 世纪 90 年代末以来）

从 1999 年开始，按照民政部有关部署，26 个社区建设实验区率先开始了城市居民自治的试点，一些地方开始产生城市社区居民委员会的选举改革。在 2002 年 11 月召开的十六大上，党中央从建设小康社会的发展战略和目标出发，更加明确地提出了建设"居民自治、管理有序、文明祥和的新型城市社区"的要求，这标志着 21 世纪我国基层社区建设进入一个更高、更新的发展阶段。

（六）当代城市社区的基本特征

城市社区的主要特质是：

（1）人口高度集中，密度大，组成成分复杂。

（2）生产力水平高，商品经济发达，职业的差异大而分工精细。

（3）交通方便发达，社会流动性大，个人地位和角色易变。

（4）社会结构复杂而层次多。

（5）社会控制主要靠正式机构和法律，力量小而犯罪多。

（6）生活方式多样，生活节奏快，紧张压迫感强，风俗习惯差异大，自由流动性强。

（7）经济、政治活动频繁，金融、信贷、商业贸易、科学技术、文化、信息、服务等系统综合功能齐全，经济中心较多，服务圈层接口混乱等。

（8）居民的社会文化活动丰富，社会群体活跃，主要以职业为主，人际关系由血缘关系、地缘关系向业缘关系转化，人际关系重效率而轻人情，互动频率高但深度不够。

（9）社会服务机构功能齐全，家庭的经济、教育等功能明显削弱。

（10）由于高度的异质性和较高的容忍度，邻里的控制力量较小。

这些特点在不同的国家和地区有不同程度的表现。随着城市化的发展及城乡差别的逐渐缩小，城市社区的特点将逐渐渗透到乡村社区。

三、社会转型期我国当代城市社区的新变化

（一）"单位社会"向"非单位社会"转型——中国当代城市社区的兴起

20 世纪 70 年代末的经济体制改革，拉开了中国改革开放的序幕，也标志着我国由传统的计划经济体制开始向社会主义市场经济体制转轨。这一改革不仅引发了社会关系深层次的变化，为社会组织的重组带来了新的契机，而且使传统的"单位制"解体，出现了一个"非单位型"社会。主要表现为：

其一，随着传统"单位制"的解体，社会成员与工作单位的关系只是经济契约（合同制、聘任制等）关系，个人由依附性的"单位人"变为自由式的"市场人"，其职业和工作单位可能会经常发生变化，成为"流动单位人员"；由于工作单位与居住单位的分离，社会成员的工作与生活分离开来，不在单位工作的时间超过在单位工作的时间。

其二，市场经济不可能实现"充分就业"，相反它内在要求有一支供市场再选择的劳动力后备军。特别是城市企业改革和结构调整，造成大量的"下岗"工人。

其三，非公有制经济的迅速发展，数千万城镇社会成员游离于传统单位体制之外，从一开始就属于"非单位"人员。

其四，随着人口的老龄化，上亿离退休老年人口成为有单位但单位已难以管理的人员，其中有相当一部分的原单位已不存在。

其五，伴随工业化和城市化的发展，特别是农村剩余劳动力的转移，上亿农民进城务工经商。他们之中一部分已在城市就业，但由于土地制和户籍制限制，他们工作、生活在城市，但并没有完全为城市所接纳，更无单位可依靠。

其六，由于市场竞争对劳动力素质要求的提高和工作单位拥有用工自主权，上千万社会弱者难以进入市场竞争领域，也无单位可依存。

总之，经济改革后所形成的"非单位型"城市社会，改变着传统的国家管理的微观基础。此时，国家无法通过由国家直接控制的"单位元"将社会成员整合到国家体系中来，对社会实行国家结构化，由此就极易出现社会离散、社会疏远、社会失序、社会失控等社会发展问题。而在社会发展和整合方面，市场不是万能的，也会出现市场"失灵"的状况。因为，市场主体以经济利益最大化为目标，它不仅难以解决社会发展问题，反而会"制造"不少社会问题，如"不充分就业"，排斥社会弱者，将人与人之间温情脉脉的关系简化为赤裸裸的物质利益关系，不考虑生态环境和可持续发展等。因此，政府管理需要进行第二次改革，这就是培育社区，通过社区建设将分散的社会成员再组织起来，整合和利用社会资源，对传统的"单位制"社会实行重新构造（徐勇，2002；2003）。可见，单位制社会向非单位社会的转型成为当代城市社区兴起并得以快速发展的重要前提和基础。

（二）社区服务的长足发展

当代中国一个引人注目的现象是：城市社区服务体系正在以前所未有的速度和形式发展着，各种新的社区生活社会化服务体系如雨后春笋般地发展起来。城市社区服务可以分为如下体系。

（1）社区家政服务体系，包括社会化经营的搬家公司、各种各样的家电维修服务公司、家庭保姆市场等。

（2）社区医疗服务体系，包括社区医疗网点系统、家庭病床服务、家庭医生体系及家庭保健服务等。

（3）社区消费服务体系，包括社区商业网点建设、超市连锁经营、"10分钟社区生活服务圈"、社区家庭商品配送服务等。特别是在20世纪90年代后期，一些大城市如上海等，电子商务和网上购物等已经在社区兴起。

（4）社区文化服务体系。目前中国很多社区已经建立多种形式的社区文化生活服务体系，包括社区图书馆、社区文化娱乐中心和婚丧嫁娶等专项文化生活服务等。

（5）社区老年人服务体系，包括社区老年人活动中心、老年人健身中心、老年人医疗保健中心及养老院等。

（6）社区教育体系，包括社区业余教育、社区终身教育和社区文明教育等。

（7）社区就业服务体系，包括社区再就业中心、下岗工人就业培训中心、对初高中及大学毕业生的就业服务等。

（8）社区治安服务与管理系统，包括救助体系、灾害预防体系及社区生活安置保障等。

（9）社区环境卫生管理体系。

总之，城市社区的管理与服务等的社会化体系表现在方方面面，住宅商品化、退休养老、失业救济等各种形式的社会保障制度也在社区内不断地发育、发展和完善，社区劳动力市场也空前活跃。

（三）社区建设多种实践模式的出现

社区建设是中国城市体制改革的产物，是中国社会变革中的一大创造，短短十多年的发展有效地改变了城市面貌，促进了居民生活的改善。就目前国内城市社区建设情况来看，其实践模式主要有以下几种。

（1）整体推进模式。这种模式强调社区建设是一项全方位的整体性的系统工程。其基本内容涉及政治、经济、文化、社会等各方面的社区工作，既包括物质文明建设，又包括精神文明建设；既包括硬件建设，又包括软件建设。

（2）专项特长模式。这种模式强调打造特色社区，社区需在经济、文化、住宅等方面突出社区特色。例如，南京市玄武区以社区服务系列化、产业化为特色；秦淮区以社区文化、社区教育高人一筹；杭州市下城区各个街道注重居民委员会"小社区"的建设，使居委会"小社区"产生"大效益"，形成"小社区"建设的特色。还有活跃在各居民区"小社区"的"发明之家""集报之家""教师之家""集邮之家"等特色家庭都从不同角度、不同侧面优化了社区环境，保障了社区安定，提高了居民素质，倡导了社区成员的协作互助精神，推动了社区社会事业的发展。

（3）资源共享模式。这种模式强调社区内各个单位通力合作，共建社区。这种模式形式多种多样，如南京市玄武区、鼓楼区近年大力开发社区资源，推行"街企共建""军民共建"等。

（4）互利互动模式。这种模式强调社区建设的目的是满足居民群众日益增长的物质、文化水平的需求，使社区内所有单位和居民群众都能从中受益。

（5）物业管理模式。这种模式强调以住宅小区物业管理和社区服务互相促进为载体，开展全方位的社区建设。例如，天津市河北区建昌街道办事处把街道划分为若干住宅小区，依靠社区居民群众和社会力量，形成一个网络型社区结构，实行民主自治，共建互动，自我服务，共同受益，因而受到居民群众的欢迎；南京市鼓楼区倡导小区物业管理、社区服务和居委会"三位一体"模式，为后来我国推行社区治理创新起到了一定的示范作用。

（四）社区社团或非政府组织的再发展

在改革开放以前，中国公民结社的自由权利受到体制上的抑制，各类社团或非政府组织没有生存的土壤。随着思想解放运动、民主法制建设及政府职能控制范围的缩小，原有的组织体系之间的联系网络出现了断裂。中国的社团组织正是在这种背景下发展起来的。中国社团组织的形成过程表现出来自民间和政府的双向推动的特点。民间和政府对此类组织有着各自的期望，如果这种期望相互矛盾，社团组织创造就会遇到障碍，而当这些期望具有某种共同性，就会产生双方创建组织的共同行动。

中国社团组织一出现便得到迅速发展。据中国民政部统计，2016 年共登记社会团体 9 858 个，注、撤销社团 17 459 个，年末实有社团 130 768 个。其中，全国及跨省域活动的社团 1528 个，省级及省内跨地（市）域活动的社团 20 756 个，地级及县以上活动的社团 53 791 个。但是这种情况与美国相比较差距甚远，如美国目前有非政府组织 100 多万个，有 800 多万人在社区服务系统中工作，占全国就业人口的 10%。同时，还有 9 000 万人次的志愿者。美国的社区服务有 5 000 亿元的收入，其中 70% 是政府投入的。

非政府组织在中国社区生活中虽然初具规模，但已开始发挥作用。目前其功能主要体现在：促进成员在发挥兴趣、提高素质、寻求机会等方面的发展；维护成员的个别权益和群体权益；代表群体参与政治活动、经济活动、社会公益活动；协助政府有关部门完成某种行政职能。

第四节　社区治理的内涵与基本原则

社区治理（community governance）是指在法制化、规范化的前提下，由政府行政组织、社区党组织、社区自治组织、社区非营利组织、辖区单位以及社区居民等多元主体共同管理社区公共事务的活动。社区治理不同于社区管理。传统的社区管理（community management）突出了社区的行政色彩，强调政府在社区中的领导地位，主要以行政手段对社区事务进行管理。而社区治理则是从治理的理论基点出发，强调在社区治理中，政府应是权力主体之一，并不是社区治理中的唯一权威，应该更好地发挥引导和服务作用，而不是行政性的强制，引领社区逐步过渡到"自我教育、自我管理、自我服务、自我约束"的理想状态。社区治理的目标是通过多元权力对社区治理的参与，在多元权力格局职责分明而又相互依赖的基础上促进社区的良治，最终达到发扬民主、整合资源、促进社区建设。这既是政治体制改革的过程，也是发扬民主的过程，同时也是社区建设和提高居民生活质量的过程。

社区治理所包含的最基本的价值观念是社区居民利益的主体性和本位性。[1]从社区公共决策及执行必须符合社区的整体利益和最大利益出发，Michael Clarke 和 John Stewart 总结了社区治理的六个原则：第一，地方政府应当更加关注地区的整体福利；第二，地方政府在社区治理中的角色，只能根据它是否贴近社区和社区市民、是否使他们增权来评判；第三，地方政府必须承认其他公共、私人、志愿组织的贡献，其职责在于促进而不是控制；第四，地方政府应当保证社区的资源充分用于本地区的发展；第五，为了最好地利用这些资源，地方政府需要认真考察如何才能最大限度地满足居民的需要，因地制宜采取实施办法；第六，要证明自己的领导能力，地方政府必须了解、协调和平衡各种利益关系。有的学者认为，社区治理的价值基础是民主，政治基础是自治。因此，社区治理与社区自治、公民参与有着密切的联系。社区治理既包含着社区自治的主题，也包含着公民参与的主题。一种建立在民主与自治基础上的社区治理需要遵循四大原则：第一是参与，社区各组织与居民必须直接或间接地有效参与社区事务，政府也应该致力于建立各种渠道鼓励居民参与；第二是法治，治理应该是建立在公正的法律基础之上，并有高水平执法能力的组织或机构，依法自治；第三是透明，在治理过程中保证信息和决策的公开透明，使公民明确自己的利益与权利，并利用相关信息自主决策。基层政府也必须把相关信息以简洁明了的方式告知居民；第四是反馈，各种组织或机构必须在特定的期限内回应居民的要求与问责。[2]

① 高鉴国，高泰姆·亚达马. 社区治理的理论与实践模式[M]//田玉荣. 非政府组织与社区发展. 北京：社会科学文献出版社，2008：12.
② 董小燕. 公共领域与城市社区自治[M]. 北京. 社会科学文献出版社，2010：88.

第五节 社区治理的主体与内容简介

从社区治理的内涵中可见，社区治理的主体是多元化的。社区治理的主体是社区利益相关者，即与社区需求和满足存在直接或间接利益关联的个人和组织的总称，包括党政组织、社区自治组织、社会中介组织、驻社区单位、居民等。社区利益相关者的多元性和复杂性是由社区公共事务属性所决定的。社区公共事务是公共产品的组合而不是某项公共产品，它不仅是某一家庭或某一组织的需求，而且是涉及多个家庭和多个组织的共同需求，是个体需求的集合。它涉及多个行为主体之间的复杂权利关系，需要建立一种集体选择机制来解决个体需求表达与整合问题。治理社区公共事务需要社区利益相关者贡献资源、分摊成本、共享利益，这也需要建立一种平等协商机制，以实现资源倍增效应。①

社区治理的主体不仅包括居民，还包括各种组织。从组织的性质角度，可以将社区治理的主体分成三大类：其一是党政组织，包括各级党组织与行政组织；其二是社会组织，包括社区自治组织（居民委员会、业主委员会）、社区非营利组织（各类非营利的服务型、事务型组织）、社区居民文体娱乐团队、社区志愿组织等；其三是营利组织，包括营利性的驻社区单位和其他参与社区治理的经济组织（如物业公司等）。

因各参与主体所掌握的资源各不相同，彼此之间形成一种相互依赖关系。比如，对于政府部门而言，由于社会事务增多，以及政府部门自身精简、力图追求企业型政府的效率和效益的需求，势必无法再大包大揽，而是将部分权力下放给社会组织，让社区居民主动寻求问题的解决办法，从而获得社会组织和社区居民的合作。对于社会组织而言，要获得合法性，就必须接受政府的领导和管理，如按照《社会团体登记管理条例》或者《民办非企业单位登记管理暂行条例》等文件要求在民政部门登记、注册，而要进入社区开展工作，特别是与街道、居民委员会的合作，就需要得到政府授权。而政府也需要依赖社区中的经济组织发展社区经济、创造社区居民的就业机会，从而实现社区的稳定与发展。至于经济组织是否有权力进入社区，则又取决于社区居民、社会组织对于经济组织的评估，以及政府政策的准入。②本书第六章将对社区治理的主体展开详细的分析。

如果说社区治理的主体是社区利益相关者，那么，社区治理的内容就是社区公共事务。公共事务一般是指涉及社会公众的生活质量和共同利益的一系列活动及其实际效果。所谓社区公共事务，从宏观上来说，凡是按照属地原则分担到社区，以社区为单位去组织、协调、运作的公共事务，即属于社区公共事务；从微观上来说，社区经济、社区教育、社区卫生、

---

① 陈伟东，李雪萍. 社区治理主体：利益相关者[J]. 当代世界与社会主义，2004（2）.
② 冯玲，王名. 治理理论与中国城市社区建设[J]. 理论与改革，2003（3）.

社区体育、社区文化，以及社会福利、社会救济属于传统的社区公共事务。在当今的市场经济体制下，被新划分出来的社区治安、社区服务等也属于社区公共事务。社区公共事务是纷繁复杂的，社区治理需要通过合作关系将政府、社区自治组织、非营利组织、营利组织等团结起来，整合各方资源，形成社区内部的共同合力，更加有效地解决社区公共事务问题。社区公共事务的本质是公共物品（public goods，或称"公共产品"），具有非竞争性、非排他性、社区性、外部性、多样性的特征。社区公共产品的属性本身就意味着：有效供给社区公共产品需要建立多元互动的社区治理结构。换言之，社区公共产品的非排他性和非竞争性会促使人们产生"搭便车"（捡便宜）的行为，这就需要建立一种相互监督和相互约束机制。在社区公共产品的提供过程中，政府不可能是唯一的，市场也不可能是唯一的，自治组织以及第三部门等也不可能是唯一的解决之道。公共产品的提供是一个多元主体的互动过程，建立在政府、市场和社会三维框架下的多中心模式才能有效地克服单一主体供给的不足，进而走出社区公共产品供给的困境。

【本章小结】

本章介绍了社区的定义及与社区相关的定义——社区是指聚居在一定地域范围内的人们所组成的社会生活共同体；重点介绍了社区的构成要素，包括人、地域、规范和文化；同时阐述了社区的功能及我国社区的发展，我国城市社区发展大体上可划分为五个发展阶段（即街道建立与恢复发展阶段，开展社区服务阶段，创建文明社区阶段，推进管理体制改革阶段和城市基层社区自治阶段）。

本章还重点介绍了社区治理的内涵。社区治理是指在法制化、规范化的前提下，由政府行政组织、社区党组织、社区自治组织、社区非盈利组织、辖区单位以及社区居民等多元主体共同管理社区公共事务的活动。同时，总结了社区治理的六个原则：第一，地方政府应当更加关注地区的整体福利；第二，地方政府在社区治理中的角色，只能根据它是否贴近社区和社区市民、是否使他们增权来评判；第三，地方政府必须承认其他公共、私人、志愿组织的贡献，地方政府的职责在于促进而不是控制；第四，地方政府应当保证社的资源充分用于本地区的发展；第五，为了最好地利用这些资源，地方政府需要认真考察如何才能最大限度地满足居民的需要，因地制宜采取实施办法；第六，要证明自己的领导能力，地方政府必须了解、协调和平衡各种利益关系。本章还解说了社区治理的主体和内容。社区治理的主体是社区利益相关者，即与社区需求和满足存在直接或间接利益关联的个人和组织的总称，包括党政组织、社区自治组织、社会中介组织、驻社区单位、居民等。社区治理的内容就是社区公共事务。公共事务一般是指涉及社会公众的生活质量和共同利益的一系列活动，及其实际效果。所谓社区公共事务，从宏观上来说，凡是按照属地原则分担到社区，以社区为单位去组织、协调、运作的公共事务，即属于社区公共事务；从微观上来说，社区经济、社区教育、社区卫生、社区体育、社区文化，以及社会福利、社会救济属于传统的社区公共事务。

【思考题】

1. 社区的定义是什么？

2. 社区的构成要素包括哪些？

3. 社区具有哪些功能？

4. 我国社区的发展包括哪几个阶段？

第二章　社区治理理论

【本章概览】

本章详细介绍了治理理论，以及怎么将治理理论应用到社区治理中。同时对社区资本理论进行了介绍，并阐述了怎么将社区资本理论应用于社区治理中。

【学习目标】

1. 掌握治理理论
2. 掌握社区资本理论
3. 正确应用社区治理理论

【导入案例】

百姓讲述百姓事　百姓讲给百姓听
——徐汇区长桥街道探索居民自治新模式
（资料来源：人民网–上海频道）

"1983 年我在单位妇科普查时，被医疗机构诊断为中晚期卵巢癌。因为腹腔转移，先后动了 3 次大手术，经历了 13 次化疗疗程……"徐汇区长桥街道园南三村的居民罗玉珍正在小区活动室里，讲述自己这三十多年来与中晚期癌症抗争的经历。如今，已经康复的罗玉珍是小区里的治安巡逻员、护绿志愿者，在楼道里担任楼组长，并且还参加了徐汇区癌症康复俱乐部，并担任俱乐部常务理事、长桥活动块块长。

对于罗玉珍来说，与癌症抗争几十年，是一段特殊的人生经历。像罗玉珍一样有着特殊经历的普通居民，小区里还有不少。是不是可以把他们发掘出来，为这些生活在身边的、有故事的社区居民搭建一个分享的平台，长桥街道社区自治办主任斯晓光的脑海里冒出了这样一个想法。

因着这个念头，斯晓光与社区自治办其他同事一起，策划出了"百姓话百姓"居民区流动讲堂讲演活动。从 2015 年年初到现在，已经陆续举办了近百场。

百姓话百姓事 寻常百姓登上讲演台

84岁的周新初已经退休20多年，子女孝顺，家庭美满。他说，一家人团结、相互理解最重要，家人也要谦让。老周一家曾经四代人同住19平方米一间小屋，那时80多岁的老父亲老年痴呆，大小便失禁，白天爱人、晚上他自己下班回来照料。已经成家的儿子和媳妇看在眼里。后来动迁分开，老周搬到了长桥二村，他曾亲眼看到，儿子照顾90岁的老丈人，也像他当年照顾自己父母一般，为他清洗身体。

老周说，老小区老人多，外来媳妇多。爱人是楼组长，上上下下都关心。有邻居看病后跑到公园去了，家门洞开，夫妻俩帮着照看；有邻居出门旅游，家门钥匙也交给他们保管；楼上住的外来妹，眼看孩子上幼儿园要报名，快开学了还没收到录取通知，老周的爱人连跑三趟，开学前两天，入学名单终于下来，年轻妈妈感激不尽。老周感慨："一句话，孩子孝顺好，远亲近邻好。生活中各退一步，海阔天空。"

何志新是新长桥居民，1953年出生的他是老上海人，但因为在安徽插队落户，做了大半辈子的异乡人，晚年才叶落归根回到上海。

回忆当年，他说，与当地人同吃同睡同劳动，才知道什么叫苦。"不是吃不饱，是可能会饿死"。城市居民有保障，农村基本是自管自。他身边有一辈子没上过学、死时连大名都没有一个的人，也有没走出过周边三五十里地的人。"贫困真实地存在"。1971年，在"十年九灾"的淮河地区，他参加河流开挖，每天干活不少于12小时，工作十天放半天假，很少刷牙洗脸，更没条件洗澡。干活光膀出汗，停下来又被寒风吹冻。他说那段日子的锻炼终生难忘。个性中的"不服输""好折腾"让他一次次靠自己的努力改变了命运。从代销员、翻砂工，到军工企业职工，到后来考取电大法律系，毕业又赶上第一批国家律师资格考试，已结婚生子的他是阜阳城里5名中榜者之一，此后当上了企业法律顾问，"实现了当时的小目标"。

汇成二村的孙春妹老师讲述的是她自己30多年来对患慢性肾炎和尿毒症的丈夫不离不弃的故事。30多年前，查出慢性肾炎的丈夫非常痛苦和绝望，孙老师毅然挑起照顾丈夫的重担，一面极力安慰丈夫并进行心理疏导，一面全力帮助他治疗。她买了许多医疗书籍，自己学习，每天天不亮就起床，烧好中药，备好饭菜，然后急急地赶去上班，回家后再悉心照料。有时爱人情绪不好不配合治疗，孙老师总是不厌其烦地耐心开导，陪伴左右近30年，直至爱人最后因为肾衰竭而离世。

像罗玉珍、周新初、何志新、孙春妹这样的讲演者还有很多。各居委也是纷纷就地挖掘题材，找出社区里有故事的普通人：长桥三村一居委在楼组长里寻求资源，找到了一位原来担任过军医的外来媳妇邓萍女士讲述婆媳相处之道；罗秀二村居委找到了一位参加过中印自卫反击战的居民区党员张春生同志讲述当年的历史；华滨居委找到了监狱系统的退休标兵柳中明先生讲述人生历程；平福居委找到了北大老五届学子丁征先生讲述他的历程；罗秀三村居委找到了退休的东北农学专家张树光教授，他参与和见证了其恩师——著名水稻专家徐一戎先生——研究推广"旱育稀植"栽培技术，这项技术的成熟及大面积推广创造了世界水稻栽培史的奇迹；中海瀛台居委找到了退休的国企领导陈德虎先生讲述其热心于社区物业的故事；长桥一村居委找到了环保达人陈可法先生讲述其发明并推动废旧材料装置艺术的故事；长桥七村居委找到了退休教师洪云云老师讲述新中国上海社会变迁的故事；更多的居委则发掘普通的投身社区的志愿者人群，讲述各自的志愿者之路。

这些题材中有关照国家命运的宏大主题，有我国科技攻关的历史，有个人励志奋斗的故事，有对转型期社会治理的思考和实践，有弘扬环保理念的实践垂范，也有建设温馨家庭的智慧和范例。每一个故事都耐人寻味，助人启悟，饱含着历史的积淀和时代的特色。就是这样的身边人，聊着身边事，让社区讲演的平台铺到了寻常百姓家里。

充实讲演员队伍　讲演形式更加丰富

今年下半年，一支上海市新招公务员选调生团队前来长桥街道各居委挂职实习，他们中有清华的博士、北大的硕士、浙大的硕士、上外的双学士等，是一支来自各大名校的高学历队伍。

长桥街道充分发挥他们的特长和优势，发动他们现场观摩并加入"百姓话百姓"的讲演队伍中。其中北大医学硕士王天晶向社区推出了"北大记忆及肺癌防治"专题，浙大硕士盛骏推出了"大凉山的支教青春"专题，演讲了多场，深受社区居民的喜爱。选调生丁宇博士交流了他在清华大学和美国马里兰大学求学的经历，来自上外的选调生毛秀则讲述了她在上外四年中参与江西支教、阳光之家服务、宋庆龄故居外语解说的志愿者之路。

盛骏在读研期间，曾到大凉山地区支教一年，凭着自己的经历，她现身说法，为社区里的居民勾勒出了一个西部贫困山区的轮廓，讲述了孩子们虽然贫穷，在缺少纸笔的情况下依然乐观学习的故事，并呼吁大家关注西部，关注贫困地区，力所能及地贡献自己的一分力量。

除了选调生的"加盟"让讲演内容更加丰富之外，长桥街道也在不断摸索新的形式。街道还招募组织了一支10人左右的会务支持团队，定期进行摄影、摄像、录音、后期处理、会场协同等技能的培训，在活动开展期间分组奔赴各小区进行录音录像，在实践中锻炼了队伍，为活动的深入开展创造了条件。

部分居委考虑到有些当事人不太善于演讲的情况，组织了代讲的演讲员来演讲。这些挑选出来的代讲演讲员们仪表端庄、声音响亮、口齿清晰、举止大方，使人耳目一新，如长桥三村、长桥四村、长桥八村等居委的演讲员都是这样，为演讲活动提供了新的思路。

在街道的指导下，各居委还根据讲师目录邀请演讲员。这个过程加强了各居委之间的协作能力，实现了居居联动，各居委之间实现了交流互助，增进了友谊，为活动的深化创造了条件。居委在外请演讲员的时候坚持独立自主原则，很多优秀的演讲员获得了基于群众口碑的客观宣传和选择，获得了更多登台的机会。如丁征先生和罗玉珍女士两位优秀演讲员在2015年内各自受邀参加了6场演讲，成为典范，罗玉珍在2016年内又受邀演讲了8场。

街道领导还积极参与演讲会的现场点评，长桥街道党工委书记伍彦心在点评中说，大家都实话实说，共享人生的精彩，身边的平凡人、善良人，把欢乐、能量一起传播，一起助人，这是很好的形式。

街道自治办主任斯晓光在点评中说，"百姓话百姓"是由街道落实上海市"一号课题"应运而生的，由身边的人，讲身边的事，通过讲身边的事，弘扬社会的正能量、弘扬社会主义核心价值观。最终目的是通过讲座，通过大家的分享，使居民的关系更加融洽，更好地建设我们共同的家园。

斯晓光说，把居民中有价值的人生履历盘活，用真实的故事、真实的态度抒发和传播正能量，提升居民的归属感、融入感，用百姓力量推动自治，是"百姓话百姓"活动的初衷。在"百姓话百姓"平台上，一个人的经历容易引发一群人的共鸣，"点头之交"的邻居开始彼此走近。这是居民区自我服务、自我教育、自我管理新模式的探索。

"百姓话百姓"讲演活动扎根于社区资源，让普通人"发声"，对有着多年历史的"东方讲坛""道德讲堂"等上海市和徐汇区知名讲座品牌起到了很好的内容补充和功能延伸的作用。

活动策划者和组织者矩阵认为，其实每个人都有倾诉和聆听的愿望，搭起了平台就是让他们互相沟通，资源共享，探索社区自治的新模式。对于"百姓话百姓"讲演平台的未来展望，矩阵表示，根据长桥社区及所辖各小区的实际体量和资源布局，并结合社区管理中的"有限社区"理论定位，长桥街道的"百姓话百姓"活动并不谋求做大做强，而是立足于把工作做深做细，形成定制化的经验性的成果。因此，即使是资源较少的居委同样可以大有作为。不同模式各自形成了经验之后，具有同等的推广价值，同入优秀之列。

作为社会工作师的矩阵在活动现场的点评中也提到，各居委搭起了这个平台是一个善举，通过细致的组织工作，弘扬了正能量，修复了中老年人的社会功能，提升了这个人群的存在感，也涉及了一些有关社会公平正义的话题，对社会治理有着积极的意义。

在以后的演讲活动中，街道也将鼓励各居委在稿源组织和演讲员发掘上进一步推进，同时在形式上进行突破和创新。一些小品和文艺形式可以考虑纳入"百姓话百姓"活动中来，希望把长桥"百姓话百姓"活动建设成一个全社区居民登台表演、各显神通的社区舞台大品牌。

第一节　治理理论

治理理论是社区治理研究最直接、最主要的理论基础。社区治理的实践也正是在治理理论的指导下展开的。

一、治理理论的基本内容

"治理"对应的英文词语是"governance"。作为一个日常词汇，"governance"在英语国家的使用已经有数百年的历史。英语中的"治理"可以追溯到古典拉丁语和古希腊语中的"操舵"一词，原意主要指控制、指导或操纵。长期以来，"治理"一词与"统治"（government）一词交叉使用，主要用于与国家公务相关的宪法或法律的执行问题，或指管理利害关系不同的许多特定机构或行业。自 20 世纪 80 年代以来，随着公共事务参与主体与运作模式的日趋多元化，"治理"这一古老的概念被赋予了更多的内涵，并逐步成为政治学、行政管理、国际关系、经济学、企业管理、组织研究等多学科中以及人们谈及公共事务时频繁出现的一个炙手可热的词汇。进入 20 世纪，西方国家推崇的市场经济和福利国家政策相继失灵。在经历了"市场失灵"和"政府失灵"以后，人们对发展"第三条道路"的治理思想寄予了深切的期望，希望依托于民主参与的、多种社会组织共同合作的公共事务治理制度设计，建立起足以应付经济全球化冲击和后现代社会转型的可持续发展机制与能力。为此，西方社会开始强调政府改革、私有化、下放权力、向社会授权等主张，探寻适合主体多元化的社会管理模式。

基于研究视角的不同，学术和实践领域对治理内涵的界定也多有不同。在实践领域中，一些国际组织对"治理"做出界定。世界银行对治理的界定是：为了发展而在一个国家的经济与社会资源的管理中运用权力的方式，有效治理包括以法治保障公民安全、有效的行政管理、实行职责和责任制、具有政治透明性。联合国开发署认为，治理是为管理国家事务而运用政治权力的实践。经济合作组织的援助委员会认为，治理就是运用政治权威，控制和经营社会资源以促进社会和经济的发展。在各种实践领域的治理概念中，以全球治理委员会的治理概念最具有普适性：治理是各种公共的或私人的机构和个人管理其共同事务的诸多方式的总和。治理是使相互冲突的或不同的利益得以调和并且采取联合行动的持续的过程。治理既包括正式的制度安排，也包括非正式的制度安排。

在学术界，很多学者也从不同的角度对"治理"进行了界定。詹姆斯·N. 罗西瑙在其代表作《没有政府的治理》中将"治理"定义为一系列活动领域里的或隐或显的规则，它们更依赖于主体间重要性的程度，而不仅是正式颁布的宪法和宪章。①英国学者罗伯特·罗茨认为，

---

① [美]詹姆斯·N. 罗西瑙. 没有政府的治理[M]. 南昌：江西人民出版社，2001：5.

治理标志着政府管理含义的变化，指的是一种新的管理过程，或者一种改变了的有序统治状态，或者一种新的管理社会的方式。[①]格里·斯托克指出了治理理论的五个论点：治理是指出自政府但又不限于政府的一套社会公共机构和行为者；治理明确指出在社会和经济问题寻求答案的过程中存在的界限和责任方面的模糊之点；治理明确界定涉及集体行为的各个社会公共机构之间存在的权力依赖；治理指行为者网络的自主自治；治理认定办好事情的能力并不在于政府的权力，不在于政府下命令或运用其权威。政府可以动用新的工具和技术来控制和指引，而政府的能力和责任均在于此。[②]当代治理理论的主要思想包括以下几个方面。

第一，当代治理运动的兴起是现代社会组织转型与发展的产物。在现代，社会结构发生重要变化的过程中，传统的工业组织和公共组织呈现出一系列新的特征，表现为：从同质性的科层制走向异向性的多样化组织结构；政府的功能变化，由控制甚至直接干预转向掌舵、冲突协调和促进社会资源整合；政府逐渐改变了原有僵硬、刻板的组织体系，实施了弹性化的或专项性的组织结构；传统公共行政下公与私、国家与社会的界限开始变得模糊，甚至彼此交融等。现代社会的显著变化，使得当代治理成为适应变化需要的组织管理形式，也使治理成为突破传统公共行政模式，满足公共管理要求的发展道路。

第二，当代治理的组织载体发生了根本变化，它既包含政府组织，但又绝不局限在唯一的、单中心的政府组织。当代治理运动组织载体与参与角色的多样性和多中心性，是治理概念与传统统治和行政思想区别开来的关键之处。

第三，当代治理意味着国家和全国人民社会关系的重新调整。从根本上说，探求治理模式的过程就是寻求新型国家—社会关系的过程，是重新定位政府统治与公民作用关系的过程。在实践中，政府向社会的分权，鼓励公民参与地方或社区的公共事务管理，倡导培育和提升公民自主管理能力，成为当代治理变革政策的重点。

第四，多中心治理模式的形成和社会网络组织体系的构建，是当代治理运行的制度结构与组织基础。治理依据的是以问题和管理事务为导向而聚集起来的多种形态的社会网络组织体系。社会网络组织体系是指面对着国际、区域、国家、地方、社区等不同地域范围内的公共问题，国际组织、政府组织、市场组织、居民自组织等治理主体围绕着某些公共问题或公共事务，通过对话、讨价还价、协商、谈判、妥协等集体选择和集体行动，达成共同治理目标，并形成资源共享、彼此依赖、互惠和相互合作的机制与组织结构，建立共同解决公共问题的组织网络。当代治理成功与否，关键取决于包括政府在内的社会网络组织的构建、信任关系的形成与合作方式的建立。

第五，公民的积极参与、政府与公民之间建立的相互信任、相互依赖与相互合作关系，是当代治理的社会与道德基础。治理的实现、社会网络组织体系的运行，依靠的是存在于公

① [英]罗伯特·罗茨. 新的治理[M]//俞可平. 治理与善治. 北京：社会科学文献出版社，2000：86-87.
② [英]格里·斯托克. 作为理论的治理：五个论点[M]//俞可平. 治理与善治. 北京：社会科学文献出版社，2000：34-35.

民社会中的社会资本力量，依赖于政府、公民、企业、社会组织之间的相互信任与积极合作的态度。

第六，当代治理不仅表现为一定的发展制度构造，也表现为一定的发展进程。作为发展进程，治理强调两个方面的思想。一是它强调在治理过程中参与者之间的互动与相互影响，强调在不断离散化和分割化的公共政策制定、执行和管理中，通过有效的动力机制、沟通与控制手段及责任界定方式，来实现目标的协同、各种资源的有机整合。二是它主张将治理看作一个不断演进的、渐进的、适应现代社会变迁的发展过程。它承认当前的治理理念和实践还处于胚胎状态，还需要经过大量社会实践的考验和验证。治理在探索中不断回应所面对的冲击和挑战，寻求更加有效的制度安排，实现善治的目标。

第七，当代治理的基本理念及善治的重要评价标准是参与、公开、透明、回应、责任、合法性等重要原则。当代治理即是在这些相互联系的价值中寻找"以人民为中心"、增进人民普遍福祉的发展道路的行动过程。

第八，各种利益关系人进入并参与公共政策制定、执行过程是治理发展的必然趋势，这促使政府的功能及其领导者的行为导向与工作重点发生重要变化。但是与以往多元主义思想不同的是，尽管当代治理思想也承认存在着政策过程中的个体利益差异和冲突，存在着集体行动中的讨价还价和理性选择，但它始终认为多元的利益关系主体，在长期发展过程和社群共同体中能够形成利益互惠和彼此合作的关系。

二、治理理论的社区应用

治理理论已经遍布全球、国家和地方的不同层次，正在逐步形成一个蔚为壮观的治理理论体系和实践系统。治理理论主要包括全球治理理论、民族国家治理理论和地方治理理论。而社区治理在整个治理理论中所得到的关注还很少，相应的论述也不多。实际上，由于社区是一个介于初级群体和次级群体之间的组织，对于居民有着情感性和易接近性的功能意义，是每一个人从家庭走向社会的第一个空间，所以，社区治理应当是全部治理系统的基础。①

改革开放以来，随着经济体制与社会体制改革的不断深入，我国的社会结构发生了巨大的变化。城市社区主体呈现多元化，社区内的自治组织与非政府组织在社区建设中发挥着日益重要的作用，社区成员参与意识和民主意识逐步增强，政府在社区成员的广泛参与下，与民众共同推进社区的建设与发展，这与治理理论前提完全相符。②因此，完全可以将治理理论运用到社区研究中来。社区治理是一种集体选择过程，是政府、社区组织、企业、非营利组织、居民等共同管理社区公共事务的合作互动过程。夏建中认为，社区治理特别是我国城市社区治理要理清以下几个方面的情况。

---

① 夏建中. 治理理论的特点与社区治理研究[J]. 黑龙江社会科学，2010（2）.

② 刘炳静. 重构城市社区——以治理理论为分析范式[J]. 社会主义研究，2004（1）.

第一，社区治理的必要性。与国家治理的原因一样，社区治理首先根源于市场失灵和国家失灵，社区能够做到市场和政府不能做到的事情。作为治理结构的社区具有以下独特的优势。其一，社区中互动的成员未来相互之间影响的可能性很大。因此，存在一种强力推动人们以有益于社会的方式行为而避免未来遭受报复的激励机制，实际上，这就是人们长期互动过程中的互惠链的机制。其二，社区成员相互作用越频繁，也就是社区居民参与社区的活动越多，就越可以降低成本，增加收益；还可以更多发现其他成员的特点、近期行为和远期的可能行为。这种信息越易于获得和广泛传播，社区成员就越有动力以促进集体效益后果的方式行动。其三，社区通过成员之间惩罚"反社会"的行为而克服"搭便车"的问题。

第二，社区治理的界定。社区治理就是在接近居民生活的多层次复合的社区内，依托于政府组织、企业组织、社会组织和居民自治组织以及个人等各种网络体系，应对社区内的公共问题，共同完成和实现社区社会事务管理和公共服务的过程。

第三，治理的主体，包括政府及其派出机构、居民自治组织、志愿者组织、私人机构、公司以及个人等。在国外的社区内，基本上已经没有正式的政府机构；在我们国家，社区仍然有党和政府的派出机构。所以，社区治理的主体包括政府组织、准政府组织和各种非政府组织。

第四，治理目的是为居民提供公共产品。这些公共产品包括物资的和非物资的，前者指的是满足社区居民的基本设施建设等，而后者更重要，主要是指社会资本。伯明翰大学研究地方治理的学者海伦·苏利文指出，社区治理有三大核心主题，即"社区领导力、促进公共服务的供给与管理、培育社会资本"。具体到我们国家现阶段，社区公共产品主要包括社区就业，社区社会保障，社区救助，社区卫生和计划生育，社区文化、教育、体育，社区安全服务，以及社区流动人口的管理和服务等多方面内容。不过，在非物资方面特别是社会资本的培育和提供，今后应当特别加以重视。

第五，治理的方式，即合作、自治、参与以及建立更多横向结构的居民组织。帕特南以及很多学者的研究都证明，社会信任源于公民参与的网络联系和互惠规范，尤其指那些由各种不同社团"水平"构成的居民结社活动。而垂直网络（vertical networks）的组织结构，因其强调下对上的职责且信息不对称，则很难产生这种信任关系。从水平网络的观点而言，居民自发建立或者社区提供社团参与渠道，不仅能够减轻政府介入公共事务的负担，而且可以培养社区自治的能力，是建构公民社会的基础。我国城市社区更多的是垂直型的网络，更多的是领导与被领导的关系。各种组织之间平等合作、平等参与社区各种事务决策的局面，虽然已有萌芽，但是还相当微弱。

从一定意义上讲，社区体制对街居体制的替代和进一步发展是治理理论在社区运用的一个重要成果，它推动着中国城市基层社会的管理模式由统治向治理转变。传统的街道办事处、居民委员会是代表政府对社区进行管理的唯一合法行为者，其管理方式是自上而下的行政指令型，即政府部门通过行政等级将上级命令逐层传达到街道，街道再传达到居民委员会，由居民委员会传达到居民。居民在这一权力链条中反馈的信息十分有限。而社区管理模式由街居体制向社区体制的转变，推动了社区中各发展主体的变化，并要求社区中各行为主体之间各司其职、分工合作，体现了国家—社区关系的变化，即面对社会公共事务国家已经不再把自己看作唯一的解决者，而是开始调动各种社会资源和力量来共同解决。也就是说，国家正在逐步把一部分社会事务交给社会自身来做，逐步从某些社会管理领域撤出。而社会自身也会由于参与公共事务管理逐步变得独立起来，这是一个独立自主的社会领域产生的必要条件。①社区治理要达到社区善治的效果，不同于计划经济时代政府对社会基层的行政控制，而应该呈现出治理主体的多中心、治理理念的平等共赢、治理方式的协商合作等特点，具体是指在城市社区，政府（城市基层区街政府）与各种个人与组织（居民委员会及其他社区社会组织）合作解决社区公共问题、实现社区公共利益最大化的过程。②

三、社区治理理论的有限性

社区治理理论的有限性主要是由治理理论本身的模糊性和治理理论在中国运用的适用性造成的。一方面，治理和善治理论绝不是万能的，不能以它去否定或贬低其他有价值的政治分析理论。治理理论还很不成熟，它的基本概念还十分模糊，对治理和善治还存在着不少分歧甚至误解。③考虑到治理理论兴起的复杂起因，以及治理要应对的多种复杂情景，治理的概念必须是宽泛的。宽泛而又富有弹性的治理理论的含义从一开始就不甚清晰，一旦清晰则又往往有失全面。"治理"一词被用于各种情境，被意识形态信念各不相同的群体为了不同的甚至是冲突的目的所使用。另一方面，在西方语境下发展起来的治理理论，其理论根基和实践基础是与西方国家的社会现实和发展实践相一致的。然而，当这一理论被移植到中国的具体发展实践中时，就不可避免地会遇到这样一些问题：治理的理论架构和运作模式能否与中国特有的文化土壤和发展实践相融合？如何创造性地实现治理理论与中国具体实践的结合？

虽然治理理论包含着许多值得借鉴的理论资源和政策参考的价值，但是在吸收和运用这一理论时仍需要保持谨慎。首先，从政治倾向上看，治理理论虽然主要是一种公共管理理论，但却具有强烈的意识形态倾向，这就决定了我们在借鉴治理理论时，必须要有所甄别、有所选择。因为治理的理论渊源是极端自由主义，而极端自由主义在国家与社会的关系上持一种强烈的反国家、反政府的态度，主张社会中心主义，尽可能地反对国家干预。其次，从经济发展来看，治理理论是对福利国家所产生的弊端的一种反动和纠正。它是从西方发达国家的经验出发，主张限制政府的职能和作用，主张协商式民主，主张权力的多主体、多中心、回应性、互动性等。最后，从文化接受性来看，治理理论的真正精神是以个人主义为基础的契约合作观念，这种精神深深地蕴藏于西方以平等、自由、权利为核心的公民文化之中。而对

---

① 冯玲，王名. 治理理论与中国城市社区建设[J]. 理论与改革，2003（3）.
② 宋茜瑶. 善治而治——城市社区建设路径新探[J]. 创新，2009（7）.
③ 俞可平. 治理和善治分析的比较优势[J]. 中国行政管理，2001（9）.

于处于不同文化传统的中国社会来说，如果不切实际地实施治理理所崇尚的模式，过分地夸大治理的效用，则可能会遇到挫折，甚至破坏正在进行的现代体制建设。因此，在运用治理理论来解释和分析中国问题时，应明确意识到这一理论的适用范围，在结合中国实践的基础上，审慎地、切合实际地提出理论主张和政策建议。[①]

就社区治理理论的运用而言，在中国城市社区中就遇到与西方语境中不同的情况。其一，治理理论强调的是平等主体的参与与合作。治理理论的一个前提就是各参与主体充分发育，各主体都是具有独立行为能力的个体，但中国社区本身正在发育的过程之中，各主体还未完全成长为独立的行为体。目前中国社区内虽然具有治理的一些主体要素，比如社区居民委员会、业主委员会、社区文体娱乐团队等，但这些组织在社区发展中能发挥多大的作用是一个值得探讨的问题。所以，就治理理论的社区运用而言，具有一定的理想性，它为社区的未来发展提供了一个方向。对现实社区的发展而言，重要的是如何激活各种社区资源，调动各方的积极性来参与社区建设，没有参与的社区治理不是真正的治理。其二，治理理论的一个重要出发点就是从西方发达国家的经验出发，主张限制政府的职能和作用，这对于中国现实社区的发展具有一定的借鉴意义，但在一定程度上不符合社区发展的实际。我们强调政府职能的转变，但在社会发育不成熟的情况下，政府对社会的引领、指导和扶持是极其必要的。特别是对快速发展的大都市而言，城市基层社会的发展不可能再走自我发育的路径，政府的扶持具有重要意义和价值。所以，将治理理论运用于社区既有其价值，也存在局限性，需要在发展中不断完善。

---

① 埸嵘均. 论治理理论在新农村建设中的境遇及其出路[J]. 江苏社会科学，2010（6）.

第二节　基层民主理论

鉴于城市社区治理的过程也是基层民主实践的过程，基层民主的有效推进也是社区实现善治的重要基础。因此，很多学者从基层民主理论的角度来研究城市社区治理。

一、基层民主理论的基本内容

民主是人类共同追求的价值观和共同创造的文明成果。它不仅包括国家民主还包括社会民主，而基层民主构成了社会民主的重要内容，是国家民主的重要补充。中国基层民主建设最伟大的意义就在于，它是公民在社会的最基层进行个人参与的民主化实验，通过在民主化实践中建立起一系列民主规则和程序，训练民众，培养民众的民主习惯，为民主创造内在的条件，逐步实现民主由少数精英的理念进入大众日常生活，成为人们所习惯的日常生活方式，这样的民主才是真正不可逆转的。下面将介绍中国基层民主的发展历程与基本特点。

基层民主建设作为中国特色社会主义民主最广泛的实践活动，是我国政治建设和政治体制改革的重要组成部分。我国的基层民主政治，发源于新民主主义革命时期，探索于社会主义建设时期，发展于改革开放新时期，逐渐成为我们党发展社会主义民主的一项基础性工作。

在新民主主义革命时期，我们党以争取民族独立和人民解放为目标，紧紧依靠广大工农群众，在革命根据地和解放区的局部执政环境下，确立了发展基层民主的原则，探索并开始实践基层民主政治建设的形式。在中央苏区、敌后抗日根据地以及解放区，我们党先后建立了苏维埃政权、抗日民主政权和人民民主政权，探索并实践了丰富的基层民主政治实践形式。具体内容包括：提出了民主建政的思想，并以制度建设保障人民群众的民主权利；初步建立了人民群众广泛享有民主权利的制度框架；鼓励选举参与，创新选举方法；创造了丰富的民主监督形式。

中华人民共和国成立后，基层民主政治建设成为党领导人民群众建立和巩固新生的人民政权、建设社会主义的重要措施。依靠和组织人民群众全面参与人民政权建设和民主改革；提出了社会主义基层民主政治建设的总体设想；探索了社会主义基层民主的实践形式。但是，从中华人民共和国成立到 20 世纪 70 年代末，由于权力过分集中的体制，特别是指导思想中"左"的错误思想影响，基层民主政治建设成效受到制约。尤其是在"文化大革命"中，离开了党的领导和依法办事，基层民主演变为群众运动式的"大民主"，结果不仅没有真正实现和保障人民群众的民主权利，反而造成社会大动乱，给党、国家和人民都造成了严重的损失。这是我国发展基层民主需要吸取的深刻历史教训。

改革开放以来，随着中国特色社会主义事业的不断推进，我们党对基层民主政治建设的认识逐步形成科学体系，基层民主政治建设的制度化、规范化和程序化稳步推进，基层民主政治实践不断深化。这主要体现在以下三个方面。

第一，不断深化对社会主义基层民主政治建设的认识。改革开放以来，党的历次重要会议对基层民主政治建设的直接性、广泛性、制度化、组织依托、具体内容及其实践形式，做出了全面深刻的阐述，对发展社会主义基层民主的认识不断深化。党的十一届六中全会要求发展基层人民的直接民主。党的十二大突出强调社会主义民主要广泛地扩展到政治生活、经济生活、文化生活和社会生活的方方面面。十二大提出要促进基层民主生活的制度化。十四大明确指出要以基层群众性自治组织为载体发展基层民主政治。十五大强调基层选举制度和民主程序的法治化建设。十六大对基层民主政治建设的内容、目标和方式做出了科学的界定。十六大以来，党中央提出科学发展观和构建社会主义和谐社会的重要理论，将民主法治作为构建社会主义和谐社会的首要要求，基层民主政治建设将会起到更大的基础性作用。党的十七大报告明确提出社会主义民主政治建设的重点在于"发展基层民主"，把发展基层民主、保障人民享有更多更切实的民主权利作为社会主义政治建设的一项重大任务，把它作为发展社会主义民主政治的基础性工程重点推进。

党的十九大报告提出和强调"提高保障和改善民生水平，加强和创新社会治理"，这是对我党在中国特色社会主义的伟大实践中逐渐形成的关于社会建设的理论和实践经验的系统总结和创新。报告对加强和创新社会治理的根本目的和重要意义，目前我国社会治理的重要领域和任务，以及如何打造共建共治共享的社会治理格局，进行了系统的阐述和具有前瞻性的构想。十九大报告关于社会治理在整体社会进步中的重要地位的理论阐述和实践构想，是对当代世界社会理论的重要贡献，同时，对新时代中国特色社会主义伟大事业的整体推进有重大指导意义。

第二，着力推进基层民主政治的制度化、规范化和程序化。首先，将发展基层民主提及法律地位。通过根本大法的形式，确认城乡基层群众性自治组织的地位，要求企业单位建立民主管理机制，并规定县、乡基层人大代表直接选举，使得基层民主政治建设有宪法依据。其次，制定了发展基层民主的具体法律法规。1979年通过的选举法，将人大代表直接选举的层次从乡一级提升到县一级，制定了选举的具体制度，扩大了基层治理范围和领域。全国人大及其常委会先后制定了《中华人民共和国村民委员会组织法》《中华人民共和国居民委员会组织法》以及《中华人民共和国全民所有制工业企业法》等法律法规。此外，各地还制定了大量的地方法规，使得基层民主政治的制度建设更加健全。再次，积极完善基层民主政治建设的政策措施。1998年和2004年，中共中央办公厅、国务院办公厅（以下简称"两办"）先后下发《关于在全国农村普遍实行村务公开和民主管理制度的通知》和《关于健全和完善村务公开和民主管理制度的意见》，从而使农村村务公开民主管理普遍实行并完善起来。2002年，两办下发了《关于进一步做好村民委员会换届选举工作的通知》，推动农村村委会工作进一步走上制度化、规范化的轨道。随着城市社区建设发展，为了进一步拓展城市基层民主政治建设，2000年，两办转发了《民政部关于在全国推进城市社区建设的意见》，开启了城市社区居民自治发展的新阶段。2002年，两办发出《关于在国有企业、集体企业及其控股企业深入实行厂务公开的通知》，有力推动了以职工代表大会为载体的企业民主管理制度的完善。2000年和2005年，两办先后发出《关于在乡镇政权机关全面推行政务公开制度的通知》和《关于进一步推行政务公开的意见》，切实保障了人民群众的知情权、参与权和监督权等民主权利。2001年和2006年，中共中央先后转发了《中共全国人大常委会党组关于全国乡镇人民代表大会换届选举工作有关问题的意见》《中共全国人大常委会党组关于做好全国县、乡两级人民代表大会换届选举有关工作的意见》，完善了县、乡两级人大代表直接选举工作。

第三，积极引导和支持基层民主政治实现形式的创新。① 农村经济体制改革产生了村民自治这一农村基层民主实践形式。20世纪70年代末，随着农村家庭联产承包责任制的实行，人民公社体制难以为继。我们党及时发现和总结了起源于广西宜山、罗城等地农民自发组织村民委员会的实践经验，创立了村民自治制度。目前，村民自治活动已由普遍建立制度向着进一步完善制度、规范程序、提高实效的新阶段转变。② 在城市经济体制改革的过程中推进社区建设和发展社区居民自治。20世纪80年代城市街道和居民委员会在解决返城知青就业服务中发挥了积极作用。1989年《居民委员会组织法》颁布后，社区服务逐步扩展为社区建设。随着90年代中后期改革的深入，社区建设向重构城市基层社会管理体制的方向发展。2000年以来，经过全国社区建设试验区的探索，扩大民主、居民自治的指导方针确立。③ 在政治建设中推进县、乡人大代表直接选举。1979年选举法确立了县、乡人大代表直接选举的法律依据。1982年宪法将其进一步完善和固定化。经过1982年、1986年、1995年对选举法进行了多次修改，县、乡人大直接选举范围逐步扩大，候选人提名办法得到改进，选举程序和技术建设越来越具体、成熟，不断满足人民群众的日益增长的政治生活需要。④ 在经济体制改革中不断推进企事业单位的民主管理。为保障职工的合法权益，1986年通过了工会工作条例和职工代表大会条例，推动了以职工代表大会为载体的民主管理制度发展，保障了企业改革的稳步推进。随着社会主义市场经济体制的确立，为了更有效地保障职工权益，企事业单位的民主管理内容、范围和形式都有了新的扩展。推进基层民主向更广泛的领域扩展，比如基层党内民主取得了新进展，基层政务公开全面推进，群团组织也在积极探索民主的办法，基层社团组织得到培育和发展。

经过长期的实践发展，我国基层民主逐渐形成了以下五个方面的基本特点。

（1）主体的广泛性。我国的基层民主政治保障了最广泛的人民群众的民主参与权利，将我国绝大多数人口纳入基层的民主选举、民主决策、民主管理和民主监督的政治过程之中，体现出社会主义民主高度的人民性和广泛的参与性。村民自治、居民自治、县乡人大代表直接选举以及企事业单位的民主管理等基层民主政治实践，解决了在我们这样一个人口大国顺利推进人民群众的民主参与和保持国家政治稳定发展同步并进的世界性难题。

（2）内容的直接性。我国的基层民主政治的发展，有一条根本的思路就是始终坚持民主建设从与人民群众的切身利益密切相关的领域做起，从人民群众能够直接行使民主权利的领域做起，从能够做得到的地方做起，这使得基层民主的内容具有直接性的特点。这主要体现在两个方面。其一是基层民主政治的内容与人民群众的利益直接相关。通过参与基层民主政治，人民群众能够获得看得见、摸得着的利益，能够表达自身的利益诉求，保护自己的各种权利不受侵犯。其二是行使民主权利的直接性，人民群众就在自己生活的范围内参与公共事务和公益事业的管理，使得民主参与具有切身的真实性和有效性。

（3）发展的主导性。我国的基层民主政治是在党和政府的领导下进行的，其途径是通过民主政治发挥人民群众当家作主的权利，达到基层治理的有效性和社会政治的稳定发展。因此，人民群众与党和政府具有一致的目标。从基层民主政治建设的方式来看，一方面，党和政府是主导力量，通过政治领导和法制建设，保障广大人民群众的民主权利得以切实实现；另一方面，广大人民群众积极参与到基层民主建设过程中，创造出了丰富多样的民主形式和切实有效的民主程序技术，推动了基层民主的发展。党和政府不断研究发展中的问题，出台推进基层民主深入发展的政策主张，主导着基层民主发展的进程和道路。在此基础上，鼓励广大人民群众的参与和自发创造，但这种参与是有序的参与，是在法律制度规范下的参与。

（4）进程的渐进性。现代民主政治是一种高度制度化和结构化的政治运作机制，它的运行需要复杂的社会经济条件的支撑，更需要适合本国特点的政治程序和民主精神的保障。这些都不是能够毕其功于一役的，由此决定了社会主义民主政治建设需要在渐进的民主建设过程中逐步发育和形成，具有长期性。我国的基层民主建设伴随着整个国家的经济社会体制转型而渐进发展。

（5）环境的适应性。我国的基层民主政治建设一直是作为我们党赢取政权、凝聚人心，组织和动员全社会力量来实现党在不同时期中心任务的重要举措。民主政治建设始终是社会发展的推动力量，是与社会经济发展相适应的。世界民主政治发展的一个基本事实是：凡是不顾自身的经济社会体制约束而意图发展高度民主的政治体系，都难以实现自己的愿望。我们在发展基层民主政治的过程中，始终以推动和保障党的中心工作以及经济社会发展为目标，以人民群众公共生活需要为动力，是与整体的政治和经济发展相适应的。

由此可见，我国社会主义基层民主政治建设适应了改革开放和社会主义市场经济体制发展的要求，既维护了人民群众的切身利益，又促进了党和国家的制度建设和政治稳定，并使得民主发展脱离了民主运动窠臼，进入切实的民主行动的范畴，开创出一条发展中国特色民主政治道路的有效途径。

二、城市社区自治

社区自治是城市居民群众依法直接管理社会基层公共事务的一种民主形式，是社会主义基层民主在城市的广泛实践。

什么是社区自治、社区能不能自治，一直是理论界研究的热点。目前关于什么是社区自治，学术界有三种看法。一是社区自治是政府管理之外的社会自治，由桑玉成等提出。他们认为社区自治就是"社区居民自己管理自己生活在其中的社区事务"。此观点强调政府和社区自治组织的分权，反对政府介入社区的管理。理论上的不足之处是忽视了社区自治组织主体之间如何协调权力关系以防止冲突，它们之间的权力关系是自组织协调还是被组织协调关系。二是社区自治就是地方自治，由丁超等人提出。他们认为地方自治就是地方政府开展自治工作，社区自治就是社区居委会开展自治工作。他们主张在街道或社区由居民直接选举产生社区居委会成员和推行社区居民代表大会制度。这种观点符合我国城市社区自治发展的方向。三是社区自治是政府、社区组织、居民合作治理社区公共事务的过程，由陈伟东等提出。他们认为"社区自治既不能简单地理解为政府管理与社区管理的简单割裂或冲突，也不能简单地理解为社区自治组织的自主管理，而应该作如下界定：所谓城市社区自治，是指不需要外部力量的强制性干预，社区各种利益相关者习惯于通过民主协商来合作处理社区公共事务，并使社区进入自我教育、自我管理、自我服务、自我约束秩序的过程"。此观点既反映了我国现阶段的实际，又不违背未来社会发展的趋势。

根据《中华人民共和国城市居民委员会组织法》和各地推进社区自治的实际进程来看，社区自治的内容主要包括六个方面。第一，人事选免自治。社区居民委员会的组成人员必须由社区成员大会或代表大会依法选举产生，社区成员代表大会具有依法随时补选因故出缺的社区居民委员会组成人员的权力，具有依法罢免、撤换不称职的社区居民委员会组成人员的权力。第二，财产财务自治。社区居民委员会的财产受国家法律保护，任何部门、单位和个人不得侵犯。社区居民委员会有权拒绝不合理的财力和人力的摊派。社区在兴办公益事业时，可以通过民主自愿的方式，向受益的社区成员筹集资金。政府拨付社区的办公经费，社区居民委员会有权按照规定自主定向使用。社区居民委员会的财产和财务要按照国家有关规定建账管理、公开管理，接受社区成员的民主监督。第三，社区教育自治。社区居民委员会运用社区成员喜闻乐见的形式，对社区成员开展遵纪守法和依法履行公民应尽义务的教育。组织社区成员开展精神文明建设，倡导和弘扬邻里互助、尊老爱幼、破除迷信等文明新风，创办群众性社区文化艺术组织，开展自我教育活动。第四，社区服务自治。社区居民委员会可以根据社区成员的需求，通过兴办便民利民服务事业，建立志愿者协会组织，开展社区志愿者活动等形式，为社区成员提供各种生活服务。第五，社区管理自治。社区的重大问题，必须经过社区议事协商委员会民主协商，提交社区成员大会或社区成员代表大会讨论决定，社区居民委员会对全体社区成员负责，并定期向社区成员大会或社区成员代表大会报告工作，在社区议事协商委员会的监督协调下，完成社区成员代表大会做出的决定和决议。社区成员代表大会有权依法制定《社区自治章程》和各类《社区自治公约》，实行自我管理。社区通过建立社区青少年、妇女、老年人、治安调解、文化艺术爱好等协会组织，依法开展自我管理、自我服务和自我教育活动，维护各类人群的合法权益，丰富社区成员的精神生活，提高社区成员的生存质量，维护社会的安宁稳定。第六，社区居民委员会通过自治的办法和形式，协助政府管理社会事务，如协助政府做好社区治安、优抚救济、爱国卫生、计划生育和青少年教育等多项工作。

社区自治对城市基层民主建设具有重要的意义，表现为：社区自治促进了城市政府与社会的分离，为城市基层民主建设创造了必要的社会条件；社区自治为扩大城市基层民主以及城市居民参与城市管理提供了一个重要平台；社区自治有利于化解城市基层的各种利益矛盾，促进社区的稳定与和谐，为城市基层民主建设提供良好的社会环境；社区自治制度的实践，使社区成为城市居民接受民主教育、民主训练的大学校，极大地提升了城市居民的民主素质和民主能力，对城市基层民主建设具有重要的推动作用。

三、社区民主理论的局限性

就当前中国而言，社区民主理论的运用和研究还存在一定的局限性，主要表现在两个方面：一是对民主的实质深挖得不够，套用民主理论对当前我国城市社区中的诸种"民主"创新进行简单化的分析，容易对基层民主发展得出过于乐观的判断；二是对民主的研究视野较为狭窄，往往只重视社区内部各主体的关系及其活动，而忽视影响民主发展的社区外因素与机制。

相比于西方成熟的市民社会和基层民主，我国的社区民主实践才刚刚起步，社区民主还很不完善。例如，社区居民主体意识不强，政治参与热情不高，影响社区自治功能的充分发挥；实行城市社区居民自治后，基层政府与社区的关系应该是指导与被指导的关系，而现实中往往是"领导与被领导的关系"，居民委员会的行政化倾向比较明显；法律保障滞后，经常使居民委员会、业主委员会等基层自治组织处于一种尴尬境地；社区工作任务重、工作人员的待遇低等问题影响到社区工作人员的积极性，也影响到社区民主的发展水平等。虽然理论界对当前我国社区民主实践的不完善之处也都有所提及，但往往就事论事地点到为止，未能基于民主的实质而从整体上进行深入的思考，未能分析当前中国基层民主发展存在的深层原因与问题。其所提出的对策看似很有针对性，但实际上却犯了"头痛医头、脚痛医脚"的毛病，对真正促进中国城市社区民主发展并无多大益处。因此，社区民主理论研究本身应跳出西方理论的桎梏，并深化相关研究，一方面为现实社区民主的发展做好注脚，对居民委员会选举、社区成员代表大会、群众社区自治管理等提供理论的支撑，做出理论的解读，提升其发展意义；另一方面，社区民主研究应当以较为宽广的视角完善理论的建构和实践运用，以对社区民主实践的发展发挥引领作用，使理论发挥指导实践的功能。

目前学术界对社区民主的研究，主要侧重于对作为社区相关利益者的各个主体的关系及其活动的内容与性质展开分析，就社区主体与社区事务谈社区民主的发展。尤其是在分析社区民主发展的问题瓶颈和提出促进社区民主的对策建议时也未能跳出社区内部，往往忽略了民主发生的外在空间。但实际上，应将社区民主的发展置于宏观的社会背景之中，不仅考虑社区主体及其活动，还要考虑到政治制度设置、基层社会变迁、市场经济发展、公民社会的发展等因素，甚至还要考虑不同因素之间相互作用的机制。社区民主理论研究只有拓宽研究视野，才能为社区民主的发展寻找到更为广阔的空间和发展路径。

第三节　社会资本理论

社会资本理论是近些年备受关注与广为运用的一个理论。在社区研究中，学者经常用社会资本理论来说明社会资本对于解决社区公共事务、达至社区公共利益的重要作用。

一、社会资本理论的基本内容

社会资本（social capital）是从新经济社会学演化出来的，并在近几年成为一个国际性的学术研究热点。社会资本理论是社会学研究中新兴的一种理论工具，这一工具因其较强的解释功能而被社会学的实证研究者们所热衷。但是由于理论的不成熟，仍存在许多争议。其中，理论层次的混乱是一个关键性的问题。因此，这一理论也遭到学术界的众多批评，直至有人最近公开呼吁"拒绝使用'社会资本'概念"。下文在回顾社会资本研究缘起的基础上，主要通过梳理布迪厄、科尔曼和帕特南三位代表人物的主要观点来达至对社会资本理论的初步了解。对于"社会资本"研究的起源，就其词源意义上来说，物质资本—人力资本—社会资本的演化线索是很清晰的。在古典经济学中，资本指的是以交换媒介为体现形式的价值凝结物，具有具体的物质形态。马克思（Karl Marx）指出：资本不是物，它体现的是资产阶级社会的生产关系。但是从其形态而言，马克思视资本为一种生产要素，是一切用于生产、扩大再生产或提高生产效率的物质及其载体。可以说，这时人们对资本的理解局限于物质资本。第一种非物质形态的资本是舒尔茨（Alfred Schultz）和贝克尔（Becker）于20世纪60年代引入经济学分析中的，他们认为社会拥有的受过教育和训练的健康的工人决定了古典生产要素的利用率，从而提出人力资本的概念。很显然，这一概念超越了资本的物质形态，并将其涵义扩展为"一切能带来价值增值的资源"。这一概念的拓展不仅为社会科学开辟了新的研究领域，而且也为经济学家和社会学家提供了又一对话的空间。社会学家认为人们之间的各种联系和互动也能给人们的行动带来便利，具有价值增值的效应，也应该纳入资本的范畴，这使社会资本的概念也出现在了资本的概念集中。

当代的社会资本概念，源于这样一种思想：非经济的社会关系对人们获取有价值的东西有着直接的影响。埃莉诺·奥斯特罗姆（Eunor Ostrom）认为，最早将社会资本看作社会关系的功能，而且最接近于现代社会资本概念的研究至少可以追溯到汉尼凡（Hanifan）关于满足个人的社会需要的讨论。汉尼凡指出：善意、友谊、同情心以及构成社会纽带的个人和家庭之间的社会互动，可以产生人们在日常生活中有价值的东西，如不动产、个人财产或者现金。汉尼凡还通过实际的案例，来说明怎样利用社会资本来促进社区"娱乐的、知识的、道德的和经济的条件"，提高社区的生活质量。布朗从系统主义的角度出发，把对社会资本概念的使用分为三个层次：微观层次、中观层次和宏观层次。布迪厄、科尔曼、帕特南的理论正好代表了这三种不同的层次。

布迪厄最早将社会资本这一概念引入社会学研究领域，并加以系统分析。1980 年，他发表了《社会资本随笔》一文，将社会资本界定为"实际或潜在资源的总和，这些资源是同对某种持久性的网络的占有密不可分的，这一网络是大家共同熟悉的、得到公认的，而且是一种体制化关系的网络。也就是说，这一网络是同某个团体成员的身份相联系的，获得这种会员身份就为个人赢得'声望'，并进而为获得物质的或象征的利益提供了保障"。布迪厄的社会资本概念是建立在社会承认的逻辑之上的，与地位、身份、声望等利益性和工具性因素密切相关。他关注的是个人通过参与团体活动不断增加的收益以及为了创造这种资源而对社会能力的精心建构，也即社会资本的形成是个体或团体一种有意识或无意识的投资策略的产物，并非社会行动的"副产品"。对布迪厄来说，社会资本既不能被还原成经济资本或文化资本，也不能独立于经济资本或文化资本而存在。对其他两种资本形式来说，社会资本起着"增效器"的作用，社会资本是通过经济资本和文化资本的社会交往而被创造并维持的。文化资本和社会资本共同构成象征资本，但他强调经济资本的主导地位。布迪厄的社会资本是在微观层面上使用的，社会资本作为个人的"联系"。作为个人联系（individual connections）的社会资本概念的使用通常可以在社会网络分析中找到，从这个意义上说，社会资本的研究始于社会网络分析。在社会网络的分析中，社会资本被理解为个体获取有利的人际关系网络的途径。

将社会资本的使用从微观层次过渡到中观层次的是科尔曼。科尔曼从社会资本的功能来界定社会资本："社会资本是根据其功能定义的。它不是一个单一体，而是有许多种，彼此之间有两个共同之处：它们都包括社会结构的某些方面，而且有利于处于某一结构中的行动者——无论是个人还是集体行动者——的行动。和其他形式的资本一样，社会资本也是生产性的，能够使某些目的的实现成为可能，而在缺少它的时候，这些目的不会实现。与物质资本和人力资本一样，社会资本也不是某些活动的完全替代物，而只是与某些活动具体联系在一起。有些具体的社会资本形式在促进某些活动的同时可能无用甚至有害于其他活动。"科尔曼认为社会资本的基本表现形式有：第一，义务与期望。在"相互服务"的社会结构中，人们相互之间形成的义务与期望构成了有用的社会资本。对于这种形式的社会资本，社会环境的可信任程度至关重要。第二，信息网络。个体可以利用自己拥有的业已存在的社会关系网络获取有利于行动的信息。第三，规范和有效惩罚。这种社会资本不仅为某些行动提供便利，同时限制其他行动。第四，权威关系。人们之间以控制权为形式的权威关系体现为社会资本，这种权威关系有利于解决共同性的问题。

在科尔曼那里，不同形式的社会资本具有相似的特征，最明显的是社会结构特征和公共产品性质。所谓具有社会结构特征，是指社会资本表现为人与人之间的关系，存在于人们之间的社会关系网络和人们组成的社会组织之中。而所谓的公共产品性质，是指社会资本的不可让渡性、互惠性、收益共享性等。社会资本来源于社会结构的功能，社会结构体现为可以利用的资源，它不仅有利于身处同一社会结构中的所有个体的个人目标的实现，而且有利于集体行动的达成。总之，科尔曼提供了对社会资本的更广泛的理解，社会资本不仅是个人利益增加的手段，也是解决集体行动问题的重要资源。奥斯特罗姆指出，认识到社会资本对于集体行动的作用，这一点对于集体行动理论及公共政策理论有着极为深刻的含义。但真正将这一思想加以深化和拓展的是帕特南。

帕特南在《使民主运转起来》（1993）的著作中，将社会资本概念的应用进一步扩展到更大规模的民主治理研究中。在这本书中，帕特南这样定义社会资本：社会资本指的是社会组织的特征，例如，信任、规范和网络，它们可以通过促进合作行动而提高社会效率。社会资本包含的最主要的内容就是社会信任、互惠规范以及公民参与网络。帕特南在这项研究中发展了一种社会资本如何促进民主治理以及经济繁荣的理论。他将意大利北方和南方地区政府绩效的显著差异最终归因于公民参与以及人们之间信任水平的差异。他指出，"至少在 10 个世纪里，北方和南方对于困扰所有社会的集体行动的困境采取了完全不同的方法。在北方，互惠规范和公民参与网络已经深深体现在社会中，如行会、互助会、合作社、工会，甚至是足球俱乐部和识字会。这些横向的公民联系所支撑的经济和制度绩效水平总体上大大高于社会和政治关系始终被垂直建构的南方。"他认为，社会信任、互惠规范以及公民参与网络是相互加强的，它们对于自愿合作的形成以及集体行动困境的解决都是必不可少的。其中，社会信任是社会资本最关键的因素；普遍互惠有效地限制了机会主义的行为，将导致那些经历重复互惠的人之间的信任水平的增加；稠密的社会交换网络将增加关系的重复和联系，从而也将增加社会信任水平。最后，帕特南指出，大力发展社会资本是解决行动困境的一条捷径；社会资本是使民主得以运转的关键因素；但建立社会资本并非易事，它需要很长的时间。除了运用社会资本的理论框架分析意大利的民主治理状况外，帕特南还讨论了美国的社会资本及其对美国经济和政治的影响。帕特南得出结论说，美国的社会资本正在下降。帕特南的研究开创了宏观层次社会资本理论研究之先河。

总之，布迪厄、科尔曼和帕特南三位代表人物的社会资本概念，描述了社会资本概念从微观层次到中观层次再到宏观层次的逻辑发展过程，同时也展现了社会资本作为一种解释范式演变成新的理论研究途径的过程。以上三个层次的社会资本概念的使用，基本体现了目前社会资本理论研究的三个层次。其实，社会资本研究层次的区分并不在于社会资本的定义如何，而是在于使用社会资本的定义和框架进行研究的问题本身的层次差异。

二、社会资本理论的社区应用

社会资本理论是近年来新兴的理论，它为我们研究和透视社会提供了一个崭新的视角，使我们对社会行动、社会关系和社会结构的理解和认识进一步深化，尤其是对于研究当前处于转型期的中国社会具有特殊的理论价值。在中国城市社区这一复合体场域中，用社会资本理论来分析社区建设，蕴藏着无限的理论生机与实践意义。

王思斌认为中国城市社区建设的时空特性可以归纳为 20 世纪 80 年代以来的统治危机和社会资本下降的双重背景下中国版本的"社区主义的浪花",基于此,他提出城市社区建设的"善治"和"重建社会资本"这一双重目标模式。善治的本质特征是有一个具有实现城市居民社会生活公共利益最大化的决策、实施、动员能力的社会管理制度体系,而重建社会资本就是为市民重新建构因单位制的变迁、原有关系网络的破坏等因素而下降或丧失的社会资本,包括重建信任关系、重建社会协调的共识性规范、重建市民的社会网络三大相互关联的部分。

孙立平区分了社区建设与社区发育这两个概念。他认为社区建设是指社区中那些可以在一个比较短的时间内通过自觉的努力和行动实现其发展的内容,比如社区中的物质设备和设施、正式的管理机构以及有意设置的处理社区事务的机制等,而社区发育是指需要经过相当长的时间,以较为缓慢的速度,主要通过自然发育和演进的方式才能达到发展的那些因素,比如社区的文化与人文环境、人际关系、志愿性团体的发展等。但无论是社区建设还是社区发育,基本的目标都是社区发展和社会整合,即在一定的地域的基础上,通过特定的社会组合形式,形成一种社会生活的共同体,从而形成社会秩序和社会发展的基础。孙立平进一步指出,社区发育的真正内涵即社会资本的创造,为此需要在社区认同、社会交往与社会关系、社区组织这三个社区的社会性特征上着力。

隋广军等认为,城市社区社会资本是城市社区内部的个人和组织在长期的内外互动中形成的,在互惠规则规范下的互利关系。要培育好我国城市社区社会资本,应重点做好以下几个方面的工作:① 让社区个体积极参与社区建设活动;② 社区成员单位对社区建设的参与;③ 培育和引导各类社区非政府组织参与社区建设;④ 大力培育社区信任网络和体系;⑤ 创造和睦的家庭和邻里关系;⑥ 培养社区价值观,形成良好的社区规范。

由上可见,社会资本的积累对于社区集体行动的达成具有重要意义。社区建设需要社区成员通过集体行动来实现对社区公共事务的有效管理,并达至公共利益的实现,但集体行动的逻辑却很难避免"搭便车"集体行动的困境。解决这种困境的关键在于促进社区内部各利益相关者之间的合作,通过"规范共同行为的激励机制""社会成员相互作用的频度"等来达成公共活动,实现信任、互助、合作,以这些社会资本要素促成个人利益与社区利益的共赢。所以,就一个社区而言,社会资本总量的多寡与分布状况,决定了社区活力和凝聚力的强弱以及社区治理的绩效和效率。社会资本存量丰富且分布均衡,居民的社区归属感就强,社区治理的效果就好,社区发展的目标就能顺利实现;反之,社区就会因居民不愿参与社区事务而缺乏认同感,社区发展的目标就很难实现。

但是,目前城市社区建设中存在着较为明显的行政化倾向,没有将城市社区建设作为实现民主自治和培育社会资本的有效办法,而社区居民对现有的社区建设态度消极,只是被动参与,最终使社区建设停留在表面阶段,难以发挥培育社区社会资本、实现社区居民自治的根本目的。对此,现阶段作为社区建设推动者的政府应该有所警觉,并在今后的社区建设中努力改变现有的做法，更为明确地将实现城市社区自治和培育现代社会资本作为社区建设的根本目的。政府应有意识地逐步培育及建立城市居民和组织间的信任、规范与网络，增强社区居民对社区的认同感和归属感，调动社区居民参与社区建设的积极性，从而达到建立现代公民社会和增强社区居民社会资本的目的。

三、社区社会资本理论的有限性

社区社会资本理论的有限性主要体现在以下三个方面。

第一，关于社会资本概念的含义问题。纽顿在他的《社会资本与现代欧洲民主》一文中指出，帕特南的社会资本概念将主观的社会规范（信任）、客观的社会特征（社会网络）和结果（有效性和效能）混合在一起，这种处理方式的好处是它将概念的不同方面以一种有的方式结合起来，从而赋予它们以巨大的解释潜力；同样，它也存在着不足，即它将不同事物糅合在一起，甚或是混淆起来，而这些事物之间的关系本应是经验性调查的对象。与其将这三者都看作是同一事物的一个片断和部分，进而将它们都囊括在定义之下，不如将它们分割开来，把它们之间的关系当作所要调查的一个问题。区分了作为规范和价值的社会资本（"心灵的习惯"）、作为网络的社会资本（正式群体和正式组织）以及作为结果的社会资本（促进集体行动），并在这个基础上建立了三种社会资本模型，讨论了三种不同的社会资本模式与三种不同民主模式之间的关系。他首先肯定了社会资本研究的价值，同时也指出了社会资本研究存在一定的问题。主要问题包括以下几个方面：① 来自不同社会学传统的社会资本的修正主义者试图用太少的理论来解释太多的现象；② 社会资本到底是社会关系的基础还是社会关系的内容，这个问题没有搞清楚；③ 社会资本可以为相互矛盾的公共政策措施进行辩护，从而被来自政治领域内鼓吹各种观点的人所利用；④ 社会资本思想混淆了社会资本的来源与结果，可以证明对立的社会政策都合理，并低估了社会资本的消极面等。

第二，关于社会资本的测量问题。社会资本的测量一直是社会资本研究中存在争议的问题。在实际研究中，社会资本这一概念的具体运用存在着许多困难。任何经济资本都可以化约为一个统一的尺度——货币，并通过货币数量的多少来加以衡量。对于社会资本而言，情况就不一样了。每个人的社会资本都是独特的、与他个人紧紧依附在一起的，无法转让。而且，社会资本也无法用一个统一的尺度加以衡量——谁能准确地说出某人的关系资源值多少钱呢？这就排除了社会资本的可比性与量化能力，实际上大大加深了运用社会资本概念分析经济问题的难度。如果说社会资本概念在微观层面上加以运用存在一定难度的话，那么，在社会宏观层面上困难就更大了。例如，要准确计算社会资本对社会经济增长的贡献率，是非常困难的一件事情。因为，我们无法知道某个社会在特定时间内的社会资本总量，更谈不上根据有关统计数据来分析其对经济增长的贡献率。

第三，关于社会资本理论的中国适用性问题。在中国这样一个关系社会，社会资本的运用往往容易走形，往往为非正式的关系网络发挥作用提供了方便，而对于真正的信任与互惠规范的确立却难以发挥积极作用，而这有悖于社会资本理论的运用。

【本章小结】

本章讲解了治理理论。治理理论是社区治理研究最直接、最主要的理论基础。社区治理的实践也正是在治理理念的指导下展开的。"治理"对应的英文词语是"governance"。作为一个日常词汇，"governance"在英语国家的使用已经有数百年的历史。英语中的"治理"可以追溯到古典拉丁语和古希腊语中的"操舵"一词，原意主要指控制、指导或操纵。长期以来，"治理"一词与"统治"(government)一词交叉使用，主要用于与国家公务相关的宪法或法律的执行问题，或指管理利害关系不同的许多特定机构或行业。理清了什么是社区自治、社区能不能自治。关于什么是社区自治，学术界有三种看法。一是社区自治是政府管理之外的社会自治，由桑玉成等提出。他们认为社区自治就是"社区居民自己管理自己生活在其中的社区事务"。此观点强调政府和社区自治组织的分权，反对政府介入社区的管理。理论上的不足之处是忽视了社区自治组织主体之间如何协调权力关系以防止冲突，它们之间的权力关系是自组织协调还是被组织协调关系。二是社区自治就是地方自治，由丁超等人提出。他们认为地方自治就是地方政府开展自治工作，社区自治就是社区居委会开展自治工作。他们主张在街道或社区由居民直接选举产生社区居委会成员和推行社区居民代表大会制度，这种观点符合我国城市社区自治发展的方向。三是社区自治是政府、社区组织、居民合作治理社区公共事务的过程，由陈伟东等提出。他们认为"社区自治既不能简单地理解为政府管理与社区管理的简单割裂或冲突，也不能简单地理解为社区自治组织的自主管理，而应该作如下界定：所谓城市社区自治，是指不需要外部力量的强制性干预，社区各种利益相关者习惯于通过民主协商来合作处理社区公共事务，并使社区进入自我教育、自我管理、自我服务、自我约束秩序的过程"。

本章还阐述了社会资本理论，并提出怎样将理论更好地应用到社区的实践当中，同时提出了社区社会资本理论的局限性。认为社区建设需要社区成员通过集体行动来实现对社区公共事务的有效管理，并达至公共利益的实现，但集体行动的逻辑却很难避免"搭便车"集体行动的困境。解决这种困境的关键在于促进社区内部各利益相关者之间的合作，通过"规范共同行为的激励机制""社会成员相互作用的频度"等来达成公共活动，实现信任、互助、合作，以这些社会资本要素促成个人利益与社区利益的共赢。所以，就一个社区而言，社会资本总量的多寡与分布状况，决定了社区活力和凝聚力的强弱以及社区治理的绩效和效率。社会资本存量丰富且分布均衡，居民的社区归属感就强，社区治理的效果就好，社区发展的目标就能顺利实现；反之，社区就会因居民不愿参与社区事务而缺乏认同感，社区发展的目标就很难实现。

【思考题】

1. 社会资本包括哪些内容？
2. 如何利用社会资本促进社区的发展？
3. 怎样才能克服社区社会资本的局限性？

第三章 我国城市社区治理体制的历史沿革

【本章概览】

本章阐述了社区治理体制的内涵，介绍了我国城市社区治理体制的历史沿革中单位制、街居制及社区制的内涵与特点。

【学习目标】

1. 掌握社区治理体制的内涵
2. 掌握单位制的内涵与特点
3. 掌握街居制的内涵与特点
4. 掌握社区制的内涵与特点

【案例导入】

社区参与——杭州西湖区德加社区成立"道德法庭"

（资料来源：http：//3y.uu456.com/bp_5522505c0n3blzb1bsxu_1.html）

没有高悬的国徽，没有肃穆的法袍，社区居民却在"道德法庭"上批判粗野、褒奖文明。这是杭州西湖区德加社区最近出现的新鲜事。

5月9日，浙江省首个社区"道德法庭"在德加社区开庭。听了"原告""被告"的诉说，可以知道事情的大概：某天夜里，一位失主与一位出租车司机共同找到德加社区的保安，称失主遗失了重要的文件和公章，失物可能被一个前往德加社区的乘客拾走了。根据失主提供的时间，保安调用录像后怀疑是社区某户居民夫妇，于是采用打电话、上门等方式前往该住户家中调查。在住户否认的情况下，保安再次与路经此地的一位民警上门调查。住户认为，保安深夜扰民，民警态度恶劣，影响了他的正常休息，并造成了不良影响，要求保安和民警公开赔礼道歉，消除影响。在法庭辩论后，"法官"作最后的总结：认为保安和民警帮助失主寻找失物，是在实施一种道德帮助，但被告确有不文明行为，今后要杜绝。法庭作出了《道德评判调解书》，由"被告"向"原告"道歉。

德加社区是杭州西部的一个新社区，居民文化素质较高，生活富裕。他们对社区硬、软环境的要求也很高。社区居委会努力营造良好的社区人文环境，开设了这个"道德法庭"，让社区居民对身边的行为作道德大评判，有助于在社区内形成良好、文明的氛围。

近日，"道德法庭"又开始行动。德加社区曾多次发现养鱼池被油污染的情况，保洁员发现，是一位老太太向池里倒剩菜。这件事经"道德法庭"讨论后，业主委员会上门对老太太做工作，使事情得到了解决。

第一节　社区治理体制的涵义

对社区治理体制内涵的把握是清晰梳理我国社区治理体制历史沿革的基础，也是正确理解我国社区治理体制改革的基础。

一、体制与制度、机制的含义与辨析

要正确了解社区治理体制的内涵，必须要对制度、体制、机制这三个相近的概念进行辨析。

"制度"，通常是指社会制度，是指建立在一定社会生产力发展水平基础上，反映该社会的价值判断和价值取向，由行为主体（国家或国家机关）所建立的调整交往活动主体之间以及社会关系的具有正式形式和强制性的规范体系。制度按照性质和范围总体可分为根本制度、基本制度与具体规章制度三个基本层次。根本制度是同生产力发展的一定阶段相适应的经济基础和上层建筑的统一体，如政治制度、经济制度、文化制度等。基本制度是社会的具体组织机构，如外交、金融、税收、政党、军事、司法、教育、科技、保障制度等。具体规章制度是各种社会组织和具体工作部门规定的行为模式和办事程序规则，如公务员考试制度、学位管理制度、劳动工资制度等。

"体制"，按照《辞海》的解释，是指国家机关、企事业单位在机制设置、领导隶属关系和管理权限划分等方面的体系、制度、方法、形式等的总称。体制是制度形式之外的具体表现和实施形式，例如国家领导体制、经济体制、军事体制、教育体制、科技体制等。制度决定体制内容并由体制表现出来，体制的形成和发展要受制度的制约。一种制度可以通过不同的体制表现出来。如，社会主义经济制度既可以采取计划经济体制的做法，也可以采取市场经济体制的做法。在一定条件下和一定范围内，基本制度、具体规章制度和体制可以互相转化。

"机制"，原指机器的构造和运作原理，借指事物的内在工作方式，包括有关组成部分的相互关系以及各种变化的相互联系。机制从属于制度，机制通过制度系统内部组成要素按照一定方式的相互作用实现其特定的功能，机制的运行规则都是人为设定的，具有强烈的社会性，如竞争机制、市场机制、激励机制等。

从广义上讲，制度、体制和机制都属于制度范畴，既相互区别，又密不可分。制度制约体制与机制，与此同时，体制与机制又对制度的巩固与发展，起着积极的促进作用。

二、社区治理体制的内涵

社区治理体制是指社区治理中的组织体系及运转模式，即社区治理主体的组织结构、职权划分和运行机制的总和。社区治理体制是社区治理工作的基础和保证。社区治理主体的组

织结构是指参与社区治理的一切组织，在结构上应是多层次、多系统的网络式结构。所谓多层次是指由市（区、县）—街道（镇）—居民委员会—居民代表组成的多级管理体系。所谓多系统是指由政府行政管理系统、社区自治管理系统、社区生活服务管理系统组成的横向管理体系。职权划分是指依法确立政府、社区自治组织、社区服务组织等的管理职责与权限。运行机制是指社区管理权力的运行和制约方式，即参与社区治理的党政组织的推动力、社区自治组织的原动力、社区单位的潜在力等形成的社区治理的整体合力。在管理方式上表现为制度规范、标准化管理。

第二节　单位制

单位制是中华人民共和国成立后社会管理的产物。单位是适应计划经济体制而设立的一种特殊的组织形式，具有政治、经济与社会三位一体的功能，具有行政性、封闭性、单一性特征。单位制的形成具有历史背景，在当时起到了重要的社会整合作用，但也带来了制度性的后果，造就了总体性社会和依赖性人格。在我国改革开放后，所有制结构出现了变动，社会主义市场经济体制逐步建立，社会流动也迅速加剧，单位制渐渐走上崩溃的边缘而失去了历史的舞台。

一、单位制产生的背景

其一，惯性的经验思维。中国共产党在实现"农村包围城市"夺取全国政权之后，工作重点转移到城市，但是我们党没有城市社会管理的经验。面对如何将广大的人民群众组织起来进行社会主义建设的问题，我们党只有从自己过去的军事组织经验中去寻找。在战争年代，我们党形成了一套特殊的管理体制，即"公家人"管理，对公职人员，包括党群团体、军队、政治机构和公营企事业中的成员，一律实行供给制，范围扩展到衣、食、住、行、学、生、老、病、死、伤残等各方面，依照个人职务和资历定出不同等级的供给标准。

这套管理体制使我们党和军队保持了强大的战斗力，取得了全国斗争的胜利。中华人民共和国成立后，虽然将实行多年的供给制逐步改成了工资制，但"公家人"管理模式通过单位制度得到延续。

其二，压力的现实情况。中华人民共和国成立后，中国共产党面临着从晚清时期开始的整个中国政治解体与社会解组相结合的"总体性危机"。一方面，晚清之后，中国陷入外强入侵与军阀混战连绵不绝的混乱境地，中央政权日渐式微，现代化的步伐步履维艰；另一方面，传统的社会秩序遭到破坏，整个社会陷入前所未有的混乱局面，民众的力量处于"一袋马铃薯"的状态，不能完全凝聚起来。要结束混乱状态，恢复社会秩序，使中国经济、政治发展步入正常轨道，首要的工作是将全社会组织起来，构筑有效的组织体系，因而单位制成为当时选择的最佳方式。

其三，要求的理想状态。经过百年的屈辱和战乱，新生的中国满目疮痍，资源稀缺，人口众多。但是，为了急切证明社会主义的优越性，早日进入共产主义社会，背负着沉重的赶超压力。因此，全国自上而下要"一盘棋"，要尽快摆脱落后的局面，要在尽可能短的时期内建立自己的工业化体系，要快速发展，要赶上并超过发达国家的水平。这是我们的美好愿望，而要实现这一理想，必须要有强有力的动员机制和资源配置机制，将全国庞大的人口和有限的资源集中起来，所以对单位制的选择成为理所当然。

"单位制"是对国家以每个具体单位为中介来对人们的社会生活进行全面管理的社会管理体制的简称，它是我国传统的计划经济条件下社会管理体制的核心。它是将所有劳动者纳入各类劳动组织，由这些劳动组织根据国家的总体计划对劳动者进行劳动分工，向他们支付各种生活必需品，并组织他们开展本职工作之外的政治和社会活动，同时对其进行管理的制度。

二、单位制的特征

（1）单位体制的承担者是各种单位，单位又是相对独立的社会组织。在国家的计划和政策的约束下，它们可以相对独立地运行。

（2）单位是国家的代表者或代理人，在某程度上它是国家的缩影。企业、事业组织的这种细胞性质决定了它们的"单位"性质和地位。

（3）作为单位的社会组织具有部件性。每一个单位都是整个国家大机器的一个部件，它们服从于国家的整体利益，并按照国家的要求运行。

（4）对单位成员活动的全面组织和管理。不但单位成员的本职工作被置于单位的严密控制之下，而且单位成员们被组织起来进行各种政治和社会活动，这些活动成为单位整合的促进要素，反映出单位的整体性特征。

（5）单位对其成员全面关照。单位不仅依照国家规定向其成员支付工资，而且提供各种福利，这种福利不但惠及单位成员本身，而且扩散至单位成员中未就业的老、幼、病、残的家庭成员。

（6）成员对工作单位高度依赖。由于单位掌握了成员及其家庭生存、发展的所有资源，因此成员对工作单位全面、高度依赖，有了问题和困难找单位，成为单位成员解决其面临问题的相同模式。

（7）单位的层级性。每个单位都被置于以职能为基础的纵向管理链条之中，它们对上负责，完成上级下达的任务，并接受上级的管理。因此每一个单位都具有一定的行政级别，而级别不但反映了单位在社会政治生活中的地位，也反映了它们获得国家分配资源的机会，级别越高，掌握的资源也就越多。

（8）单位的同构性。全国形形色色的企业、事业组织几乎都是按照同一模式组织起来，在中央的统一号令下运行。

从某种意义上说，单位制是为了应对中华人民共和国成立后的严峻形势，为了解决"总体性危机"而选择的一套社会组织体系。对于当时高度集权的政治体制的运作，对于高度集中的计划经济体制的实施，对于整个社会秩序的整合，单位制从组织上提供了非常有效率的保证，发挥了重要的功能，其历史意义不容否定。

三、单位制的功能

（一）政治动员功能

单位制度中的单位，其政治功能是十分突出的，每个单位（不论事业单位，还是企业单位）都有一定的行政级别，每个单位都是由干部和工人这两大政治身份的人群组成，每个单位都作为行政体系中的一个"部件"而存在，每个单位通过设置健全的党群组织作为政治动员的主导力量。因此通过单位这一种高效率的政治动员机制，党和政府可以运用自上而下的行政手段，大规模地组织群众投入各种政治运动，以实现党和政府的各项方针和政策。借助于高度行政化的单位组织，党和政府的政治动员能力极强，党和政府可以直接面对民众，在战略部署上可以做到全国人民步调一致的现实行动。

（二）经济发展功能

实行计划经济体制，国家控制了几乎所有的资源，国家对资源的调控和配置是通过各类单位组织来进行的，党和政府通过编制单位隶属关系网络，使每一个基层单位都隶属于自己的上级单位，使上级单位可以全面控制和支配下级单位，而上级单位又隶属于中央和省市行政部门。因此党和政府可以通过上级单位对下级单位下达工作任务，调拨、分配人力、物力、财力等资源。单位制为国家集中稀缺的资源、投入现代化建设的关键性领域发挥了重要的作用，有效地保证了国家战略意图的顺利实施，为我国工业化体系的快速建立奠定了良好的基础。

（三）社会控制功能

1949 年 9 月 30 日，毛泽东同志在为中国人民政治协商会议第一届全体会议起草的宣言《中国人民大团结万岁》中说："全国同胞们，我们应当进一步组织起来。我们应当将全中国绝大多数人组织在政治、军事、经济、文化及其他各种组织里，克服旧中国散漫无组织的状态，用伟大的人民群众的集体力量，拥护人民政府和人民解放军，建设独立民主和平统一富强的新中国。"单位制就反映了这一要求，在中华人民共和国成立之初生产力水平很低的情况下，通过"充分就业"、劳保福利、分配住房、子女入学等制度，实现了整个社会生活的高度组织化。全国人民几乎都被纳入了行政权力的控制范围之内，国家的触角延伸到了全国的每一个角落和社会生活的每一个领域，整个社会实现了高度的整合。

四、单位制存在的问题

单位制在发挥历史作用的过程中，也不可避免地产生了一系列后果，概括为两个方面：一是就整个社会而言，形成了"总体性社会"；二是就社会的个体而言，产生了依赖性人格。

（一）总体性社会

总体性社会是一种结构分化程度很低的社会。在这种社会中，国家对经济以及各种社会资源实行全面的垄断，政治、经济和意识形态三个中心高度重叠，国家政权对社会实行全面控制。总体性社会的形成，是通过单位制这个组织中介而实现的。具体地说，首先，借助严密的单位组织系统，国家的动员能力极强，可以动员全国的人力、物力资源，以达到某一经济建设和国家发展目标；其次，单位制的高度组织化，过去的"国家—民间精英—民众"的三层结构变为"国家—民众"的二层结构，国家直接面对民众，因而可以将各种信息直接传达到民众手中，但民众却没有有效的形式实现自下而上的沟通，社会秩序完全依赖国家控制的力度；最后，单位制现象使得全部社会生活呈政治化、行政化趋向，社会的各个子系统缺乏独立运作的条件，由单位制而促成的总体性社会，克服了旧中国"一盘散沙"的总体性危机，但随着中国社会转型的到来，单位制的弊端逐步暴露出来，总体性社会也走到了尽头。

（二）依赖性人格

单位制通过资源垄断和空间封闭，实现了单位成员对单位的高度依附，造就了单位成员的依赖性人格。

一是在单位制度下，国家控制的资源通过单位来调配。对于单位成员来说，单位是生活福利的唯一来源，不仅工资收入来自单位，而且诸如住房、副食品补贴、退休金、救济金、医疗保障等都来自单位。由于体制外没有自由流动资源，离开单位就等于失去一切。单位不仅控制着经济资源，还掌握着政治资源、社会资源。单位掌握着提干、入党、出国进修等机会，单位是个人社会地位和身份合法性的界定者，没有单位出具的证明，就不能登记结婚或申请离婚，就不能外出旅行，不能购买飞机票乃至投宿住店；单位还解决职工及其子女的就业问题等。

二是单位制还限制了其成员的生活空间。一方面，单位通过提供各种福利设施，如学校、医院、食堂、浴室等，满足单位成员的基本需求。有的大单位还有专门的单位大院，单位人员朝夕生活在一起。这种单位内部的自足性，大大降低了人们在单位外交往的可能性。另一方面，单位成员更没有自由流动的空间，单位将每个人员牢牢地固定在每一个工作岗位上，"能进不能出、能上不能下"，调动工作是非常困难的。整个社会流动是少之又少，因而每个单位成员的生活空间是相对稳定和封闭的。

总体来说，单位通过垄断政治、经济、社会资源，形成了对单位成员的支配关系；通过严格控制单位成员的社会自由流动，造成了单位成员空间的封闭。没有自由流动的资源，缺乏自由流动的空间，单位成员只有全面依附单位，最终造就了依赖性的人格。

五、单位制的解体

改革开放以来，中国社会发生了剧烈的变迁，在从传统的、封闭的农耕社会向现代的、开放的工业社会转型的过程中，我国的所有制结构出现了变化，社会流动越来越频繁，尤其是社会主义市场经济体制的确立，取代了高度集中的计划经济体制，这些都使得"单位制"

失去了生存的土壤，不得不走向崩溃瓦解的地步。

一是所有制结构的变动。改革开放以前，我国单一的公有制经济确保了把所有的职工都纳入"单位制"之中；改革开放以后，这种单一的所有制结构被打破，党和政府从一开始承认非公有制经济是社会主义经济的补充，到后来逐步鼓励和支持非公有制经济的发展，并且公有制经济本身也出现了实现形式的多样化。非公有制经济的发展，使得体制外出现了自由流动资源，单位不再可能全面控制职工。

二是市场经济的发展。高度集中的计划经济体制强调指令性计划，管理经济和社会的手段主要是行政手段，使企事业单位成了政府的工具和附庸。1992年党的十四大最终明确"我国经济体制改革的目标是建立社会主义市场经济体制"。目前，我国已经进入全面建设和完善中国特色社会主义市场经济的新时代，市场经济强调市场规律、效率至上。市场经济的实行，带来了我国国有企业以及政府事业单位的全面改革。国有企业建立现代企业制度，按照市场规律办事，努力提高市场竞争力；政府事业单位改革管理体制，提高工作效率，实现政企分开、政社分开、事社分离。从计划经济体制到社会主义市场经济体制的过渡，使"单位制"的运行基础不复存在。

三是社会流动的加剧。改革开放以后，随着流通体制、劳动人事、社会保障、户籍等制度的改革，我国社会出现了前所未有的自由活动空间。在城乡之间，原来附着于土地的农民大量流入城市，出现了全国规模的"农民工潮"，僵硬的城乡二元格局出现了松动；在单位之间，职员的流动已司空见惯，大量国有企业职工流入外资企业、私营企业等，大量内陆省份人才如教师、管理人员等流入沿海城市。

第三节　街居制

在计划经济体制时期，我国对社会的管理以单位制管理为主，以基层地区管理为辅。地区管理主要是通过街道办事处和居民委员会这两个组织来开展工作，统称为"街居制"。随着单位制的解体，街居制在社区管理中的作用逐渐凸显出来。街居体系经历了50多年的发展变化，但一直简单地、被动地执行上级下达的任务。在社会快速转型的今天，街居制面临着很多新的问题，越来越不符合城市社会发展的需要。

一、我国街居制的发展

中华人民共和国成立以来，我国街居制的发展大致经历了以下四个阶段。

（一）创立阶段

1949 年中华人民共和国成立后，党和国家的工作重点开始从农村向城市转移。为了加强城市政权和城市管理工作，全国很多城市都出现了街道一级组织和居民委员会组织。1950 年3 月，天津市按照居民居住状况建立居民委员会，揭开了我国城市居民委员会组织的历史序幕。在 1952 年的国庆典礼上，毛泽东主席看到整齐有序的市民队伍，对彭真同志感慨道："还是把市民组织起来好！"随后，彭真于 1953 年向中央提交了《关于城市街道办事处、居民委员会组织和经费问题的报告》，该报告建议："街道的居民委员会必须建立，它是群众自治组织，不是政权组织，也不是政权组织在下面的腿；城市街道不属于一级政权，但为了把很多不属于工厂、企业、机关、学校的无组织的街道居民组织起来，为了减轻区政府和公安派出所的负担，还需要设立市或区政府的派出机关——街道办事处。"1954 年第一届全国人大四次会议，制定并通过了《城市街道办事处组织条例》和《城市居民委员会组织条例》。按照规定，街道办事处的任务是：办理市、市辖区人民委员会有关居民工作的交办事项，指导居民委员会的工作，反映居民的意见和要求。居民委员会的任务是：办理有关居民的公共福利事项，反映居民的意见和要求，动员居民响应政府号召并遵守法律，领导群众性的治安保卫工作，调节居民间的纠纷等。

（二）膨胀阶段

1958 年掀起"大跃进"、人民公社运动，使街道的机构和职能迅速膨胀。以上海市五里桥街道为例，1960 年成立街道党委，4 月开始试办城市人民公社，实行"政社合一"，实际上是党、政、社高度合一，街区权力达到前所未有的高度集中，党几乎控制了街道内全部权力。当时，街道内的两个派出所、两个菜场、房管所、粮管所、地段医院都接受街道党委统一领导。街道办的组织机构达到 5 个，分别负责秘书、文教卫生、生产生活、油粮等，工作人员达到 39 人。人民公社作为一级政权组织，又是经济生活组织、社会生活组织，它在管辖的街道、里弄所在的街区里，全面实行基层行政管理，组织生产，负责司法、公安、卫生、医疗、文化、教育以及社会福利、社会服务、社会救济等职能，权力空前膨胀。但是，随着"大跃进"的失败，这种体制终究没有维持多久。

（三）曲折阶段

1966 年至 1976 年，街居体系遭到了严重破坏。在极左路线的影响下，有些居民委员会实行了军事编制，有些居民委员会干部被当成"当权派"。随着各级"革命委员会"的建立，街道办事处改组为街道"革命委员会"，居民委员会也相继改称为"革命居民委员会"，主要任务是抓阶级斗争，严重背离了为人民服务的方向。

（四）恢复与发展阶段

1978 年党的十一届三中全会以后，街居体系得到恢复，并获得快速发展。1979 年，街道革命委员会被撤销。1980 年，全国人大常委会重新公布了《城市街道办事处条例》《居民委员会组织条例》，街道办事处、居民委员会的机构和职能得以恢复。此后，街道办事处和居民委员会都进入了一个大发展的新阶段。就街道办事处而言，其发展表现为：一是工作对象大大拓宽，随着经济体制改革和社会结构转型，街道工作的对象扩展到了辖区内所有的居民和所有的单位；二是工作任务大大拓展，随着城市管理的改革和居民需求的多样化，目前很多街道办事处的任务已经拓展到了 100 多项；三是机构设置和人员编制大大扩充，目前许多街道办事处的人员达数十人乃至超过了 100 人，组织机构也早已"科室化"。就居民委员会而言，自 1989 年第七届全国人大常委会第十一次会议通过并颁布了《城市居民委员会组织法》，居民委员会工作得到了很大发展，主要表现为：一是工作范围进一步拓宽，拓展到社区的方方面面，包括宣传法律、法规和国家政策，维护居民的合法权益，办理公共事务，调节民间纠纷等；二是居民自治水平进一步提高，现在已经在条件成熟的社区开始居民委员会直选的试点；三是居民委员会动员居民和辖区单位普遍开展了便民利民的服务活动。

二、街居制的特征

（一）在社区管理组织即街道办事处和社区居民委员会的结构中，党委或工委仍然是领导核心

社区治理仍以政府组织及其派出机构作为社区治理唯一主体，并且垄断社区绝大部分资源，而其他组织很难成为社区内的治理主体之一。社区居民委员会名义上是居民自治组织，实际上由于其身份、任职、薪水以及各种费用均由政府决定，因此，必然是政府行政管理体制在社区的延伸，成为政府及其基层政权组织的"附属物"。

（二）社区管理手段仍主要采取强制性的行政方式

地方政府基本上将社区居民委员会视为其下属的一级准行政机构，认为两者之间是行政上的领导与被领导关系。社区自治组织——居民委员会自身也常常以政府组织的身份自居，自认为是政府职能的执行者。它们的工作重心是完成街道办事处布置的各种任务，为居民服务反而成了次要的目标；"居民是社区的主体"也往往成为一种口号，实际上，居民并未真正被作为"主体"看待。居民委员会很少与社区的所有居民进行主动的联系，通常只是与少数居民组长、楼长打交道，不少居民委员会俨然成为社区的一级"衙门"，行政色彩越来越浓的社区是政府管理社会的工具而非社区居民的自治平台。在社区公共事务的决策与处理方面，基本上是街道办事处和居民委员会决定一切，然后以行政管理的方式进行布置。可见，街居制的组织体系仍然保持垂直的科层制结构。

（三）社区成员社区治理的参与度较低

社区组织能够承担从政府集权向社区治理过渡的职能，它有助于满足多元需求与利益，促使政府职能转换，加强社区自治机制的建立。由于历史的原因，我国社会与社区组织数量很少，种类以居民自娱自乐的组织和一些环保类志愿者组织居多，并且它们多是在政府管理下的，很难形成有独立意志的参与主体。

社区居民参与社区活动和行使民主权利的渠道和平台不多，参与社区治理的热情不高。表现为：①参与主体不平衡，总体参与率低。目前参与社区活动和社区事务的主要是楼组长和楼组党员骨干、离退休老人、寒暑假的学生、低保户居民四类人，而大多数居民则较少参与，居民总体参与率偏低。②参与的积极性不够，以被动的志愿参与为主。一般居民缺乏对社区活动与社区事务参与的主动性与积极性，即使是前述四类人的参与也往往是在居民委员会的大力动员之下才出现的。③参与形式单一，参与层次较低。居民的参与以执行性参与为主，决策性、管理性的参与较少。

三、街居制存在的问题

随着改革的深入和社会的转型，我国城市基层管理出现了很多新情况、新问题，街居制面临着不少现实难题，主要表现为职能超载、职权有限和角色尴尬三个方面的问题。

（一）职能超载

在经济和社会发展的进程中，我国城市基层管理出现了很多新的领域，街居制的负载量越来越重。首先，单位制的瓦解导致单位职能外移，要求街居来承接。现代企业制度的建立、事业单位分类管理制度的推行以及机关单位后勤体制的改革，使得各单位将自己原来承担的政治行政职能、社会职能剥离出来，交给政府和社会。在目前我国社会中间组织不发达的情况下，现有的比较成熟的街居体系几乎成了唯一的接收主体。其次，人口的老龄化、无单位归属人员以及外来人口的增多，给街居增添了更多的管理、服务工作。目前，中国已经进入了老龄化社会，各街区的老龄人口尤其是离退休人员显著增多，老年人口的活动空间基本上是家庭所在的街区，这就势必要求每个街区都要为众多的老年人提供良好的生活环境和生活条件，开展专门为老龄人服务的医疗保健、文化娱乐等工作。改革开放以来，非公有制经济快速发展，"无单位归属人员"中除了原有的少数未就业的家庭妇女和个别的社会闲散人员外，增加了大量的个体户和私营企业主、待业青年和失业下岗人员等。对这些不断增加的"无单位归属人员"，街居组织要加强思想教育和社会管理工作，起到社会整合的作用。随着城乡社会流动的加剧，城市街区的外来人口越来越多。外来人口既给街区的发展做出了贡献，也给街区的管理工作带来了压力。因此，目前街区的管理对象除了作为主体的正式居民外，也包括居住在本街区的非正式居民，街区工作的内容除为正式居民提供管理和服务外，还需要对外来人口进行管理和提供服务。最后，我国城市管理体制的改革要求管理重心下移，由此带来了原来实行"条条"管理的很多部门将任务下放到街区，给街区增加了很多新的管理内容，如市场管理、园林绿化、交通道路、民政福利、市容市貌等管理项目。综上可见，我国目前的街居体系不仅承接了单位剥离出来的职能，还增加了很多新的管理领域；不仅要承担行政功能，还要承担社会功能，甚至有些街区还承担部分经济功能。街居体系的职能已经大大超载，但仍不能满足社会发展的需要。

（二）职权有限

虽然街居体系承担了原来单位外移的职能以及新出现新增加的工作任务，但街居的权力却依旧十分有限。从街道办事处来说，区级政府及各职能部门的"漏斗效应"将大量的事务"漏"到街道一级，但街道办事处却没有相应的法定地位和权力来承接这些事务，不仅在财政和人员编制上受制于上级政府，而且没有独立的行政执法权和完全的行政管理权，只能受制于各职能部门的委托或充当行政职能"传递者"的角色。由于"条块分割"的存在，街道的能力是十分有限的。虽然许多城市管理的任务层层落实到街道，但由于街道没有明确的职权，往往出现的情况就是"看得见、摸得着、管不了"，而各机构虽有权管，但由于只对上级负责，造成"管得到的管不了、管得了的管不到"的局面。从居民委员会来说，其工作人员的津贴、办公经费、活动开支等都是经由街道下拨控制，居民委员会一般没有财务支配权，而街道可以擅自占有居民委员会的财产或收益，居民委员会的支出项目要由街道办事处批准。此外，有些街道实行给居民委员会编制的做法，进一步加重了街道与居民委员会"上下级"关系的色彩，"指导"为虚，"命令"为实，居民委员会的工作相当被动。

（三）角色尴尬

职能超载，但职权又十分有限，使得街居的角色变得十分尴尬。街居组织处于政府和居民之间，但从目前的情况来看，街居倾向于政府一边，只是被动地执行市、区一级政府下派的任务。在这一点上，居民委员会的尴尬地位更加突出。居民委员会群众性自治组织的地位实际上被虚化，居民委员会除了按照居民委员会组织法规定的日常工作外，还要承担区、街道各部门交办的名目繁多的工作任务，实际上居民委员会变成了各级党委、政府部门工作的承受层、操作层和落实层，工作不堪重负，整日忙于应付，"上边一千条线，下面一根针"。这样一来，居民委员会的自治功能得不到实现，导致居民委员会法律地位的悬空，不能体现居民的主体意识和参与意识，因而也就很难赢得居民的认同。居民委员会对上过分依赖，而向下不能真正深入到居民中去，这种被动的局面长期下去将造成政府权威在基层支持资源的流失。尤其在出现物业公司、业主委员会等组织后，居民委员会的工作面临着极大的挑战。

第四节　社区制

"社区"这个概念最初是由德国社会学家滕尼斯提出的。滕尼斯指出，社区是由具有共同价值取向的同质人口组成的关系密切、守望相助、富于人情味的社会共同体。在中国，"社区"一词在 20 世纪 30 年代被引进，而作为一个广泛使用的名词始于 1986 年。当时，民政部为推进城市社会福利工作改革，争取社会力量参与兴办社会福利事业，并将后者区别于民政部门代表国家办的社会福利，就另起了一个名字，称之为"社区服务"，由此引入了社区的概念。1991 年民政部为了开拓民政工作又提出"社区建设"的概念；1998 年国务院的政府体制改革方案确定民政部在原基层政权建设司的基础上设立基层政权和社区建设司，推动社区建设在全国的发展；2000 年 11 月，国务院办公厅转发了民政部关于在全国推进城市社区建设的意见，由此带来了社区建设在全国城市中轰轰烈烈的开展。社区建设本身就包含社区管理体制的改革，从原来的单位制、街居制向社区制过渡。

一、社区制的特征

社区制是对单位制、街居制的一种超越和重整，它不同于后两者的主要特征包括以下几个方面。

（一）从管理理念上来说，面向全体居民，以居民为主，以人为本，变管理为服务

社区制强调对人的关怀（不仅是物质利益的关怀，还有精神文化、政治参与、生活交往等方面的关怀），关注与居民生活息息相关的日常事务。过去的单位制、街居制有很强的控制思想，限制人口流动，固定职工与单位之间的关系。社区制则以服务为核心，合理配置社区资源，解决社区问题，努力为社区居民营造一个环境优美、治安良好、生活便利、人际关系和睦的人文居住环境，最终促成人与自然、社会的和谐发展。

（二）从管理形式上来说，从强调行政控制到强调居民参与

单位制和街居制行政功能都非常突出，命令式的上下级科层色彩浓厚。政府与单位之间、单位与职工之间都是服从与被服从的行政命令关系。市区政府、街道办事处和居民委员会之间的互动关系也都按照行政命令模式运行。而社区制则强调居民参与，要求社区发展的各项规划、社区建设的实施以及社区事务的处理等都必须体现社区居民的广泛参与，与居民的要求相适应。居民是社区的主体，是社区发展的始终动力源。

（三）从管理目标来说，改变政府管理的唯一主体地位，加强政府与社区的合作，达至善治（即良好的治理）

我国过去在对基层社会的管理中，管理主体单一化，只能是政府。而在社区制中，社区

管理主体的多元化是必然要求，除政府主体之外，还须有社区自治组织以及专业化的社区服务与社会工作机构等。政府的能力是有限的，要弥补政府的缺陷，就应实行共同治理，把政府"管不了也管不好"的社区事务交由社区自己管理。不仅如此，还要在政府与社区之间形成积极而有成效的合作关系，在社区管理的过程中，以善治为目标，达至公共利益的最大化。

二、社区制出现的必然要求

（一）社区制是社会整合的要求

在改革开放以前，国家通过以单位制为主、以街居制为辅的方式实现了对社会的超强整合，国家几乎取代了社会，在体制外几乎不存在任何自由流动资源和自由活动空间，个人缺乏主体性的地位。改革开放以后，伴随着社会的转型，单位制逐步走向解体，"单位人"转变成为"社会人""社区人"，人们越来越多地要靠市场和社区，而不再完全靠单位来解决生活需求问题。伴随着市场经济的发展，个体、私营企业从业人员等无单位归属人员以及流动人员越来越多。伴随着产业结构的调整，我国下岗失业人员急剧增加，而且有进一步增多的趋势，他们与原单位几乎没有多少联系。伴随着人口的老龄化和"提前退休"政策的实施，各居民区的老年人口尤其是离退休人员显著增多。这些新情况的出现，增加了城市基层管理的任务。原来的街居体系被动地承接这些工作，但由于前文所述的现实困境而无力承担起社会整合的繁重任务。与此同时，在社会变迁的过程中，社会的力量也逐渐地发育和成长，国家不能再采取以前的方式，还把触角渗透到社会的每一个领域。因此，面对社会发展中出现的新形势、新任务，要实现社会整合的目标，在城市基层社会管理中采用社区制是必然的要求。通过社区制的管理，可以满足社区居民的各种需要，解决社区中存在的问题，促进居民之间的了解和交流，形成和谐的人际关系，进而实现对社会利益的整体协调，推动个人和社会的发展。

（二）社区制是人的全面发展的要求

改革开放以来，我国城镇居民的收入水平和生活水平得到了极大提高。按照马斯洛的需求层次理论，居民在生活水平提高后，就不会再满足于吃饱穿暖，而要追求更高的生活质量，追求生活的丰富多彩和自我价值的实现。党的十六大报告提出了全面建设小康社会的目标，不仅具有政治学意义、社会学意义，还具有人文意义。全面小康社会的内涵不仅包括物质层面，还包括政治层面、文化层面、自然生态层面等内容。马克思主义认为，社会发展的本质是人的发展，促进人的发展是社会主义的本质要求。如果片面强调物质的发展，结果只会出现异化的社会。人都居住在社区，是社区的主体，人的发展和社区紧密相连。要建设全面小康社会，就需要从基础设施到居住环境、从物质文明到精神文明、从社区参与到政治民主、从社会秩序到人际关系等方面满足人的全面发展的要求。显然，原来的单位制和现存的街居制都限制了人的全面发展的要求，而社区制则是回归人性、达到人的全面发展要求的制度设计。

（三）社区制是党的工作落脚点的要求

过去在计划经济体制下，党的工作落脚点主要在单位。往往出现的情况是，党不仅发挥领导核心的作用，还直接从事行政事务、经济事务和社会事务等工作，由此加大了党的政治成本、经济成本和社会成本，无形中增添党的风险。而在市场经济条件下，在城市基层社会管理中实行社区制，可以使基层党组织从过去的很多行政负担中解脱出来，使党的工作真正面向社区，加强与社区的联系，使党可以集中精力从事社区工作，整合社区党员，运用党的资源服务社区、帮助社区。如此一来，党巩固基层政权的重心从单位转到社区，社区就成了党的工作的落脚点，党始终保持与群众的血肉联系，党的执政地位就可以得到巩固。

三、我国社区治理体制的改革

自 20 世纪 90 年代中后期开始，我国大中城市掀起社区建设的热潮，民政部首先选择在北京、上海、天津、沈阳、武汉、青岛等城市设立了 26 个"全国社区建设实验区"。通过这些年的实践总结和经验概括，形成了几种代表性的社区治理模式。我国城市社区治理体制的改革势在必行，而且，改革还必须在相关原则的指导下科学地进行，并遵循一定的总体框架。

（一）中国社区治理体制改革的必要性

随着改革开放不断深入和社会主义市场经济不断发展，我国的经济体制、社会结构、利益格局和思想观念发生了深刻变化。这种空前的社会变革，给我国经济社会发展带来了巨大活力，同时也必然带来这样或那样的矛盾和问题，增加了社会管理的难度和复杂性。单位制的解体、部分国有企业的破产、职业选择的自由、人员流动的加大，都要求我们必须把完善基层社会管理作为改善民生和推进社会和谐的重要任务，必须大力推进基层社会管理体制改革创新，加强社会组织建设和管理。在满足人民群众需求、整合各种利益关系、化解社会矛盾、维护社会稳定方面，社区发挥着越来越重要的作用，但这也给社区带来了很大的挑战，社区管理体制改革成为我国经济社会发展的必然趋势。有学者从城市社区利益主体多元化、社区功能多元化、社会需求多元化、互动模式多元化等方面对社区管理体制改革的必要性进行了分析。

首先，城市社区利益主体的多元化需要社区管理体制改革。在计划经济体制下，我国城市组织管理体制的一个基本特点是"一元化"的组织管理结构。由于社会中各组织与政府在目标、职责和利益上的高度统一，政府实际上是社会中唯一的利益主体。随着市场经济体制的建立，城市社区中出现多元化的利益主体。一是现代企业制度的建立，使原来依附于政府的企事业单位从行政系统中脱离出来，成为相对独立的利益主体，大量的职工离退休人员进入社区，社区成为他们的真正立足点。二是单位组织与个人之间的分离，单位不再是个人利益的唯一载体，同时还出现了很多新经济组织和新社会组织。新经济组织是指私营企业、外商投资企业、港澳台商投资企业、股份合作企业、民营科技企业、个体工商户、混合所有制经济组织等各类非国有集体独资的经济组织。社会组织是指社会团体和社会服务机构（原民办非企业单位）的统称。社会团体是指由公民自愿组成，为实现会员共同意愿，按照其章程开展活动的非营利性社会组织；社会服务机构（原民办非企业单位）是指由企业事业单位、社会团体和其他社会力量以及公民个人利用非国有资产举办的，从事非营利性社会服务活动的社会组织。这些组织与传统的国有企业、单位组织在经营范围、经营形式、人员配置、组织架构等方面都是不同的，它们是新的利益主体，这些与行政系统相对分离的单位与个人，正成为社区中在利益上相对分离、归属关系相对独立的组织要素，它们有表达自己的利益和参与社区管理的内在需求。

其次，城市社区功能的多元化、社会化需要社区管理体制改革。在单位制背景下，单位成为具有行政、经济、社会等功能的相对独立的"小社会"，而社区的管理与服务在整个社会管理系统中仅处于细枝末节的地位，它的基本对象局限于老、弱、病、残，管理和服务功能也仅仅是市容卫生和调解邻里纠纷等，起着拾遗补阙的作用，社区的功能发育不完善。随着改革开放的不断深入，很多在企业和政府身上剥离出来的职能都需要转移到社区中来。目前，作为社区管理主体的街道办事处所承担的这些社会性功能目标已多达百余项，如扶贫帮困、地区福利、就业安置、环境卫生、联防治安、文化娱乐等。而且，随着社会发展水平的提高，这种趋势还有进一步扩大的可能。显然，这种多元的功能需求与街道社区发育不全、街道组织单一、行政化的管理方式是极不适应的。在街道社区这一层面，解决这一矛盾要从转变政府职能入手，大力发展各种区域性社会管理和社区服务组织，确定各类社会组织间的合理的功能分化和功能定位，最终实现社区管理的社会化。

最后，社会需求的多元化和互动模式的多元化需要社区管理体制改革。随着社会发展水平的提高，经济成分多元化、社会阶层多元化、人们思想意识多元化，人们生活方式和行为方式也出现多元化，使人们的社会需求内容由单一的生存需求向休闲、娱乐、康复、心理咨询等综合需求发展，需求水平上由低层次向低、中、高等多层次发展，社会服务的需求对象由特殊群体向全体居民发展。多层次仅仅靠单一化的街居制是无法得到满足的。

另外，在计划经济体制下，社区组织管理的一个明显特征是单一的纵向联结模式，即社区内各组织不同的行政隶属关系，分别属于"条条"与"块块"两个相对封闭的系统，并直接对上级主管部门负责。它们之间的关系由计划加以调节，不存在也无须存在直接的相互之间的联系。市场经济体制的建立、多元利益主体的出现，使社区内各组织间的互动模式发生了变化，加强社区内各组织间的横向联系的必要性也日见明显，需要形成多元互动、"纵—横"互动的联结，这也就呼唤社区管理体制的改革。

（二）构建新型社区治理体制的原则

社区治理体制改革是一个涉及制度创新、社会重构、城市工作格局调整的系统工程，是关系城市改革、发展与稳定和人民群众生活的一件大事，是高质量建设城市、高效能管理城市、高水平经营城市的迫切需要和重要途径。为确保社区治理体制改革的顺利进行，应坚持以下几个方面的基本原则。

其一，依法保障、依法创新。依法治国是当代社会的重要特征之一。现代城市社区治理改革，必须充分利用现有的法律所提供的合法性资源，并遵循现有法律的规定。同时，我们还需要坚持解放思想、实事求是、与时俱进的思想路线，在法律没有完善的情况下，采取试点先行、循序渐进、稳步推进、实施推广的原则，通过试点创造经验，从而推动法律的变动，待法律变动后，我们才可以进行大面积的推广，这样才能确定法律的稳定性，维护法律的权威性。

其二，党政主导、各方参与。中国共产党是我们各项事业发展的核心和领导。现代城市社区治理体制创新发展必须在党的领导之下进行，要维护社区党组织的领导核心地位和区政府及街道办事处的主导地位。同时，又要在改革中广泛吸收社区内单位和居民代表参与决策和管理过程，充分调动各方面的积极性。社区管理体制改革不是哪一个的事情，而是关系到千家万户的在党和政府主导下的社会化活动。社区各种力量的参与是推进社区管理体制改革的动力，也是保障其成功的重要力量。

其三，因地制宜、分类指导。在进行社区管理体制改革中，要高度重视社区建设发展不平衡的问题，对社区管理体制改革全面规划，抓住工作中的薄弱点和薄弱环节努力改进、不断提高。区分不同地域、不同规模、不同居民构成的社区，有针对性地开展分类指导。比如，老旧居民区的群众工作基础比较扎实，但服务设施建设的水平相对落后。一方面，要鼓励这些地区的街道办事处和社区居民委员会加快健全相应的民主机构和民主机制，提高自治水平；另一方面，要着力加强各种社区服务设施的规划和尽量完善必要的设施，充分整合、利用社区现有的设施和条件，引入现代商业服务手段，满足居民最基本的需求。对于新建社区，要抓住配置设施齐全、质量比较高的优势，重点引导社区居民委员会实行社区服务市场化、社会化改革。通过提高服务水平，尽快形成居民对社区的认同感和归属感，要特别重视城乡接合部的社区管理体制改革。城乡接合部是城市居民、流动人口和农民混居的地区，文化背景、思想观念、生活习惯和需求等呈现多样化，需要我们在工作中遵循循序渐进、稳步推进的策略，确保社会的稳定和经济的发展。

其四，转变职能、责权统一。要改变在计划经济条件下形成的政府包揽一切社会事务的弊端，充分发挥市场机制和社会组织在城市建设和管理中的作用，积极培育和发展社会服务体系，实现政府职能与企业职能、社会职能、事业职能的分离，逐步实现"小政府、大社会"。要按照"责、权、利相统一"的原则，合理划分市、区、街在城市管理中的权限，在统一领导的基础上，适当扩大各级管理层面的管理权，把管理的重心逐渐下移到街道。权力下放的核心是事权和财权的下放，要做到财随事转、人随事转、物随事转。同时，坚持放权与转制的统一，把放权与管理和调整市、区两级政府的城市管理职能紧密结合起来，通过下放权力，转变职能，积极推进城市的各项配套设施的改革，实现城市管理体制的创新。

其五，条块结合、以块为主。目前，街道办事处承担着大量的城市管理任务，而一些政府专业管理部门本来承担着城市管理某些方面的责任并掌握着相应的管理权和执法权，却把街道办事处作为自己的基层执法机构，甚至反过来监督检查本来应由自己承担的作用。专业管理部门的"条"和街道的"块"没有很好地结合起来，条块之间缺乏协调，往往无法形成合力。在管理体制改革中，坚持街道办事处的主导权，实行条条之间、条块之间的有机结合，构筑以"条块结合、以块为主"为基本原则的社区治理新体制。

其六，社区自治、扩大民主。要健全基本党组织领导的充满活力的基层群众自治机制，扩大基层群众自治范围，完善民主管理制度。社区自治制度是我国特色社会主义制度的政治制度的重要组成部分之一，社区自治制度可以使广大居民提高政治参与意识与热情，为提高和扩大我国社会主义民主奠定坚实的基础。现代社区治理体制最终目的是实现广大人民群众的利益，因此，城市基层群众自治要体现社会的自主发展和居民的参与发展，这也是国际社会的总体趋势。

第五节　社区治理体制改革的总体框架

《关于转发<民政部关于在全面推进城市社区建设的意见>的通知》（中办发〔2000〕23 号文件）号召各级政府要形成"党委和政府领导、民政部门牵头、有关部门配合、社区居民委员会主办、社会力量支持、群众广泛参与"的推进社区建设的整体框架。这实际上也就是我国社区治理体制改革的总体框架。

第一，党委政府主导。在社区治理体制建立过程中，党政领导不仅要倡导，更要领导，发挥主导作用。社区党组织领导核心作用主要体现在：负责制定社区建设和管理的有关政策；统一制定社区发展规划并组织落实；建立社区建设和管理的各种制度；协调各有关部门、企事业单位、社团法人、志愿者队伍参与社区建设和管理，解决人力、物力、财力方面的困难，形成社区建设工作的整体合力。

第二，民政部门主管。基层政权和群众自治组织建设，历来是民政部门的一项重要工作，国务院在 1998 年把"推进社区建设"的任务划给了民政部门。所以，搞好社区治理体制改革是民政部门一项义不容辞的职责。中办发〔2000〕23 号文件明确规定，"各级民政部门要在同级党委和政府的领导下，积极发挥职能作用，当好参谋选手，主动履行职责，把社区建设作为城市民政工作的主要依托，作为今后五年城市民政工作的重点积极推动"。作为主管职能部门，民政部还专门组建了"基层政权和社区建设司"，统一负责组织推动社区建设的开展，其主要职责有调查研究、建章立制、指导协调、检查监督。

第三，有关部门配合。社区管理是一个系统工程，不是某一个职能部门就能包办的，需要相关部门配合。而在实践中出现了政府部门"各自为政、各自搭台、分头唱戏、自成体系"的现象，甚至有的部门将参与社区建设误认为将自己的"触角"延伸到社区，建立可以承接自己行政事务或社会事务的载体。如果这一问题得不到有效解决，社区建设难保不走回头路，难以走出"上面千条线，下面一根针"的困境。解决这一问题的出路在于，必须将各个部门的"个体"行为转化为部门互动的"集体"行为，培育部门之间的合作意识与信任意识。这需要创新制度，合理定位地方民政部门和各职能部门（虽然它们与民政部门是平级单位）的角色。

第四，社区居民委员会主办。居民委员会是涵盖面最广、最具有群众性的社区组织。在社区范围内，不管是企业单位，还是群众性社团，其成员只涉及一部分居民，而居民委员会则包括了辖区内所有的住户和居民。这个优势使其有资格动员和组织辖区内所有居民群众参与社区建设和推动社区治理体制改革。社区居民委员会要在国家宪法、法律和政府的法令、行政法规范围内，在社区党组织的领导下，在区、街及各业务主管部门的指导下，按照《中华人民共和国城市居民委员会组织法》规定的权利、义务对社区事务行使议事、协调、服务、监督和管理的权利，开展社区民主自治工作。

第五，社会力量广泛参与。社区建设是综合系统工程，有赖于政府和非政府组织的介入，更有赖于社区居民和社会单位的广泛参与。应充分调动社区内机关、团体、部队、企业事业组织等一切力量广泛参与社区建设，最大限度地实现社区资源的共有、共享，营造共驻社区、共建社区的良好氛围。从社会学角度看，社区参与特别是主动性的社区参与，是社区发展的内在动力源泉。从社会工作角度看，政府和非政府组织对社区的介入，最根本的还在于实现"助人自助"，即动员居民积极参与社区发展，帮助居民锻炼、提高社区参与和社区自治的能力水平。

社区治理体制是指社区治理中的组织体系及运转模式，即社区治理主体的组织结构、职权划分和运行机制的总和。社区治理体制是社区治理工作的基础和保证。自中华人民共和国成立之后，我国的社区治理体制经历了从单位制到街居制的历史变迁，目前正处于从街居制向社区制转变的过程中。

社区治理体制改革成为我国社会经济发展的必然趋势。城市社区利益主体多元化、社区功能多元化、社会需求多元化、互动模式多元化等，都对建立社区制这一新型社区治理体制提出了迫切的需求。为确保社区治理体制改革的顺利进行，应遵循依法保障、依法创新，党政主导、各方参与，因地制宜、分类指导，转变职能、责权统一，条块结合、以块为主，社区自治、扩大民主的基本原则，并要形成"党委和政府领导、民政部门牵头、有关部门配合、社区居民委员会主办、社会力量支持、群众广泛参与"的社区治理体制改革的总体框架。

【本章小结】

社区治理体制是指社区治理中的组织体系及运转模式，即社区治理主体的组织结构、职权划分和运行机制的总和。社区治理体制是社区治理工作的基础和保证。社区治理主体的组织结构是指参与社区治理的一切组织，在结构上应是多层次、多系统的网络式结构。

单位制是中华人民共和国成立后社会管理的产物。单位是适应计划经济体制而设立的一种特殊的组织形式，具有政治、经济与社会三位一体的功能，具有行政性、封闭性、单一性特征。地区管理主要是通过街道办事处和居民委员会这两个组织来开展工作，统称为"街居制"。社区制是对单位制、街居制的一种超越和重整。

社区制强调对人的关怀(不仅是物质利益的关怀，还有精神文化、政治参与、生活交往等方面的关怀)，关注与居民生活息息相关的日常事务；强调居民参与，要求社区发展的各项规划、社区建设的实施以及社区事务的处理等都必须体现社区居民的广泛参与，与居民的要求相适应，居民是社区的主体，是社区发展的始终动力源；强调社区管理主体的多元化是必然要求，除了政府主体之外，还须有社区自治组织以及专业化的社区服务与社会工作机构等。

我国社区治理体制改革的总体框架是"党委和政府领导、民政部门牵头、有关部门配合、社区居民委员会主办、社会力量支持、群众广泛参与"。

社区治理体制是指社区治理中的组织体系及运转模式，即社区治理主体的组织结构、职权划分和运行机制的总和。社区治理体制是社区治理工作的基础和保证。

【思考题】

1. 社区治理体制是怎样的体系制度？
2. 产生社区制的原因有哪些？其优点在于哪几个方面？

第四章　社区治理模式

【本章概览】

本章阐述了社区治理模式的内涵和内容，国际上社区治理模式的发展及其情况，重点介绍了我国社区治理模式的现状。

【学习目标】

掌握社区治理模式；熟悉我国城市社区治理模式。

【导入案例】

"多元共治"的社区治理模式
（资料来源：《学习时报》）

党的十八届三中全会首次正式使用"社会治理"的概念，提出要改进社会治理方式，坚持系统治理，加强党委领导，发挥政府主导作用，鼓励和支持社会各方参与，实现政府治理和社会自我调节、居民自治良性互动。这标志着党和政府社会建设理念进一步走向现代化，也为如何创建新的社会治理体制指明了方向。社区是社会治理的基础平台，已日益成为各种政策的落实点、各种利益的交汇点、各类组织的落脚点、各种矛盾的集聚点，是创新社会治理的重要突破口。深圳是典型的移民城市，福田作为深圳中心城区，历来高度重视社区建设，但多元化的社会发展趋势依然使现有的社区发展模式受到严峻挑战。一方面，社区治理主体职责不清、政府与社会边界模糊、社区服务行政化特点明显，社区治理的系统性、回应性、协同性不足；另一方面，社区自治机制不健全、社会参与不足、社会组织发展相对滞后、社区居民缺乏归属感，社区共治共享、良性互动的局面尚未形成，影响了社区活力的激发、居民福祉的增进、党群干群关系的密切、社会的和谐稳定。基于此，福田区把社区治理列为区全面深化改革的重点项目，探索如何构建多元共治的社区治理模式，着力建立现代社区治理体系和构建社区良性社会生态。

"多元共治"思路

概括而言，新的社区治理模式的主要内涵是"一个主题，两个目标，三个多元"。即围绕

"多元共治"的主题，以"建立现代社区治理体系"和"构建社区良性社会生态"为目标，形成以"多元主体、多元平台、多元服务"为基本架构的多元共治社区治理体系。其中，多元主体包含社区综合党委、社区居委会、社区工作站、辖区单位、社会组织、社区居民等"六类主体"，意在整合社区各种积极力量共同参与社区建设；多元平台包含议事决策、服务执行、评议监督、矛盾调处、信息网络等"五个平台"，意在使社区各类事务都有处置的渠道；多元服务包含社区行政服务、社区基本公共服务、社区公益服务和社区便民服务等"四项服务"，意在让社区居民享受到丰富便捷的公共服务。

"多元共治"措施

厘清多元主体，优化治理结构，强化基层党组织作用。坚持社区党组织在基层社区各类组织和各项工作中的领导核心地位，发挥其引领、统筹、协调的功能，协调多元利益关系、化解重大矛盾纠纷、引领社区居民自治、统筹调配社区各类资源。95个社区实现了社区党组织和社区党代表工作室的全覆盖，推行了党代表和人大代表、政协委员一起固定时间到社区值班制度。吸纳258名有影响力的驻社区单位党组织负责同志以"兼职委员"身份进入社区综合党组织领导班子，构建区域统筹组织模式。2014年上半年，开展以党代表进社区为重点的"五进社区"活动798场，及时倾听群众呼声，了解群众需求。建立党居联合议事会作为社区最高决策平台，社区重大事务由党居联合议事会集体决策，发挥社区党组织在社区事务决策中的引领作用。

实化社区居委会。针对社区居委会虚化、边缘化的问题，为居委会搭台、还权、赋能，大力培育和提升居委会自治能力。根据《居民委员会组织法》，将社区工作站职能中原本属于居委会自治的部分剥离出来，按照费随事转的原则归还给居委会。完善居委会内部治理结构，按需设立若干专业委员会，为具有不同特长和资源动员能力的居民充分参与社区事务提供参与渠道，促使社区事务的协商解决走向精细化、专业化。福田区在南园街道两个社区进行试点，制定了社区基本组织职能清单，回归居委会71项职能，成立了公共服务、物业管理、人民调解等七个内设专业委员会。

调整社区工作站职能定位。为应对城市管理重心下移、社会公共事务剧增的形势，深圳于2005年开始在社区设立社区工作站，作为政府在社区的服务平台，协助、配合政府及其工作部门在社区开展工作，为社区居民提供服务。近年来，社区工作站逐渐承担了30大类140余项工作任务，一方面任务繁重、压力巨大，另一方面也产生与社区居委会等社区组织职责不清、服务功能弱化等问题。为此，福田区将社区工作站定位调整为协助、配合街道办在社区开展行政服务管理的工作平台，对其职能进行梳理，在剥离"社区两委"职能后，将可以转移的工作事项向社会组织、物业企业等社会力量转移，为社区工作站减压增效。

充分发挥辖区单位参与社区治理的作用。积极推动驻区学校、企业、社区健康服务中心等单位将文化、教育、卫生、体育等活动设施向社区居民开放，为社区提供人力、物力、设施支持，推动共驻共建、资源共享。尤其是结合福田特点，充分利用物业服务企业覆盖面广、熟悉居民和社区情况的独特优势，积极发挥其在基层社会治理中的作用。香蜜湖街道侨乡社区开全国先河，通过购买服务的方式，委托物业企业承担 12 类 90 项社区公共管理和服务事项，服务效果和居民反映良好；在 11 个住宅小区的物业管理处设立政务服务代办点，从早 7 点到晚 24 点全天候为居民免费提供政务代办服务 11 项，为居民提供了办事不出小区的便利服务。

大力培育和发展社区社会组织。福田区按照"政府支持、社会运作、多元互动、合作共赢"的运作模式，建成深圳社会组织总部基地（福田），为社会组织提供组织培育、人才培养、项目发展、标准建设、保障服务、资源对接等"十位一体"的综合服务。设立起步规模为 2000 万元的区社会建设专项资金，鼓励社会组织申报具有社会性、非营利性、创新性、效益性和区域性的社会服务和社会创新项目。降低准入门槛，简化登记流程，建立激励机制，大力培育发展能有效承接政府转移职能的社会组织。

建立居民生活共同体逐步培育自治氛围。着力引导居民构建一批熟人社区。一是建立熟人共同体，将陌生人变为熟人。通过在楼栋、院落建立居民小组和各类兴趣组织，开展"社区邻里节"等活动，增加交往频率，拓展交往渠道，形成熟人社区的氛围。二是建立情感共同体，由熟人变为家人。社区各类组织之间、居民小组与居民群众之间，通过互助协作培育社区温情，通过参与公共议题找到利益共同点，增进社区信任，营造温馨社区大家庭。三是建立自治共同体，由家人变为主人。通过多种参与渠道引导居民关心和参与社区公共事务，建立具有约束力和激励功能的居民公约，逐步提升社区责任感，最终以主人翁的心态，形成牢固的社区认同和归属感。

建立多元平台，拓展多方参与渠道，设立社区民主议事平台。建立居民议事会制度，成员由社区党组织、居委会、工作站、业委会、物业企业、驻社区单位、社会组织、社区民警、社区居民等方面的代表组成，通过积极引导社区各方力量按照规范的程序对社区事务进行科学评判、民主决策，逐步形成民主提事、民主议事和民主决事的良好氛围。福田区现已建成居民议事会 115 个，实现社区全覆盖。基层自治功能得到有效激活，居民参政议政热情有了较大提高。

设立社区服务执行平台。梳理当前各类社区服务工作，统合行政服务、基本公共服务及个性化服务，建立社区服务中心作为主平台，打造"大服务平台"的社区服务新模式，积极培育和引入社会组织，以项目化购买服务的方式承接社区服务事项，提升社区服务水平。

设立社区民主监督平台。成立社区工作评议会，成员在"两代表一委员"以及社区居民中选举产生，与"一站两委"人员不交叉。以居民满意度和社情民意知晓度为评议导向，对社区各治理主体的履职情况、重大事项的决策执行情况等进行评议监督。

设立社区矛盾调处平台。构建"调委会+专业律师+法律志愿者"矛盾调处新模式，通过向律师事务所购买法律服务、从专业人士中招募"法律志愿者"等方式，调动专业力量参与社区矛盾调处。建立定期分类梳理研判、突发事件联勤联动、民事纠纷对接等大调解工作机制，提升调处效果。设立爱心调解站点，深化法治宣传进社区活动，打造"一公里"法律服务圈。福保街道人民调解委员会 2013 年被国家司法部授予"全国模范人民调解委员会"称号。

设立社区信息网络平台。结合"织网工程"暨智慧福田项目，依托"区大数据中心"和街道工作平台，设立社区信息网络平台，链接社区家园网，利用社区电子屏、手机客户端、微信微博等，实现各类信息的循环碰撞、智能推送和共享应用，让社区居民享受更加方便快捷的智能服务，实现"数据多跑腿，百姓少走路"的目标。如在实现"证照电子化归档、信息数据化推送"的基础上，对涉及民生的 39 项行政服务事项实行免收复印件的无纸化办理，极大方便群众办事。

优化多元服务，提升居民生活品质

优化社区行政服务。将社区办事大厅原来的计生、租赁、劳保等各项行政服务窗口整合为综合服务窗口，逐步实现所有行政审批事项的"一窗办、一网办、一次办"。建立"三厅融合"行政审批系统，将区级办事大厅、街道社区办事大厅和网上办事大厅"三厅融合"，打造全方位、全天候、零距离的政务服务模式。

优化社区基本公共服务。在全市率先实施学前教育普惠行动计划，建成普惠性幼儿园 61 所；社康中心、家庭医生服务计划实现 95 个社区全覆盖；老人日间照料中心实现 10 个街道全覆盖；打造"一公里文化圈""福田健身房"，基本实现区、街道、社区三级公共文化设施无盲点均衡覆盖。为更好地满足社区居民服务需求，制定《福田区社区基本公共服务清单》，完善已有的服务项目，拓展新的服务项目，逐步实现社区基本公共服务项目的多渠道供给、全辖区覆盖。

优化社区公益服务。充分利用辖区丰富的义工资源（福田区现有登记注册义工 96518 人），积极调动各类志愿服务队、义工、社工等为辖区居民提供全方位的支持、援助和补充服务。引入专业机构提供社会心理服务、特殊人群服务、应急救援综合服务等领域的专项服务。借鉴城市志愿服务 U 站运行的成功经验，建成 13 个社区 U 站，开展社区扶贫帮困、教育培训等 7 类服务，成为动员社区居民就近参与志愿服务的实体阵地。

优化社区便民服务。结合每个社区的不同特点，围绕社区服务中的薄弱环节和社区居民关心、迫切需要解决的问题，以居民需求为导向确定助老服务、青少年服务、家庭服务等社区便民服务项目，引入和培育社会组织等社会力量提供专业服务，提升居民生活便利性。创新办理"民生微实事"，由区财政拿出 3000 万，用最快的速度解决老百姓身边的小事、急事、难事，项目由居民提、居民议、居民决。

"多元共治"成效

通过构建在党委领导、政府主导下的"多元共治"现代社区治理体系，促进了社区良性社会生态的有效建设。

社区治理效能得到优化。通过社区多元治理主体职能定位的厘清，社区治理主体的职能发挥与力量整合实现最优化。理顺了社区各类组织的关系，使其各归其位、各尽其责、相互补充，共同推进社区的良性发展；培育和引入社会组织等社会力量提供专业化社区服务，推动了政府职能转变，实现了"政社分开"，提升了社区治理的效能。

社区共治活力得以激发。通过搭建多元平台，引导各方力量共同参与社区事务，较好地整合了社会资源，进一步激发了社会活力，形成了党委政府强力推进、社会组织紧密配合、辖区单位大力支持、社区居民积极参与的良好局面，实现了从"单一行政管理"向"多方协商治理"的转变。在民生微实事项目中，辖区内社会组织、义工、"两代表一委员"等众多力量通过提出建议、提供资金、提供场地资源等方式踊跃参与。

社区服务水平有效提升。通过优化多元服务，将社区服务的提供由政府主导转变为以居民实际需求为导向，注重供需对接，服务效能得到较大提升。各类专业服务力量的加入，使得政府和社会力量优化配置，不仅拓宽了服务途径，让居民享受到更加便捷、丰富、均衡的社区服务，也使服务形式和内容更为多样，增强了对居民的回应性。在2013年区民生实事办理效果居民评审中，涉及行政服务、养老、卫生等社区服务领域的多个项目都得到高分。

社区社会关系更加和谐。在建立现代社区治理体系和构建社区良性社会生态的过程中，社区居民对议事、决策、执行、监督等社区事务的广泛参与，充分调动了居民的积极性、主动性和创造性，推进了基层民主建设。党员干部从中加强与群众的联系，组织发动群众参与社会建设、整合社会资源、运用民主协商方法开展工作的能力明显提高，辖区群众的满意度不断提升，融洽了党群干群关系，促进了社区和谐稳定。

（作者系中共深圳市委常委、福田区委书记）

第一节　社区治理模式的内涵及构成要素

社区治理模式与社区治理体制是两个既相互区别又相互联系的概念。社区治理体制是基于相对宏观的层面，对社区治理主体的组织结构、职权划分和运行机制的总和的概括；而社区治理模式则基于相对中观或微观的层面，关注在一定社区治理体制下各地在实践中形成的不同的模式或类型。也就是说，社区治理体制与社区治理模式相比，前者的内涵比后者更广，更一般化、抽象化，而后者比前者更具体化、细致化。在同一种社区治理体制下可以形成不同的社区治理模式，而不同社区治理体制下的社区治理模式肯定是不一样的。

一、社区治理模式的内涵

在介绍社区治理模式的定义之前先来了解一下什么是模式。模式是对事物存在方式的高度抽象和概括，是经验与理论之间的一种知识系统。按照美国著名社区工作专家罗斯曼的看法，模式是较为具体、详细和紧凑的内在形式或典范。模式处于较为松散的一般性取向和较为严谨的"理想类型"之间的位置。社区治理模式就是指对社区治理实践进行反思和概括得出的具有代表意义的典型形式，或是可以使人参照执行的标准样式。人们对社区治理模式概念的理解也经历了一个由窄变宽、由单层面变为综合化、由管理形态上升为理论范式的过程，人们的思想认识不断深入。概括而言，当前学者对社区治理模式的界定包括"标准样式""模型与范式"和"工作模式"四种不同的理解。

第一，模式是某种事物的标准形态或使人可以照着做的标准样式。社区治理模式一般是指一种相对稳定的社区功能结构方式，也就是根据社区治理需求的变化，把辖区内部有关组织的功能进行优化组合，构成一套区域共同体一体化的社区管理方式。

第二，实际工作部门对模式概念的基本理解是指社区治理形态与运行机制，即社区治理是如何运作的。

第三，有学者认为，模式包含"模型"和"范式"两层意义。从模型的角度看，模式具有理论意义，它是一种实施理论或操作理论。从范式的角度看，模式又具有实践意义，它是一种榜样或样式。

第四，工作模式是指如何推进社区治理或社区发展实践的操作化工作模式。

二、社区治理模式的构成要素

所谓社区治理模式的构成要素，就是指那些能区分和界定不同社区治理模式的要素。美国著名学者罗斯曼选择了十一种模式要素，并且借助这些要素界定和区分了一些经典的社区管理模式。这些要素是社区行动的目标类型、关于问题结构和问题状况的假设、基本的变迁战略、变迁策略和技术的特点、实践者的主要角色、变迁的媒介、对待权力结构的取向、社区服务对象系统或构成人员范围、关于社区亚群体利益的假设、服务对象人群或组成人员的概念，以及服务对象角色的概念。1995 年，英国学者波普尔提出划分和区分社区管理模式的主要标准包括四项：社区工作战略、社区工作者的主要角色和称号、工作机构的类型和活动、代表性人物与著作。1996 年，美国学者魏尔提出区分和界定不同社区管理模式的五个构成要素是：期望的结果、系统的目标或变迁的目标、社区的主要组成人员、关注的领域、社会工作的角色。

就目前中国的情况而言，有关学者认为社区环境，政府职能，市场作用，中介组织作用，社区工作者角色，社区服务对象、内容和范围，以及社区资源结构与状况等构成了我国社区治理模式的基本要素。具体如下：

一是社区环境与结构特征，包括宏观社会环境、社区性质与类型、社区居民构成与年龄结构、社会价值观与制度环境等。这是社区治理模式的背景，主要说明社区治理模式的特定社区环境，将社区治理模式放在特定时空关系中动态考察。

二是党的领导和政府职能，包括社区党建与党的领导、政府职能转变与社区治理体制。这主要是说明国家与社区的关系，从国家与社区的关系角度分析社区治理过程。

三是市场作用与影响，包括市场机制作用与影响、有计划变迁与社区规划等。这主要说明市场与社区管理的关系，从市场与社区的关系角度分析社区治理实践活动。

四是以社区为基础的民间组织的地位与角色，包括社会团体、基金会、民办非企业单位和社区互助组织的状况。这主要说明民间组织在社区治理中所处的地位与扮演的角色，从民间组织与社区的关系角度分析社区治理运行机制。

五是社区工作者的组成与角色，包括社区工作者性别与年龄结构、受教育和专业化程度，社区工作目标与方法。这主要说明社区工作者在社区治理中发挥的作用与扮演的角色，社区工作者是社区工作与社区治理活动中最活跃和最能动的因素。

六是社区服务对象、服务内容和范围，包括弱势与劣势群体、普通社区居民与工作事项、工作方向。这主要说明社区治理实践活动与工作过程，分析社区治理实践活动的基本特征。

七是社区资源结构与状况，包括各式各样的社会资源分布与资金筹集渠道。这主要说明社区治理的物质基础与资源结构状况。

第二节　社区治理模式的国际经验

城市社区治理模式产生于不同的文化传统和政治、经济背景，并在社区治理上形成不同的政府与社会关系，产生了不同的管理模式和运行机制。不同的社区治理模式并没有绝对的优劣之分，关键是适应本国的实际情况，有利于促进社区发展。社区发展在西方国家已经有一百多年的历史，并已经达到很高的水平，借鉴国外城市社区治理的理论和实践经验，对我国方兴未艾的城市社区建设具有积极的意义。国外社区治理模式还是具有一些共同的特点。

一、构建"行政、自治、社区"三位一体的社区治理结构

纽约、东京和新加坡社区治理皆有的共同特征就是形成了一种"政府指导、社区自治、民众参与"的社区治理体制。这种三位一体的社区治理体制体现了当今时代社区治理的一般准则，并不是少数国家或城市社区治理的特色，因此在某种程度上具有普遍性。国外比较成熟的社区体制，都是由政府、自治、社会这三种力量共同介入或者彼此相互中和，相应形成了行政主导模式、自治主导模式或者混合模式（见表4-1）。

表4-1　国外社区治理模式简要对比

国家/地区	类　型	主要特点
美国纽约	自治型	政府通过政策调节、法律制定、财政支持对社区宏观管理，具体社区事务由非政府组织承担实施，中介组织减轻了财政压力
日本东京	合作/混合型	政府资助官办的行政性社区组织、官民合办（民办为主）的半行政性社区组织、居民自治组织等共同承担社区管理
新加坡	行政主导型	政府制定社区发展规划，为社区提供物质支持与行为指导，承担社区公共设施与日常支出

二、多元主体合作共事

从纽约、东京和新加坡社区治理模式中可以看出，纽约、东京和新加坡社区治理的一大共性特征是：社区治理由政府单独负责转为政府、社区自治组织、第三方组织共同负责。不过，责任的分担并不表明政府减轻了社区公共事务的治理责任，更不意味着政府可以放弃责任。这要求政府必须以指导者和监督者的身份，通过制定公共政策和公共服务的目标、标准、原则去规范、监督其他主体的承诺与运行状况，审查社区公共事务管理的质量和效益，促进社区公共利益和福利的扩大，并致力于整合一切力量，为社区提供有效的、经济的、高质量

的公共物品和公共服务。

三、治理机制有所创新

国外社区治理最突出的制度创新就是市场化和民营化。市场化包括两个层次：一是社区公共事务服务者参与的市场化，二是社区公共物品提供的市场化，即公私部门所提供的公共物品都必须平等地接受市场和公众的检验，并按照市场竞争规律优胜劣汰。民营化意在通过实现社区公共事务管理的社会化，打破政府对社区公共事务的垄断，在多元治理主体的参与下，形成科学的治理机制。

由于西方城市社区治理重视对社区自身力量、第三部门的培育引导，其社区治理主体在社区空间内呈现力量强大、资源整合能力强的特征，从而实现了社区公共利益最大化的治理目标。在西方发达国家，社区居民参与管理已是一种传统，居民对自己的权利和责任都有较高的积极性。比如在美国，涉及社区建设城市规划的编制、土地使用法规的审批都要召开听证会，听取居民的意见，并通过媒体向大众公布。又比如在日本，町会根据辖区内居民的要求与政府沟通，在涉及社区的重大问题上，向政府提出建议，以维护居民利益。社区中的居民完全以"社区人"的角色积极为维护自己的权益开展各种工作。

四、依法管理社区

西方发达国家城市管理主要是通过各种法律法规调整社区中各单位、各集团、各家庭以及个人在城市中发生的各种关系及其间的矛盾和冲突，社区内的公民行为受到法律的约束和保护，社区内的工作严格按照法律法规运行，这与西方发达国家整个社会的法治性较强有直接联系。

五、社区活动经费来源渠道多

国外社区活动经费来源大致可以分为三种情况：一是由政府拨款，社区内部的公共设施等日常经费由政府提供；二是来源于个人和组织捐款，比如宗教组织和慈善机构的资助；三是来源于自筹经费，完全自治性组织的活动经费一般由组织成员自筹，社区组织的领袖基本是志愿者，这些志愿者的工作是兼职的、义务的。

第三节　我国社区治理的实践模式

自 20 世纪 90 年代中后期开始，以开展社区建设为标志，中国城市基层管理体制改革创新进入了新的阶段。1999 年，根据中共中央关于"加强城市社区建设，充分发挥街道办事处、居民委员会作用"的要求，民政部首先选择在北京、上海、天津、沈阳、武汉、青岛等城市设立了 26 个"国家级社区建设实验区"。2001 年社区建设在全国范围内铺开，各省市结合本地实际进行了大胆的改革和创新，并取得了有益的实践经验。

在社区建设的实践中，政府和学术界都认同社区建设不仅是一项单一的社会工程，更是一项重构城市管理体制、实现城市现代化、建设社会主义政治民主的基础性工程。在历史经验、现实挑战和未来发展的三重碰撞下，中国的社区治理模式也出现了三种治理取向：政府主导型、合作或混合型、自治型。

一、中国几种典型的社区治理模式

从我国社区建设的总体状况来看，目前我国社区治理模式基本可以划分为行政化导向与自治化导向两大类。行政化导向社区治理模式，是指通过强化基层政府的功能，运用政府及其所控制的资源进行自上而下的社会整合。这一类型包括重庆模式、上海模式、青岛模式以及北京、天津、杭州、石家庄等城市的社区改革。自治化导向社区治理模式，是指强化基层社区的功能，主要通过政府下放权力，建立社区自治组织，并通过这些组织动员社会参与进行社会整合。这一类型就有沈阳模式、江汉模式以及哈尔滨、海口、西安、合肥等城市的社区改革。随着中国社区建设实践的深入，我国各城市在社区治理中的举措也在不断更新。以下简单介绍目前在国内相对比较有代表性的几种社区治理模式。需要说明的是，不同的社区治理模式没有绝对的优劣之分。由于全国各个地区条件和发展速度的差异，社区治理模式创新的探索不应该是"一刀切"的，而是要从本地的实际情况出发。

（一）重庆模式

重庆模式是指将基层事务分流成"大事、小事、私事"，再分类开展民主议事。重庆市南岸区出台了《南岸区健全村（居）民议事机制推进三事分流的实施办法（试行）》（以下简称"实施办法"），全区村（居）将实施"大事、小事、私事"三事分流的基层民主议事机制，对基层民主的制度化做出大胆探索。

1. 分流大事、小事、私事，分类处理不搞"一刀切"

南岸区提出的"三事分流"，即在基层议事协商时将群众诉求按照"大事""小事""私事"进行明确，并分类处理。大事是政府管理事项及公共服务，由政府部门负责解决；小事是村

（居）公共事项及公益服务，以村（居）委会为主导，社区自治组织、社区社会组织和社区单位共同协商解决；私事是村（居）个人事务和市场服务，由居民自行解决或寻求市场服务。

"比如说，如果议事协商的内容是市政设施建设，这属于大事的范围，居民可以提出建议，但应由市政部门展开调查后进行处理；如果内容是楼道清洁问题，那就是小事，就应由村（居）组织出面召集协商解决。"南岸区民政局相关负责人说，这样的"三事"分流实际上也是"三事"分责，合理界定政府、社会和居民的职责边界，实现政府治理与社会自我调节、村（居）民自治的良性互动。同时，"三事"的内容不是绝对固定的，将根据不同情况而进行调整，不搞"一刀切"。

2. 三种议事协商制度引导基层自治、共治、法治

实施办法还明确提出了"三级议事会""社区组织议事""一事一议"三种基本议事制度。"三级议事会"制度，指依托村（居）自治组织体系，召开楼（院）议事会、村（居）民小组议事会、村（社区）议事会进行议事协商；"社区组织议事"制度，指依托村居建有各类群团组织，居民小区业委会、农村集体经济合作组织等群众组织以及各类社区社会组织，在特定人群中开展议事协商；"一事一议"制度，指在利益范围内的相关群众进行民主议事协商。这个协商制度主要是指某个具体事项涉及的相关群众开展民主议事协商，形成相应的自治制度、民约等。

如南坪东方新苑小区里楼上楼下两户人因房间漏水闹了 3 年矛盾，得知这一情况的楼栋长把这事反映给了小区居民议事会，该会经过商议后，由"人来熟"的居民曹某上门成功"化解"了矛盾，未动用职能部门。三级议事会主要是以基层自治组织的形式开展，即在法定的楼栋、小组和社区的范围组织开展，这是目前基层议事最常见的方式。

基层群众自治的前提是普遍参与，主要方法是议事协商。目前这三种议事协商制度是南岸区对议事协商方式的社区治理模式，是让群众和基层组织在法律范围内自己提、自己议、自己定、自己做，从而实现自治、共治、法治的社区治理模式。

（二）上海模式

上海模式属于政府主导型社区治理模式。上海把社区建设与"两级政府、三级管理、四级网络"的城市管理体制相结合，注重政府在社区发展中的主导作用，强调依靠行政力量，通过街居联动发展社区各项事务。上海将社区定位于街道，形成"街道社区"，增强街道办事处的综合协调能力，强化街道办事处的权力、地位和作用。将居民委员会纳入"四级网络"体系（市—区—街道—居民委员会），加强居民委员会在基层党建、精神文明建设和社区综合治理中的职能。上海模式形成了领导系统、执行系统和支持系统相结合的社区组织体系。其一，社区管理领导系统，由街道办事处和城区管理委员会构成。在"两级政府、三级管理"体制下街道办事处成为一级管理的地位得到明确。随着权力的下放，街道办事处具有以下权限：部分城区规划的参与权、分级管理权、综合协调权、属地管理权。街道办事处成为街道

行政权力的中心，"以块为主、条块结合"。与此同时，为了有效地克服条块分割的弊端，建立了由街道办事处牵头，派出所、房管所、环卫所、工商所、街道医院、房管办、市容监察分队等单位参加的城区管理委员会。城区管委会定期召开例会，商量、协调、督查城区管理和社区建设的各种事项，制定社区发展规划。城区管委会作为条与块之间的中介，发挥着重要的行政协调功能，使条的专业管理与块的综合管理形成有机的整体合力。其二，社区管理执行系统，由四个工作委员会构成。上海模式在街道内设定了四个委员会：市政管理委员会、社区发展委员会、社会治安综合治理委员会、财政经济委员会。其具体分工是：市政管理委员会负责市容卫生、市政建设、环境保护、除害灭病、卫生防疫、城市绿化；社区发展委员会负责社会保障、社区福利、社区服务、社区教育、社区文化、计划生育、劳动就业、户籍管理等与社区发展有关的工作；社会治安综合治理委员会负责社会治安与司法行政；财政经济委员会对街道财政负责预决算，对街道内经济进行工商、物价、税收方面的行政管理，扶持和引导街道经济。以街道为中心组建委员会的组织创新，把相关部门和单位包容进来，就使得街道在对日常事务的处理和协调中有了有形的依托。其三，社区管理支持系统，由辖区内企事业单位、社会团体、居民群众及其自治性组织构成。它们通过一定的组织形式，如社区委员会、社区事务咨询会、协调委员会、居民委员会等，主要负责议事、协调、监督和咨询，从而对社区管理提供有效的支持。

（三）沈阳模式

沈阳模式在社区划分、社区组织体系建设、社区居民自治运行机制上都表现出鲜明特色。沈阳模式体现基层社区自治的本质，它的形成在全国产生了很大影响。在社区划分上，沈阳市借鉴国外社区划分经验，依据地缘关系、心理认同感等社区构成要素，按照有利于群众自治和管理、优化资源配置、提高工作效能的原则，重新划分社区，使社区结构更为合理、区域边界清晰、人员结构精简、定位更加准确。在社区组织体系上，沈阳模式改变了原有居民委员会的组织模式，在社区层面创造性地形成了以党组织为核心的"领导层"、以社区成员代表大会为组织形式的"决策层"、以社区（管理）委员会为办公机构的"执行层"和以社区协商议事委员会为智囊团的"议事层"，从而形成"议行分离、相互制约"的互动机制。在社区居民自治运行机制上，沈阳社区建设明确了社区居民和社区组织的自治性，社区治理的主体是社区自治组织与社会组织。社区自治使社区居民和社区组织等非政府性机构和个人共同形成一个自主性不断增强的权威网络，并在社区公共事务方面与政府展开对话与合作，分担一定的行政管理职责。同时，政府通过与社区组织合作，逐渐提高社区组织的自治能力，使社区组织真正成为承担社区公共事务管理与决策的自治性组织。

沈阳模式被视为是自治型的模式。所谓自治是以自我管理、自我教育、自我服务、自我发展为核心。沈阳所搭建的社区治理的组织架构的重心就在于调动社区各方的积极性、主动性，参与社区治理，成为社区发展的主体。沈阳模式回答了中国社会发展的一个战略性课题，即如何促进基层民主的发展，昭示了一种基层社会生活与社会管理的发展前景和方向。但是沈阳社区管理模式仍然处于探索阶段，在实践中还存在很多难以解决的问题，有许多值得进一步研究和完善的地方。首先是居民自治的体制环境问题，即没有明确界定政府与社区自治组织的关系，社区居民自治仍然缺乏良好的体制环境。其次是居民自治的运行机制问题，社区居民直接参与社区公共事务决策、管理、监督的规则、程序及机制尚未建立起来。再次是社区组织的运行机制尚不健全、不完善。

（四）江汉模式

江汉模式被认为是一种政府与社区共生、互补和双赢的机制，是政府依法行政与社区依法自治相结合、行政机制和自治机制相结合、政府功能与社区功能互补的社区治理模式。武汉市江汉区以改革城市管理体制为突破口，围绕合理调整划分社区、组建社区组织、转变职能和强化社区民主自治功能、大力发展社区服务等关键环节，全面推进社区治理。该模式的特点主要体现在以下几个方面：

1. 治理主体多元化

该模式把政府行政性管理与居民自治性管理有机结合起来，政府在培养、指导和协调社区组织过程中逐渐让位于社区和社会组织，社区治理的主体由政府扩展到社区内的自治组织与非政府组织。治理主体多元化，不仅包括政府，还包括社区组织、辖区单位、非政府组织以及社区居民。各治理主体因掌握的资源不同，彼此之间相互依赖。

2. 合作治理的运作模式

政府以主动转变职能为核心，遵照"权责统一、事费统一"的原则，通过授权和权力下放，把由政府组织和承担的社会职能交由社区内的社会组织来承担，从而促成政府与社区组织的制度化合作和良性互动。在推动政府职能转变方面，江汉区探索将行政部门和社区的工作事务逐项分解，其中一些是街道行政部门独立承担与社区无关的管理工作（如税收），一些是由街道行政部门承担、社区组织协助的工作，一些是由社区组织承担、由街道行政部门指导的工作。街道和政府职能部门事权下移，做到了"两个到位"：一是将政府职能部门的本职工作做好、做到位，绝不推给社区；二是如果政府职能部门的工作确需社区配合，在与社区协商后，按照"权随责走、费随事转"的原则，由职能部门与社区共同完成，做到责、权、利配套到位。总之，合作治理模式主张政府与社区组织的制度化合作和良性互动，社区中各治理主体之间各司其职、分工合作。权力运作不是自上而下的行政命令，而是靠多个独立组织共同参与。

3. 推进社区自治的发展

"江汉模式"效仿"沈阳模式"的社区管理架构，按照领导层—社区党组织、决策层—社区成员代表大会、执行层—社区居民委员会、议事和监督层—社区协商议事会的机构设置，坚持"公开、公平、公正"的原则，根据民主选举程序，组建了社区党组织、社区成员代表大会、社区居民委员会、社区协商议事会四个主体结构。以社区居民委员会为依托，构建社区组织的工作网络和工作方式（含社区党建工作网络和工作方式、社区自主管理工作网络和工作方式）。通过合理划分社区自治权力，规范社区组织及成员的自治行为，防止社区工作者"以权谋私"和社区资产的流失。而各职能部门和街道办事处应尊重社区居民委员会自我教育、自我管理、自我服务的法律地位，根据社区工作的性质和特点，支持、帮助社区居民委员会利用社区资源、环境和条件，找准工作的切入点，大胆探索和创造符合自身实际的、具有新型社区工作特色的管理模式，切实增强社区自治功能，避免社区居民委员会成为政府的一级准行政组织。

但现实中江汉模式也并非十全完美，其不足主要表现为：低程度的社区居民参与与社区发展的要求不相适应。江汉区社区建设基本还是处于政府主导阶段，社区居民与社区单位大多数游离于社区公共事务和公共活动之外，参与社区建设的广度和深度都不高，成为社区建设向纵深推进的瓶颈。

（五）盐田模式

盐田模式主要围绕理顺政府与社区关系，从增强政府管理水平和社区自治功能"两条主线"目标出发，确立了"一会两站"的社区治理模式。其特点主要体现在以下几个方面。

1. 社区治理理念创新

与全国其他地区类似，盐田区也主要依托居民委员会提供社区服务，维持地方公共秩序，造成了居民委员会的行政职能与自治角色相冲突的局面。因此，盐田模式按照"议行分设"的理念创新社区组织，体现了创建公共服务型政府的要求，鼓励并扩大社会参与和社区自治。

2. 社区治理体系创新

盐田区构建了"一会两站"的社区治理模式。由民主选举产生的社区居民委员会，作为一个对社区公共事务进行议事、决策、监督的机构，不从事具体的社区工作。居民委员会成员实行属地化、兼职化，不再领取工资，其主要精力放在做居民权益的维护者和政府与居民的沟通者上。另外，在社区内部分设了社区工作站和社区服务站两个专门的工作机构。社区工作站负责原有的行政任务，社区服务站承担社区建设过程中各种服务性任务。这一制度设计的初衷是把居民委员会从具体的行政事务中脱身，能专注于社区自治管理事务。其中，社区工作站作为街道办事处的派出机构，归入政府条条管理。社区工作站的创建，解决了政府公共服务没有基层承接的问题。社区建设委员会办公室（区民政局）—街道社区建设委员会办公室（社会管理科）—社区工作站的垂直管理体制，使政府的职责、任务、资金、人员等可直接到达社区工作站，推动了政府管理重心下移。

3. 社区服务机制创新

各社区居民委员会成立社区服务站，各街道办成立社区服务中心，各区也在社区福利中心建成区一级社区服务中心，初步形成了区、街道、社区居民委员会的三级社区服务网络。

社区服务站按照产业化、实体化模式运作，但其性质上是民办非企业单位，属于非营利机构，利润只能用于本社区的公益事业和事务。该模式设立社区服务专项资金，按照"政府购买服务"的方式，对社区服务站从事的社区福利、社会保障、社区残疾人服务、社区老人服务等无偿服务进行评估、补贴，并鼓励社区服务站低偿运营，享受税收减免政策，实现社区服务的社会化。通过这种方式，政府向居民提供了多元、专业的福利和服务，提高了全体居民特别是弱势群体的生活质量。

盐田区的社区治理体制改革，比较成功地分解了城市社区治理组织的行政和社区服务功能，在维持上级政府对社区的有效管理的前提下，通过社区组织产生方式和治理结构的创新，落实了社区的自治功能，推进了城市基层民主政治的发展，对于全国其他地区的城市社区管理具有相当的示范意义。然而，盐田模式也还存在一定的问题，主要表现为将社区工作站和社区服务站从居民委员会剥离出来之后，社区居民委员会有空心化、边缘化的趋势，这种状况与社区自治组织在社区中的基本定位不符。

（六）鲁谷模式

鲁谷社区是北京地区首家实施"大社区"制、在街道一级建立社区制的创新者。鲁谷社区的"监督专业管理，组织公共服务，指导社区建设"的自我定位以及在街道建立"大科制"的内设机构的做法，从2006年开始在石景山区进行推广。

鲁谷社区实际运行的组织体系和运行机制，可以总结为"一个核心、两个工作体系、三驾马车"。"一个核心"是指社区党工委作为区委派出机构，在新体制中处于核心领导地位，对社区性、社会性、群众性工作负总责；"两个工作体系"是指社区行政事务管理中心作为区政府的派出机构，对辖区城市管理、社区建设及有关社会事务进行管理、协调、指导、监督和服务；选举产生的鲁谷社区代表会议委员会及其常设机构——社区委员会负责民主自治工作，指导居民委员会和中介组织的工作。这样的组织架构被称为"三驾马车"。通过简政放权、理顺条块关系，提高行政效能，激活基层民主，最终实现鲁谷社区的多中心合作治理。

在"三驾马车"的组织架构下，操作层面上的核心机构（行政编制）有"三部一室"，事业编制机构"一所两室"。"三部一室"指社区党工委下设的党群工作部和社区行政事务管理中心下设的城市管理部与社区事务部，以及社区党工委和社区行政事务管理中心合设的综合办公室。党群工作部下辖20个居民委员会党组织，负责社区党建工作；城市管理部主要承担城建管理和综合治理等城市管理职能；社区事务部承担民政、计生、劳动、文教等社区行政职能；综合办公室承担原街道行政办和财政科职能。事业编制机构的"一所两室"指社区行政事务管理中心下设的社会保障事务所、企业服务办公室以及社区代表会议的常设机构——社区委员会办公室。除此之外，还设有一个自收自支事业单位——社区服务中心。

鲁谷街道社区管理体制改革是城市基层管理体制改革的一种方向性的探索，在从"行政化"的街居制转向"治理化"的社区制转变中进行了一系列新尝试。然而该模式却只能是"看上去很美"，因为在其具体运行和推广过程中，由于受到制度环境的限制，它无法做到进一步推广和复制。这种局部创新、区域创新的发展前景被打上了许多问号。

二、中国社区治理的基本经验

在中国社区建设的近20年时间里，无论是社区建设中的典型模式，还是各地涌现出的创新性做法，都推进了我国的基层社区发展，并在社区治理方面取得了相当成功的经验，主要表现在以下几个方面。

（一）政府主导推进社区自治

社区自治的实质是重构国家和社会关系。我国的社区建设本身就是政府自上而下推行的强制性变迁，政府是社区建设的强力推动者。在社区的启动、规划、组织和执行中，到处都有政府的影子，地方的自治创新若没有政府的推动和介入，是难以实现的。因此，从我国社区组织体系的重构中就可以发现，社区运行的组织要素均与政府有关或是受政府推动而形成的。目前，我国社区运行的组织要素主要包括：一是党组织，即社区党工委或社区居民委员会党总支或党支部，它是社区建设的领导力量。社区发展的推进，使党组织在社区发展中的核心地位逐渐确立，党在社区发展中的功能日益体现。二是政府组织，如取消了街道办事处，设立社区行政事务受理中心，集中办理与居民有关的行政事务，或是在定位于居民委员会层面的社区，社区（管理）委员会负责协助政府管理社区内的各项事务，对政府有关部门和其他组织进行监督。三是社区自治组织，主要有社区居民委员会、社区成员代表大会等，这些组织由社区居民选举产生，是社区自主管理的载体。除了这些基本的组织设置之外，有些地方还设置了社区工作站，是新兴的社区服务载体。前两种社区治理主体的政府性特征自不必说，社区自治组织在社区治理中的主体性和合法性也是在政府的扶持和引导下获得的。

（二）街道社区和居民委员会社区作用凸显

我国的城市社区治理还呈现出转变政府职能，打破条块分割，权力下放，突出街道社区、居民委员会社区地位和作用的特点。我国原有的城市管理体制重心偏上，市、区两级政府及职能部门的权力过于集中，而处于基层直接面对群众的街道社区管理机构，则往往缺少职权，难以顺利开展工作。在上海、武汉等地实行的"两级政府、三级管理"新体制的引导下，各地市、区有关部门实行管理重心下移，通过授权、委托等方式下放部分管理权，赋予街道办事处和社区居民委员会更多的权限，按照"权随事走、费随事转"的原则，形成了责权统一的良性运转机制。有些地区更是看重居民委员会作为自治组织对推进基层民主建设所具有的体制性意义，着力完善居民自治组织的运作机制，引导居民广泛参与社区公共事务，探索形成以社区公共事务为依托的居民群众的自治参与系统。

（三）因地制宜，科学定位社区，合理确定社区治理模式

社区治理的一个重要方面就是充分利用社区资源，实现社区公共利益的满足。不同的社

区所拥有的资源和基础条件不同，社区发展的路径和特色也各不相同。在社区建设的各种模式中，无论是采取行政型的治理模式，还是自治型的治理模式，都要立足本社区的资源禀赋和社会关系做出判断。一般而言，在科技、教育发达，居民文化素质较高、民主参与意识较强的地区可以借鉴自治型社区治理模式推行社区建设。对于一些环境优美、公共设施良好、提供各种服务到位的"硬件"基础较好的社区，重点可以放在创造健康、丰富、自由、民主、祥和的社区精神和文化氛围的"软件"建设上。社区治理需因地制宜地推进。

（四）加强对社区发展的政策支持和财政支持

社区作为一定区域范围内居民的公共空间，其治理的经费来源主要有两个渠道：一是政府提供的资助，二是民间筹集的资金。社区治理是一种社会福利事业，因而政府理所当然是社区治理的主要出资人。政府给予财政支持才能使社区内的福利性、公益性项目拥有坚实的物质保障。同时，中国的社区建设必须要有必要的政策支持，政府需要为社区建设构筑更为宽松的制度与政策环境。

（五）建立和完善社区服务体系，满足居民多样化的生活需求

从社会生活层面看，社区可以被视为某个居民群体所共享的共同生活区域。这个区域不是硬性限定的，而是围绕社区生活服务中心自然形成的生活圈。随着单位体制的解体，社会生活从单位生活中独立出来，其中很大一部分的社会生活将在人民居住的社区中实现。因此，现代大城市的社区不仅要在物质生活上满足人们的需求，而且应该为人们社会交往提供多样化服务。中国式的社区治理致力于把社区建设与满足群众生活需求相结合，努力创新和构建社区的社会生活服务系统。该系统从社会生活多样化、群众需求多样化的客观趋势出发，注重发挥市场机制的作用，探索形成政府、市场、社会、居民各方共同参与协作的方式，切实提高社区居民的生活质量。目前的举措包括：一是引入市场机制，发挥企业组织的经营管理效能，通过探索物业管理市场化、环卫保洁市场化等新机制，提高社区服务的经营管理水平和社会效益；二是培育各类服务组织，通过建立和合理布局社区文化活动中心、社区卫生服务中心、社区生活服务中心等组织和机构，推进社区服务的社会化和产业化，切实发挥便民利民的服务功能；三是倡导和发展各类居民互助性、公益性组织，形成多样化的服务形式，满足居民群众多层次、多样化的需求。

我国的城市社区治理还在动态发展中不断探索和完善。尽管目前我国的社区治理无论在理论还是在实践上均与西方发达国家的社区治理存有较大的差距，但是随着我国公民意识的觉醒、民主政治的推进，特别是城市基层组织的培育和发展，我国的城市社区治理会在创新行动中不断缩小与发达国家的差距，真正实现社区治理的理念。

三、中国社区治理模式的发展趋势

自社区建设开始以来，我国社区治理经历了由一元到多元、从集权到分权、从人治到法

治、由管制到服务的过渡性发展过程。随着西方治理理论和社区实践对我国社区建设影响的加剧，我国社区治理的运作模式和发展路径越来越与西方国家的社区治理路径"趋同"，社区治理方式也越来越强调多元治理、政府权力下放以及公共服务需求导向等特征。如上海长宁社区的"网格化管理模式"、北京长安新城社区的"'枢纽型'社区组织的建设"、朝阳区朝外地区的"（115）社会管理模式"等尝试就是目前我国城市基层管理体制改革中的新做法。虽然这些新做法还未能够获得切实有效的验证，但它反映了我国社区建设的新趋向，即多元合作式的社区整合发展或可成为中国社区治理的未来走向。

通过社区内多元主体的合作互动，而不是政府机构权力的单级强化，可以实现社区的有效治理，促进社区有序、协调、健康发展。德鲁克在其名著《不连续的时代》中的一段话更为清晰地说明这一点："一个能够治理和实行治理的政府，不是一个'实干'的政府，不是一个'执行'的政府，这是一个'治理'的政府。任何要想把'治理'和'实干'大规模地联系在一起的做法只会严重削弱决策的能力。任何想要决策机构去亲自'实干'的做法也意味着'干蠢事'。决策机构并不具备那样的能力，从根本上说那也不是它的事。"在转型时期的我国城市社区中，面对日益复杂的社区公共事务和丰富多样的社会需要，政府作为事实上唯一的治理主体显然难以适应，公共权力资源的配置应适当向非政府的社会组织转移。在政府权威和非政府的社会组织分享社区治理过程中的公共权力时，必须重视相互之间的合作。社会组织参与社区建设是国际惯例，也是我国社区治理发展的重要趋势。随着政府职能转变中政府由单一供给主体逐渐向以政府合理让渡公共服务空间、社会共同参与的多元化供给模式转变，社会组织在社区获得了更大的发展空间，其服务作用不断凸显。在全球范围内，政府向非政府部门、非营利组织购买社会公共服务的做法业已十分盛行，在中国，政府购买服务也成为一种新兴的趋势，只是相关的法律规章、操作程序还需要进一步完善。

一言以蔽之，社区治理被表达为由政府部门、私营部门、第三部门和公民个人等参与者组成公共行动体系。多中心的公共行动者通过制度化的合作机制，相互调适目标，共同解决冲突，增进彼此之间的利益，通过建立市场、政府和社会相互合作的多中心体制和互补体制，更有效地提供公共服务，或许是未来中国社区治理的一种典型模式。

【本章小结】

社区治理模式是指对社区治理实践进行反思和概括得出的具有代表意义的典型形式，或是可以使人参照执行的标准样式。社区治理模式的界定包括"标准样式""模型与范式"和"工作模式"四种不同的理解。社区治理模式的构成要素，就是指那些能区分和界定不同社区治理模式的要素。社区治理由政府单独负责转为政府、社区自治组织、第三方组织共同负责。

目前我国社区治理模式基本可以划分为行政化导向与自治化导向两大类。行政化导向社区治理模式，是指通过强化基层政府的功能，运用政府及其所控制的资源进行自上而下的社会整合。自治化导向社区治理模式，是指强化基层社区的功能，主要通过政府下放权力，建立社区自治组织，并通过这些组织动员社会参与进行社会整合。

重庆社区治理模式是指将基层事务分流成"大事、小事、私事"，再分类开展民主议事。

上海模式属于政府主导型社区治理模式。上海把社区建设与"两级政府、三级管理、四级网络"的城市管理体制相结合，注重政府在社区发展中的主导作用，强调依靠行政力量，通过街居联动发展社区各项事务。上海将社区定位于街道，形成"街道社区"，增强街道办事处的综合协调能力，强化街道办事处的权力、地位和作用。

沈阳模式在社区划分、社区组织体系建设、社区居民自治运行机制上都表现出鲜明特色。沈阳模式体现基层社区自治的本质，它的形成在全国产生了很大影响。在社区划分上，沈阳市借鉴国外社区划分经验，依据地缘关系、心理认同感等社区构成要素，按照有利于群众自治和管理、优化资源配置、提高工作效能的原则，重新划分社区，使社区结构更为合理、区域边界清晰、人员结构精简、定位更加准确。

江汉模式被认为是一种政府与社区共生、互补和双赢的机制，是政府依法行政与社区依法自治相结合、行政机制和自治机制相结合、政府功能与社区功能互补的社区治理模式。

盐田模式主要围绕理顺政府与社区关系，从增强政府管理水平和社区自治功能"两条主线"目标出发，确立了"一会两站"的社区治理模式。

鲁谷社区是北京地区首家实施"大社区"制、在街道一级建立社区制的创新者。鲁谷社区的"监督专业管理，组织公共服务，指导社区建设"的自我定位以及在街道建立"大科制"的内设机构的做法。鲁谷社区实际运行的组织体系和运行机制，可以总结为"一个核心、两个工作体系、三驾马车"。"一个核心"是指社区党工委作为区委派出机构，在新体制中处于核心领导地位，对社区性、社会性、群众性工作负总责；"两个工作体系"是指社区行政事务管理中心作为区政府的派出机构，对辖区城市管理、社区建设及有关社会事务进行管理、协调、指导、监督和服务；选举产生的鲁谷社区代表会议委员会及其常设机构—社区委员会负责民主自治工作，指导居民委员会和中介组织的工作。这样的组织架构被称为"三驾马车"。通过简政放权、理顺条块关系，提高行政效能，激活基层民主，最终实现鲁谷社区的多中心合作治理。

【思考题】

1. 如何实现社区治理主体的多元化？
2. 在我国由政府购买服务的原因有哪些？

第五章　社区治理的主体

【本章概览】

本章详细介绍了社区治理的多元主体及其权责义务。社区的治理应由多元治理主体共同完成，主要包括基层政府组织、居民委员会、业主委员会、物业公司以及居民自身。各治理主体要找准角色位置，理清彼此关系，加强协商合作，有效促进社区的稳定发展。

【学习目标】

了解并掌握社区治理多元主体具体内容，学习掌握主体的职责和作用。

【导入案例】

社区党组织书记工作案例
（资料来源：中国网络电视台）

随着城市化水平的不断提高和城市改革发展的日益深化，社区管理格局发生了深刻变化，社区党员队伍呈现出结构多元化、成分复杂化、需求多样化的特点。传统的社区党组织设置模式已经难以适应新形势的要求。创新组织工作模式，实现党员的有效管理和作用发挥，带动新型和谐社区建设，成为摆在基层党组织面前的一项紧迫任务。

刘欣，山东省泰安市泰山区岱庙街道花园社区党总支书记、居委会主任，国家计划生育荣誉奖章获得者，山东省优秀共产党员，山东省普法和依法治理先进个人。花园社区先后获得全国创先争优先进基层党组织，全国学习型家庭示范社区，山东省"齐鲁先锋"基层党组织、省级文明社区、省城市社区建设示范社区等荣誉称号。刘欣，11年前已经退休的她，带着党工委的嘱托，来到了花园社区。花园社区是一个建于上世纪80年代的老社区。随着社区成员结构的不断置换和无序管理，"花园社区没有花，到处都是脏乱差"，成为这个老社区的生动写照。面对困难，刘欣没有退缩，凭着自己是一名共产党员的信念，通过打造服务型党组织，推行"四化"服务模式，将社区建设成了一个处处花开、人人欢笑的幸福家园，走出了一条建设"全国先进基层党组织"的创新之路。

惠风和畅、鸟啭莺啼，在这绿树如茵、处处花开的社区里，人们尽情地抒发着自己对生活的赞美，在这一个个欢乐的场景里，都洋溢着花园社区居民幸福的笑容。

泰安市泰山区花园社区位于泰城东部，占地面积 90 万平方米，人口 9 882 人，社区党员 664 名，社区党总支书记、居委会主任刘欣带领社区一班人服务群众、奉献社区，以高度的责任感和使命感，通过"四化"服务工作模式，增强了社区党组织的凝聚力、创造力和战斗力，形成了共建和谐幸福家园的强大合力。

花园社区内驻地单位多、党员数量大、行业分布广，怎样将社区内的驻地单位有序组织起来，使广大社区党员拧成一根绳，形成一股劲，齐心协力为社区群众做贡献？刘欣认为解决这一问题的关键在于创新组织设置，细化社区服务网络。

刘欣：要服务好约一万人口的社区，单靠我们社区十几名工作人员是远远不够的，我想通过创新组织设置整合社区资源，充分发挥社区的离退休党员、单位党员和（社区的）流动党员的积极性，发挥他们的作用，服务社区居民，把矛盾化解在基层，让广大的居民能够感受到党和政府的温暖。我们探索建立了志缘、趣缘、业缘、地缘"四缘党支部"。

刘欣带领花园社区一班人按照志向相同的原则，在社区志愿者队伍中组建 1 个志缘党支部；按照兴趣相似的原则，在具有相同艺术爱好、活动兴趣的党员群体中组建 2 个趣缘党支部；按照职业相近的原则，在职业或行业相近的党员群体中组建 2 个业缘党支部；按照地域相邻的原则，在居住地相近、相邻的党员群体中组建 1 个地缘党支部。引导党员根据自身特点，自行选择党支部，参加组织生活，增强了社区党组织的吸引力、融合力和亲和力。

刘欣：在创新组织设置的基础上，我们按照便于管理、便于服务（居民）的原则，将辖区划分成 13 个网格，隶属于不同的"四缘"党支部，每个网格建立党小组，设立网格管理员，设定党员服务岗，统筹解决网格内的社会治安、综合治理、计划生育、帮扶救助和民情搜集等管理服务工作，真正实现了"上面千条线、下面一张网、服务全覆盖"的工作格局。

通过实现服务网格化，刘欣把社区内的党员优化组合在了一起。党组织的号召力和凝聚力更强了，现在"社区有事，一呼百应；一方有难，八方支援"。社区居民真真切切地感受到党员更红了，服务更优了，支部更强了，社区更和谐了。

为充分挖掘社区各类服务资源，刘欣带领花园社区党总支着力开展了党员"活力细胞"主题实践活动，引导社区工作者主动服务、在职党员志愿服务、党员义工专业服务，形成了社区党员"全员参与、各显其能、服务群众"的局面。

刘欣：为了充分发挥广大党员在加强和创新社会管理（中）的先锋作用，我们重点实施了党员"活力细胞"行动，动员和组织广大党员积极行动起来，亮身份、履承诺、尽义务、作表率，把知民情、解民忧、化民怨、暖民心作为工作的重点，实现了社区引领、党员带头、人人参与、共筑和谐的生动局面。

在"活力细胞"活动开展过程中，刘欣带领花园社区党总支一班人采取发放明白纸、上门走访等措施，引导在职党员亮明身份，进社区报到。组织党员根据爱好特长加入服务队伍，认领服务岗位，开展志愿者服务。社区党总支建立党员信息库、党员登记卡、表现反馈卡，定期向驻地单位党组织集中反馈党员现实表现情况，形成了"工作在单位、活动在社区、奉献双岗位"的工作格局。目前，共有 402 名党员到社区报到，认领服务岗位 583 个。

活动中，刘书记带领我们大家组建了 10 支党员志愿者服务队伍，"党员义工"注册达到了 116 名，我们统一标识、统一服装，定期为社区居民开展各类服务活动。同时，我们社区的党员还与社区的困难家庭、独居老年人、留守儿童进行结对帮扶，积极地捐款捐物，切实解决他们生活中实际的困难。

志缘党支部书记吕云成，在走访中发现退休职工辛丽萍患有尿毒症，无钱医治，及时向社区党总支反馈情况，并主动帮她办理了低保，发动居民捐款，帮助辛丽萍渡过了难关。

与此同时，社区统一印发《社情日记本》，社区党员主动开展上门服务和入户走访，面对面听取居民意见建议，撰写"社情日记"。刘欣和社区党总支设立"民情回音壁"，每季度一次，汇总群众反映的热点难点问题，协调相关部门限时解决，不断提升服务质量和群众满意度。

一些老年人因为失去老伴或子女不在身边，日子过得很孤独。刘欣带领党员发挥专业特长，携手退休职工党员陈桂兰在社区开设了"桂兰聊天室"，经常陪老年人谈心，帮助调解邻里纠纷。大家在这里互相沟通交流，彼此劝解安慰，老人们的日子也一天天变得快活起来。

退休职工赵来胜酷爱书画，热心社区公益事业。刘欣便让他牵头成立了"来胜书画苑"，以此带领社区爱好书画的老年人写画交流，逢年过节为社区居民送去自创的春联和绘画作品，带动了社区文化事业的发展。

在建立特色服务阵地过程中，刘欣非常注重发挥党员的先锋带头作用。今年 82 岁的季玲老奶奶，曾参加革命多年。53 年来，她对党的信仰未变，为人民服务的理念未变，2012 年光荣入党。新党员季玲自幼酷爱吹拉弹唱。刘欣鼓励她发挥特长，在服务中心成立"季玲音乐吧"，带领社区文艺爱好者唱红歌，办会演，开展特色文艺活动，活跃了社区文化生活。

刘欣还带领花园社区党总支开设了"律师会客厅""静华调解室""手工艺制作室"等服务阵地，用灵活多样的服务方式发挥党员特长，丰富居民生活。除了开设各具特色的服务阵地，花园社区针对社区内独居老人、空巢老人多，部分老年人年老体弱、生活不能自理的实际，投资 300 余万元，建起了 1 100 平方米的银龄幸福中心，针对老年人的不同需求，全方位地提供居家养老服务和日间照料服务，实现了老有所养、老有所乐。

着眼于提升服务质量和水平，刘欣带领花园社区健全服务群众工作制度，促进社区服务规范有序、为民所需。建立"党建联谊会"制度，成立"党建联谊会"，积极协调驻地单位党组织参加，制定共建章程，签订《共建协议书》，定期召开联谊会，统筹开展区域共建工作，增强了驻地单位对社区党组织的认同感，形成了携手抓好社区服务的合力。仅 2013 年上半年，组织召开联谊会 8 次，解决涉及服务中心升级改造、道路修缮等实际问题 28 个。

健全"党员议事会"制度。设立党员议事会，由各党支部推选社区党员代表，作为议事会成员，每月召开一次会议，通报社区工作情况，讨论党员代表的议事提案，共同研究解决。在 2013 年的环境综合整治中，根据党员议事提案，小区道路新栽种树木 136 棵，新增加绿化带 220 平方米，并由社区志愿者认领承包、义务护绿，进一步优化了人居环境。

自从社区成立党员议事会以来，解决了很多群众关注的民生问题。比如中心街市场的搬迁，小区环境综合整治。通过刘欣等人的努力，小区居民的居住环境得到了很大的改善，群众对他们的工作满意度也不断提升。

居民：现在花园社区成为一个名副其实的花园了。为什么呢，因为到处都是绿地，到处都是花草，到处都是绿荫。

为了充分调动党员联系服务群众的积极性，刘欣在花园社区推行了党员"奉献积分"制度。统一印发《泰山先锋党员服务手册》，党员志愿者人手一册，记录党员基本信息和开展服务情况。服务活动结束后，党员如实填写活动时间和服务记录，由服务对象签字认可。社区党总支对党员服务记录一月一复核，确认属实后盖章认证。设立党员奉献积分"金字塔"，将党员参加活动情况量化为奉献积分，根据年度奉献积分情况，分别享受赠阅党刊、爱心医疗、红色旅游等六个级别的服务，充分调动了社区党员"服务群众、奉献社区"的积极性。

第一节 社区党组织

一、社区党组织

在计划经济体制下，整个社会由国家根据统一计划、集中管理的原则组织起来，"以党的基层组织为核心，以经济生产单位为基础、以计划经济体制为框架、以国家全面主导社会为动力，将社会生产和生活全部组织进各种各样的单位组织或单位体系，从而形成以集政治、经济和社会功能为一体的单位"。改革开放后，中国的政治、经济和社会结构发生了深刻变化。随着市场经济介入，社会组织功能不断分化，集中统一的"单位"被多样化的组织取代，企业逐步成为具有单一经济功能的经济组织，原有的社会职能向社会转移。社会成员从"单位人"向"社会人"转变，突破传统单位制的限制参与到更广阔的社会空间中，在社会参与中进一步实现个性化发展。传统的、建立在单位制基础上的党的基层组织活动空间逐步式微，党的基层组织与原有的社会结构之间的内在契合性面临着很大挑战，必须形成在新的社会结构背景下组织、动员和整合社会成员的新基础和新机制。

社区是我国由传统社会向现代社会转型的过程中社会化发育的基础性场域。"通过社区动员、社区组织和社区参与，不同利益、不同职业、不同角色的社会人群得到新的整合"。在未来中国社会的发展中，社区必然成为中国社会重要的社会结构单位，这就决定了党"要有效地整合社会就必须实现战略性转移，将自身的成长和活动的主要空间从单位转向社区，组织党员、发展党员、动员社会和整合社会"。

（一）社区党组织的地位与作用

1. 社区党组织在社区建设中居于核心地位

1996 年，上海实行了"两级政府、三级管理"的新体制，要求政府管理重心下移，对发挥社区党组织的政治核心作用和组织协调作用提出了新要求。同年，中共中央组织部印发了《关于加强街道党的建设工作的意见》，明确了街道党的建设工作的指导思想、街道党组织的地位和主要职责。2000 年中共中央办公厅和国务院办公厅转发的《民政部关于在全国推进城市社区建设的意见》中对社区党组织的地位和职责进行了明确的阐述："要按照《中国共产党章程》的有关规定，结合社区党员的分布情况，及时建立健全社区党的组织，开展党的工作。社区党组织是社区组织的领导核心，要在街道党组织的领导下开展工作。"同时，中央对社区党组织在社区及社区事务中的地位也做了明确规定。中央领导同志明确提出，要以农村、国有企业和街道、社区为重点，全面推进党的基层组织建设。2002 年 11 月，党的十六大报告中明确提出"要高度重视社区党的建设，以服务群众为重点，构建城市社区党建工作新格局"

的战略任务。

2. 社区党组织是基层党建的重心

随着社会结构的变化，国家、社会与个人的权力关系的变化已成为不可逆转的趋势，党要在新的历史条件下保持和巩固广泛的社会基础，实现社会整合，"不仅在组织建设上要进行战略性发展，即以单位党建为战略重点转向以社区党建为战略重点，而且在活动方式上也要进行战略性的发展，即以集中为主的活动方式转向以民主为主的活动方式，而这种活动方式转换的最基本的舞台是党在社区的基层组织"。

（二）社区党组织的工作职责与工作方式

在新的形势下，社区党组织的工作职责发生了变化，工作方式也随之变化。只有明确当前社区党组织的工作职责，并采取与之相适应的工作方式，才能有效地提高社区党组织的工作成效。

基于不同的社会结构，社区党组织与传统的基层党组织相比，工作难度更大。社区党组织围绕两项任务展开：一是健全和完善党的基层组织及其活动方式；二是巩固和发展党的群众基础，即社会基础。这两大任务决定了社区党组织的工作职责应主要包括以下几个方面。一是组织建设。其包括组织本身的建设和组织体系的建设。组织本身的建设，主要体现为居民区党支部的建设。组织体系的建设，一方面把社区中从单位游离出来的党员重新组织到社区党组织中，实现党组织对党员的组织整合；另一方面使社区党组织与社区中新成长的各类新经济组织、新社会组织建立起新的联系，从而实现党对社会基层组织的组织整合。这两方面是相辅相成、不可分割的。二是体制建设。社区党建中的体制建设，围绕民主集中制的核心原则展开，涉及党的组织体制、领导体制、工作体制、监督体制和动员体制等。目的是使党的组织、管理和领导制度化，全面提高党的领导力、影响力、凝聚力和战斗力。体制建设是在充分考虑社区党建内在规定和现实要求基础上推进的，一切从实际出发，实事求是。三是党风建设。基层党组织直接面对群众，工作作风的好坏不仅关系到党与群众的关系，更关系到党在群众中的基础和形象。因此，基层党组织的党风廉政建设既能强化党组织本身，又能巩固和扩大党的社会基础。关键是使党员和党的基层干部牢固树立全心全意为人民服务的观念，强化公仆意识，充分发挥党在群众中的先锋模范作用，从而全面、深刻地密切党群关系。四是干部建设。其重点是居民区党支部的干部建设。居民区党支部是居民区的核心力量，是居民所信赖的组织。党的基层干部是党联系群众的直接桥梁，对于巩固和发展党的社会基础极其重要，因此要大力培养优秀的党的基层干部，使这些干部成为社区建设中一个崭新的、具有活力的群体。五是民主建设。这不仅关系到社区党组织自身的活力，而且关系到社区基层民主建设的总体发展。社区党组织在充分利用自身政治资源的同时，要充分利用基层群众自治等社区党组织之外的政治资源。通过社区党组织与基层群众自治之间的有效互动，推进基层群众自治，发展和完善社区党组织自身的民主体制和民主活动方式，使其成为具有活力的党的基层组织。六是政治动员。这种政治动员主要体现为两方面：一是充分动员社区内的全体党员，尤其是在职党员，参与社区活动和社区建设；二是充分动员驻区单位的党组织，参与社区活动和社区建设。由此形成全面有效的党内政治动员，使党的资源向社区集中，并在社区中获得重新组织和调配，起到推动基层民主建设和拓展党的社会基础的双重作用。

（三）社区党组织面临的困难和问题

一是社区党组织的物质保障缺乏。在传统的党建工作中，党组织开展工作所需要的人力、物力和财力等资源由单位保证。但是在社区党建中，基层党组织失去了稳定的资源提供者，缺乏有保障的物质条件开展工作。第一，缺乏经费支撑。目前社区经费主要靠居民委员会的房租收入及上级党委、政府补贴和社区费用收取等。这些经费数量有限，而且收入不稳定。社区党组织不得不向街道党委、办事处打报告申请经费，或向驻区单位"化缘"。由于经费无法保证，很多活动无法正常开展。第二，缺乏高素质的党组织工作者。随着越来越多的职能由单位转向社区，社区承担的职能日益增多，需要更多的专业人才处理社区党组织工作。但是以目前社区的工作条件，很难吸引到高素质的优秀党员。第二，缺乏场地保证。社区党组织的硬件设施比较匮乏，甚至连基本的办公场所都难以保证。由于城市拆迁和产权等现实问题，一些传统的老居民社区的党组织只能在一个狭小的空间内办公；而一些新开发的商品楼社区，房地产开发商没有预留专门的社区办公场所。物质保障的缺乏使社区党组织很难开展活动，在一定程度上制约了社区党组织作用的发挥。

二是社区党组织与自治组织的关系不清。居民委员会是城市基层自治的基本形式，其工作更多地围绕着协调、整合和实现社区利益展开，有着越来越强的自治倾向。那么，社区党组织与居民委员会之间应该形成怎样的关系，以最大限度地促进社区的建设和发展呢？在实际工作中，两者常常是分不清，理还乱。有学者从现实中归纳出四类关系。第一类，"包办替代"的越位式关系。社区党组织直接指挥居民委员会的工作，甚至连其各项功能和职责也都包办代替。第二类，"放任自流"的缺位式关系。社区党组织完全不过问社区事务，放弃对居民委员会和各项工作的领导。第三类，"扭成一团"的泛化式关系。一些社区党组织以工作统筹的名义，完成本属于居民委员会职责范围内的工作，却忽视了社区党组织的本职工作。第四类，"各自为政"的脱节式关系。社区党组织和居民委员会各自制定工作内容，不能共享资源，无法在社区工作中形成合力。实际上，这四类关系都没有很好地协调社区党组织与居民委员会之间的关系。而两者定位模糊、关系不清，导致的直接后果，不是社区党组织没有真正在社区建设中发挥领导核心作用，就是社区自治得不到真正的发展。

三是驻区单位参与社区党建的动力不足。行政体制条块分割，各驻区单位的党组织处于相对封闭和隔离的状态。驻区单位的党组织虽然设在社区，但是单位并不隶属于社区，单位一切人事权和利益分配权均受制于条块管理。社区党建与驻区单位缺少利益关联，驻区单位参与社区党建的内在动力不足。因此，社区党组织的活动往往不能引起同级别或高级别单位党组织的重视，得不到它们有力的配合与支持。相反，企业发展对社区的依赖比行政组织要大得多，所以企业参与社区党建的积极性就比行政组织高。

（四）新形势下加强社区党建工作的主要途径

一是构建以党组织为核心的社区组织网络系统。随着改革开放的深入进行，社区的组织和功能日益膨胀，社区公共事务呈现出复杂性、多样性和动态性。社区的有效治理依赖于各类组织的功能分化：行政组织承担行政管理功能，社区自治组织承担居民权益保障与维护功能，社会中介组织与社区服务组织承担专业性服务功能，居民志愿社团发挥互助功能，娱乐志趣性社团发挥文化凝聚与价值认同功能。因此，基层社会治理在从过去纵向性"单一控制模式"向网络状"多元合作主义模式"的转换过程中，逐渐形成以"强政党、强社会"为特征、以党组织为核心的社区组织网络系统，这可以有效避免社区内权力结构失衡与社区秩序失范，实现社区治理结构转型。

二是整合社区各类党组织资源，理顺各类党组织关系。构建社区党组织网络节点，整合各类党组织资源。

三是推进非建制协调机构向建制性实体组织转化。结合社区党组织工作机制，形成非权力性、非正式性与非建制性的一些组织，包括社区党建工作指导委员会、社区党建工作协调委员会、社区党建工作联席会、社区党员活动指导委员会和社区党建工作研究会等组织。

四是改革社区党组织的科层结构，增强社区党组织的代表性。

二、街道办事处

街道办事处作为区政府的派出机构，是社区建设中与居民接触最多的基层行政组织。街道办事处在社区治理中发挥着非常重要的作用。

（一）街道办事处的性质

第一，街道办事处是设区的市或市辖区人民政府的派出机构，而不是一级政府。它是市辖区或不设区的市人民政府根据行政职能的需要，经市人民政府批准，在某一指定区域内设立的代表机构，并接受市辖区和不设区的市人民政府的领导。它的主要职能是在街道居住区内贯彻执行政府的有关决定、指示和命令。但是，市及市辖区政府的各职能部门，非经市、市辖区政府的批准，都不能直接向街道办事处布置任务。

第二，街道办事处是政府的代表机构。在《城市街道办事处组织条例》中明确规定，街道办事处的任务是办理市、市辖区的人民政府有关居民工作的交办事项，指导居民委员会的工作，反映居民的意见和要求。从街道办事处的实际工作内容来看，街道承担了社会服务和管理职能。街道办事处既是政府，又是社区的管理机构，兼具行政性（政府性）和社区性。在市场经济下，政府职能与社会职能逐步分离，"大政府、小社会"正在向"小政府、大社会"转化，政府承担的社会功能逐步回归社会，社区行政的行政性逐渐减少，社区性不断增加。

街道办事处既是政府在社区中的代表，又可以采取横向联系的方式，尽可能地吸收社区各方面的力量共同参与社区的组织和管理。

（二）街道办事处的结构与功能

1. 街道办事处的结构

街道办事处在街道党委的领导下开展工作。街道党委根据市委的授权，对街道的政治、经济、文化和社会发展进行全面领导，支持行政组织、经济组织和群众自治组织行使职权，保证党和政府的各项方针、政策在社区内得以贯彻执行。街道党委一般设立党委办公室、纪工委（行政监察）、组织人事科、宣传统战科、工会、妇联、团工委、武装部。街道办事处一般设有行政办公室、城市管理科、经济管理科、民政科、计划生育办公室、社会治安综合治理办公室（司送科）、文教科（街道文化站）和财务科。

2. 街道办事处的功能

街道办事处的功能可以归纳为社区管理和社区服务两类。社区管理包括承办区委、区政府的交办事项，负责辖区内的各项事务，办理人民群众来信来访；社区服务主要包括公共事务服务、公益服务、商业服务三个方面。

第二节　社区自治组织

一、社区居民委员会

（一）居民委员会的历史沿革

1949 年至 1957 年，是居民委员会的创建阶段。居民委员会作为我国城市居民的自治组织，是随着中华人民共和国的成立和发展而产生和发展起来的。早在 1949 年年底和 1950 年年初，我国一些城市就出现了群众自己组织起来的防护队、防盗队、居民组等名称各异的自治性组织。1950 年 3 月，天津市率先以居民委员会命名。随后，全国 70 多个城市都先后建立了居民委员会。1953 年 6 月，时任中央政法委员会副主任和北京市市长的彭真，向中央政府递交了《关于城市街道办事处、居民委员会组织和经费问题的报告》。彭真在报告中指出："街道居民委员会是需要建立的。它的性质是群众自治组织，不是政权组织。它的任务，主要是把工厂、商店和机关、学校以外的街道居民组织起来，在居民自愿原则下，办理有关居民的共同福利事项，宣传政府的政策法令，发动居民响应政府的号召和向基层政权反映居民意见。居民委员会应由居民小组选举产生，在城市基层政权或其派出机关的统一指导下进行工作，但它在组织上并不是基层政权的'腿'，不应交付很多事情给它办。"中央政府批准了彭真的报告，各地建立的居民委员会组织名称逐步统一起来，性质都是群众性自治组织。为了确立居民委员会的法律地位，保障该组织的建设和工作能够顺利进行，1954 年 12 月 31 日，第一届全国人大常委会第四次会议通过并颁布了《城市居民委员会组织条例》，第一次用法律形式明确了居民委员会的性质和地位。该条例的颁布和实施，极大地推动了城市居民委员会建设工作的全面开展。到 1956 年，全国绝大多数城市已经建立了居民委员会，在街区中基本形成了作为基层政权的街道办事处与作为基层自治组织的居民委员会相衔接的格局。

1958 年至 1978 年，是居民委员会的曲折发展阶段。1958 年，随着"大跃进"和人民公社运动的兴起，城市基层政权被"党政合一""政社合一"和"工农兵学商五位一体"的人民公社代替，居民委员会开始成为人民公社体系的一部分。"文化大革命"初期，有些街道实行军事建制，下设连、排、班，连设正、副连长代替居民委员会主任。1967 年后，各地成立了革命委员会，居民委员会也改称"革命居民委员会"，并赋予一级行政机关的权力。

1979 年至今，是居民委员会的法制化阶段。1980 年 1 月，全国人大常委会重新颁布和实施了《城市居民委员会组织条例》，恢复了居民委员会的名称，规定居民委员会的工作统一由民政部管理。1982 年我国重新修订颁布的《中华人民共和国宪法》第一百一十一条，首次在根本大法中明确规定了居民委员会的性质、任务和作用。具体内容是："城市和农村按居民居住地区设立的居民委员会或村民委员会是基层群众自治组织。居民委员会、村民委员会的主任、副主任和委员由居民选举产生。居民委员会、村民委员会同基层政权的相互关系由法律规定。居民委员会、村民委员会设人民调解、治安保卫、公共卫生等委员会，办理本居住地区的公共事务和公益事业，调解民间纠纷，协助维护社会治安，并且向人民政府反映群众的意见、要求和提出建议。"此后，全国各地根据宪法规定，在民政部门的指导下，对城市居民委员会进行了全面整顿和改造，重新建立了组织机构，建立健全了各项规章制度，居民委员会工作逐步走上正轨。1989 年 12 月 26 日，全国人民代表大会常务委员会第十一次会议通过并颁布了《中华人民共和国城市居民委员会组织法》，对居民委员会的性质、任务、职责、组织原则及居民委员会同基层政权的相互关系等都做了进一步的规定，标志着我国城市基层群众自治制度有了一个相对成熟且比较完备的法律基础，标志着我国城镇社区和居民委员会的建设进入了一个新的发展时期。90 年代以后，北京、天津、上海、广州等城市进行了社区管理体制改革，这些城市坚持"重心下移，立足基层"，建立完善的"两级政府、三级管理、四级落实"，重点改革"事权下放"。

（二）居民委员会的性质与特征

1954 年全国人大常委会通过的《城市居民委员会组织条例》规定"居民委员会是群众自治性的居民组织"。1982 年重新修订后的宪法规定，居民委员会为"基层群众性自治组织"。1989 年 12 月《城市居民委员会组织法》规定"居民委员会是居民自我管理、自我教育、自我服务的基层群众性自治组织"。这些法规明确了自治性是居民委员会的根本法律属性。

（三）居民委员会的地位与作用

社区居民委员会在社区中具有重要的地位，发挥着极其重要的作用。一是社区居民委员会是实现人民民主的重要组织形式；二是社区居民委员会是城市基层政权的重要依靠力量；三是社区居民委员会是党和政府联系群众的桥梁和纽带；四是社区居民委员会是"两个文明"建设的重要力量。

（四）居民委员会的结构

居民委员会的内部结构可以从工作人员的设置与工作委员会的设置两个方面来考察。在专职工作人员设置方面，《城市居民委员会组织法》规定："居民委员会由主任、副主任和委员共 5—9 人组成。居民委员会主任、副主任和委员，由本居住地区全体有选举权的居民或者由每户派代表选举产生；根据居民意见，也可以由每个居民小组选举代表 2—3 人选举产生。居民委员会每届任期 3 年，其成员可以连选连任。"在工作委员会设置方面，《城市居民委员会组织法》第十三条规定，居民委员会根据需要设人民调解、治安保卫、公共卫生等委员会。居民委员会成员可以兼任下属的委员会的成员。一般来说，居民委员会内部设置六大委员会：治安保卫委员会、社会福利委员会、文教卫生委员会、人民调解委员会、妇女代表委员会和青少年教育委员会。此外，居民委员会还可以成立其他群众性组织机构，如社区服务志愿者分会、计划生育服务站、社会治安综合治理调解小组、外来人员管理小组、红十字会分会、居民委员会社区服务站、居民委员会文化站等。

二、社区业主委员会

（一）业主委员会的发展

社区业主委员会是一种新兴的群众自治性组织，并在近些年的社区自治中发挥了积极作用，受到了学者和实践工作者的关注。我国业主委员会产生的最直接原因是住房制度改革和商品房市场的形成。随着住房分配货币化改革的不断推进，城市房屋产权逐步个人化，"业主"的概念产生并逐渐深入人心，业主委员会作为代表和维护全体业主权利的自治组织也应运而生。1991 年 9 月，全国第一个"业主管理委员会"在深圳万科天景花园正式成立。后来这一模式被业主、政府有关行政主管部门普遍认可，在全国逐步推广。深圳市和上海市人大常委会分别于 1994 年和 1997 年颁布了《深圳经济特区住宅区物业管理条例》和《上海市居住物业管理条例》，明确住宅小区应当建立"业主大会、业主委员会制度"。2003 年 6 月 8 日，国务院颁布了《物业管理条例》，规定了业主委员会的权利和义务。这表明我国在立法层面上正式确认业主委员会制度，该制度在全国范围内正式确立。

业主委员会制度的建立，改变了过去房管部门统管的格局，建立了业主自我管理与物业管理专业服务相结合的管理模式。而且，业主通过参与社区管理，可以提高运用民主程序管理自己事务的能力，由此培养人们的民主意识，促进社会基层民主的发展。但在实际的社区生活中，业主委员会并未成为基层社区治理结构中最具决定性的力量，它们的生存处境依然非常艰难。

（二）业主委员会的性质与地位

《物业管理条例》规定，业主委员会是在物业管理区域内，在房地产行政主管部门指导下，由住宅小区业主选举产生，代表全体业主对物业实施自治管理的组织。业主委员会是来自民众的合法自治组织，运作经费来自维修基金，以此区别于其他依赖于政府的社团组织。

业主委员会的地位表现为：第一，业主合法权益的代表。业主委员会是全体业主合法权益的代表，宗旨是保障业主拥有的物业管理和使用中的相关权益，维护本区域的公共秩序，创造整洁、优美、安全、舒适、文明的社区环境。协调居民同物业管理公司的关系，保障社区的良性运转。第二，业主参与社区民主管理的组织形式。业主委员会是业主依据法律、法规，根据民主的原则，确立自治规范，实现自我教育、自我服务和自我管理本区域内的物业活动的一种有效途径。业主委员会为业主参与基层政治提供了机会和平台，有利于增强其利益表达和聚合能力，扩大业主的参与空间和社区自主权。业主委员会与社区其他组织、个人形成良性互动，培育和优化社区民主自治机制，奠定城市基层民主特别是社区自治的组织基础。第三，社区多元治理结构的组成部分。业主委员会的出现，促进了基层治理和社区权力结构变迁。业主委员会成为社区权力结构中的一级，促进了基层社区管理的多元化发展。

（三）业主委员会的机构设置

1. 业主委员会的建立

一般而言，一个物业管理区域只设一个业主委员会。物业管理区域的范围，由区、县房地产管理部门按照住宅与公共设施的具体情况划定。有下列情况之一的，所在地的区、县房地产管理部门，应同住宅出售单位组织召开首届业主大会或者业主代表大会，选举产生业主委员会：公有住宅出售建筑面积达到 30%；新建商品住宅出售建筑面积达到 50%；住宅出售已满两年。满足上述条件之一的，建设单位或业主可以向区、县房地产管理部门提出成立业主大会的书面要求。区、县房地产管理部门接到建设单位的书面报告或业主的书面要求后，应同街道办事处或乡、镇人民政府组织业主推荐产生业主大会筹备组。筹备组由业主代表组成，成员名单应当自成立之日起七日内在物业管理区域内书面公告。

2. 业主委员会委员的产生

业主委员会委员从业主中选举产生，名额分配取决于业主在该物业中所拥有的业权份额，具有较大业权的业主，在业主委员会中应占较多的委员名额；但分散业主也应占有相应比例的委员名额。如果某物业 30%业权为分散的业主，那么，30%的委员应该由这些分散的业主推选。非业主不得成为业主委员会委员。业主委员会委员应由品德好、热心公益事业、责任心强、有一定组织能力和必要工作能力的成年人担任。有下列情形的人员不得担任业主委员会委员，已担任的须停任，并由下届业主大会或业主代表大会确认：① 已不是业主的；② 无故缺席会议连续三次以上的；③ 以书面形式向本会提出辞呈的；④ 因身体或精神上的疾病而丧失履行职责能力的；⑤ 被司法部门认定有违法犯罪行为并正在接受调查的；⑥ 个人已宣告破产或担任企业法定代表人期间企业破产三年内的；⑦ 其他原因不适宜担任本会委员的。业主委员会委员每届任期为 2~3 年，可以连选连任。在任期届满时，应选举新一届业主委员会。选举工作应由原业主委员会主持，房地产行政主管部门可派人参加，新一届业主委员会名单应报物业所在地的区、房管部门备案。

3. 业主委员会的组织设置

在业主委员会的人员设置方面，业主委员会的人员结构根据物业规模设置，一般设委员5~15 名，其中，主任 1 名、副主任 2 名。业主委员会聘任执行秘书一人，负责处理本会的日常事务。执行秘书可以不是本会委员。业主委员会主任、副主任、执行秘书可以是专职，也可以是兼职。经业主委员会同意，他们可以根据承担的工作情况获得津贴。在业主委员会的机构设置方面，业主委员会成立后，可以在内部成立若干部门，可以成立办公室、宣传部、监督员部、法律事务部与协调部等部门。办公室作为综合管理部门，负责执行业主委员会决议、接待等日常工作；宣传部负责所有宣传工作；监督部负责联系业主、收集意见、起草文案；法律事务部负责相关的法律工作、文案审核；协调部则主要负责业主委员会和开发商之间的工作协调。有的小区还会成立专项事务小组，征求业主意见，与相关部门沟通，向业主委员会提交进程报告，尽力促进有关问题的合理、有效解决。

（四）业主委员会的权利与义务

业主委员会是业主大会或业主代表大会的常设机构，代表全体业主执行业主大会作出的决议，维护全体业主的合法权益，是全体业主实现共有物业管理权的自治组织管理的核心机构。业主委员会的权利按照各地地方性法规、行政规章制度的规定执行，主要权利如下。①召集和主持业主大会或业主代表大会。除首次"业主大会"外，以后每年召开的年度大会均由业主委员会负责召集和主持。遇有特殊情况，业主委员会有权召集和主持召开"业主大会特别会议"。②提出修订《业主公约》《业主委员会章程》的议案。业主委员会有权根据本物业的实际情况进行修改。修订后的条款应经业主大会通过，并报物业主管部门备案。③选聘或解聘物业管理企业，与物业管理企业订立、变更或解除物业管理委托合同。④审定物业管理企业提出的物业管理服务年度计划、年度财务预算和决算。一般而言，业主委员会提出物业管理服务内容和标准，物业管理公司据此提出测算依据和收费标准，经双方协商后签订物业管理委托合同，确定物业管理服务费。⑤监督检查物业管理企业的物业管理工作。业主委员会根据物业管理委托合同和上一年度工作计划听取和反映广大业主（即：使用人的意见，检查、监督物业管理工作的落实情况，审核物业管理公司所作的年度财务决算报告）。⑥监督公共建筑、公共设施、物业管理服务用房的合理使用。⑦业主大会或业主代表大会赋予的其他职责和权利。

业主委员会在享有上述权利的同时，还应履行下列义务：筹备并向业主大会或业主代表大会报告工作；执行业主大会或业主代表大会通过的各项决议、决定，接受广大业主的监督；贯彻执行并督促业主和物业使用人遵守物业管理的有关法规、规章和规范性文件，协助物业管理企业落实各项工作，对业主和物业使用人开展多种形式的宣传教育；听取业主和物业使用人的意见和建议，监督物业管理企业的管理服务活动，完成和实现物业管理区域的各项管理目标；调解业主和物业使用人与物业管理企业发生的纠纷，建立本会档案制度；接受市、区、县房地产管理部门的业务指导和检查；本会的决定不得违反法律、法规和国家政策，不得违反业主大会或业主代表大会的决定，不得损害公共利益。

第三节 社区社会组织

一、社区社会组织的含义与分类

从社会组织的社会关联出发，社区社会组织（也称为"社区自组织"）是指以社区居民为成员、以社区地域为活动范围、以满足社区居民需求为目的，在政府扶持和社区居民委员会指导下，在法律、法规允许范围内，由居民自发组织，介于社区主体组织（社区党组织、社区居民委员会）和居民个体之间的组织。从社区社会组织的功能出发，社区社会组织可以界定为"独立于政府之外，处于政府和社区成员之间的，以联系和动员社区成员参与社区活动、支持社区发展为主要目标的社区层面的各类非营利组织"。从组织性质出发，王名在《非营利组织通论》（2004）一书中将社区社会组织界定为社区组织或个人在社区范围内单独或联合举办，在社区内开展活动，满足社区居民不同需要的非营利组织，包括正式登记的具有合法身份的社区社会组织和还没登记的不具有合法身份的社区准非营利组织。综合以上各种说法，可以看出社区社会组织是社区治理的主体之一，而且是在社区地域范围内，为社区居民提供公共服务的非营利组织。

根据社区社会组织涉及的领域，可以将其分成：①文化、教育、体育活动类，如社区、学校、文艺表演队、健身队等；②社区福利类，如社区托老所、社区敬老院等；③维护权益类，如社区法律援助中心、社区环境保护协会、调解委员会、信访代理室等；④社区服务类，如社区食堂、助老服务社等；⑤社区管理类，如业主委员会、业主委员会工作室等；⑥志愿类，如社区志愿者组织、义工组织等。根据组织的法律地位来划分，社区社会组织可以分为正式登记注册的、在街道或居民委员会备案的、未登记也未备案的三类。根据组织目标与受益者之间的关系，可将社区社会组织分为经营类组织、慈善类组织和互助类组织。

二、社区社会组织的特征

社区社会组织能够通过各种活动和服务参与社区治理，弥补政府和市场公共服务的不足，是社区治理的重要社会力量。社区社会组织既有一般社会组织的共性，又具有自己的个性。

（一）一般非营利组织的特征

民间性。它不是政府行政系统的组成部分，除遵守国家法律、政府的行政法规外，组织内部的人员安排、业务活动等方面不受制于政府。

自主性。组织成员自己管理自己，组织的领导人由组织成员自己选举或推选产生，不由其他组织指派，活动内容和活动方式由组织成员自己决定。

志愿性。一个居民是否要成为某社区社会组织的成员，完全出于自愿。成员是否参加组织的活动，也是根据自愿的原则。

群众性。不受党派、政治面貌的限制。

非营利性。组织开展的各种活动不以营利为目的，在有经济条件的地方，社区社会组织可从社区居民委员会获得一些活动基金，在经济条件较差的地方，则需要通过收费，但这些收费只用于本组织活动经费，而不是用来营利。

（二）社区社会组织的特性

社区性。社区社会组织产生于社区，其组织成员来源于社区居民，其组织活动范围一般只限于本社区范围。

松散性。组织成员具有较大的自由度，加入组织的资格和参加组织活动，不像一般的非营利组织那样严格。即有兴趣、有时间则参加，否则不参加，完全由自己决定。

非正规性。加入社区社会组织不用通过介绍人，不用经过组织审批，其加入资格就是本社区居民、加入条件就是本人兴趣。

非法人性。大多数社区社会组织规模较小，并没有达到去民政部门登记注册的条件，因此，它们多是经街道办事处、社区居民委员会同意成立并备案的，属不登记范围，其本身不具法人地位。

本土性。社区社会组织根植于本社区，土生土长，这一点与许多外来的非营利组织进入社区开展工作和活动不同。

（三）社区社会组织的地位

社区社会组织在加强社区管理、推进社区自治、拓展社区服务、培育社区意识、化解社会矛盾、整合社会资源、凝聚社区力量、活跃社区文化、推进公益事业、加强精神文明建设中日益显现出其独特的优势，是构建和谐社区的不可或缺的力量。

第四节 物业管理公司

在当前各社区治理主体中，物业管理公司属于营利性组织，它是随着我国房屋商品化的过程发展起来的，并在社区治理中发挥了重要作用。

一、物业管理公司的定义及发展

按照国务院制定的《物业管理条例》中的规定，物业管理公司是指取得物业管理企业资质证书和工商营业执照，接受业主或者业主大会的委托，根据物业服务委托合同进行专业管理，实行有偿服务的企业。

1981年全国第一家物业管理服务公司——深圳市物业管理公司成立。自此，我国的物业管理行业开始了突飞猛进的发展，国外先进的物业管理理念逐步为人们所接受和引进。各地的物业管理服务机构如雨后春笋般纷纷设立，越来越多的人开始投入物业管理行业。1994年建设部颁发的第33号部长令《城市新建住宅小区管理办法》确立了物业管理新体制，标志着中国物业管理行业真正开始在全国范围内起步发展。2003年9月1日国务院颁布的《物业管理条例》正式开始实施，标志着物业管理开始进入法治化、规范化的发展阶段。2008年3月，第十届全国人民代表大会第五次会议高票通过了《中华人民共和国物权法》，从民事基本法律层面，将物业管理活动相关的基本概念和基本制度进一步明确和法治化。

二、物业管理公司的权利与义务

根据建设部《城市新建住宅小区管理办法》第八条规定，物业管理公司的权利和义务分别如下。

（一）物业管理公司的权利

（1）物业管理公司应当根据有关法规，结合实际情况，制定小区管理办法；

（2）依照物业管理合同和管理办法对住宅小区实施管理；

（3）依照物业管理合同和有关规定收取管理费用；

（4）有权制止违反规章制度的行为；

（5）有权要求管委会（相当于业主委员会）协助管理；

（6）有权选聘专营公司（如清洁公司、保安公司等）承担专项管理业务；

（7）可以实行多种经营，以其收益补充小区管理经费。

（二）物业管理公司的义务

（1）履行物业管理合同，依法经营；

（2）接受管委会和住宅小区居民的监督；

（3）重大的管理措施应当提交管委会审议，并经管委会认可；

（4）接受房地产行政主管部门、有关行政主管部门及住宅小区所在地人民政府的监督指导。物业管理公司须向工商行政管理部门申请注册登记，领取营业执照后，方可开业。

【本章小结】

社区党组织的地位与作用：社区党组织在社区建设中居于核心地位，社区党组织是基层党建的重心。

社区党组织围绕两项任务展开：一是健全和完善党的基层组织及其活动方式；二是巩固和发展党的群众基础，即社会基础。

社区党组织的工作职责应主要包括以下几个方面：一是组织建设，二是体制建设，三是党风建设，四是干部建设，五是民主建设，六是政治动员。

街道办事处作为区政府的派出机构，是社区建设中与居民接触最多的基层行政组织。街道办事处在社区治理中发挥着非常重要的作用。

街道办事处在街道党委的领导下开展工作。街道党委根据市委的授权，对街道的政治、经济、文化和社会发展进行全面领导，支持行政组织、经济组织和群众自治组织行使职权，保证党和政府的各项方针、政策在社区内得以贯彻执行。街道党委一般设立党委办公室、纪工委（行政监察）、组织人事科、宣传统战科、工会、妇联、团工委、武装部。

街道办事处的功能可以归纳为社区管理和社区服务两类。

居民委员会是群众自治性的居民组织。居民委员会是居民自我管理、自我教育、自我服务的基层群众性自治组织。居民委员会由主任、副主任和委员共 5~9 人组成。居民委员会主任、副主任和委员，由本居住地区全体有选举权的居民或者由每户派代表选举产生；根据居民意见，也可以由每个居民小组选举代表 2~3 人选举产生。居民委员会每届任期 3 年，其成员可以连选连任。

社区业主委员会是一种新兴的群众自治性组织，并在近些年的社区自治中发挥了积极作用。业主委员会是在物业管理区域内，在房地产行政主管部门指导下，由住宅小区业主选举产生，代表全体业主对物业实施自治管理的组织。业主委员会是来自民众的合法自治组织，运作经费来自维修基金，以此区别于其他依赖于政府的社团组织。

社区社会组织（也称为"社区自组织"）是指以社区居民为成员、以社区地域为活动范围、以满足社区居民需求为目的，在政府扶持和社区居民委员会指导下，在法律、法规允许范围内，由居民自发组织，介于社区主体组织（社区党组织、社区居民委员会）和居民个体之间的组织。

物业管理公司是指取得物业管理企业资质证书和工商营业执照，接受业主或者业主大会的委托，根据物业服务委托合同进行专业管理，实行有偿服务的企业。

【思考题】

1. 如何实现社会治理多元主体之间的有机协调？
2. 社会治理的理想状态是怎样的？

第六章　社区治理中的社区公共事务

【本章概览】

本章对社区公共事务进行了介绍，特别是对于我国社会治理中社区公共事务治理的原因、现状和问题进行了分析。

【学习目标】

了解公共事务与公共物品的含义及其特征，学习掌握社区公共事务治理的主要内容。

【导入案例】

让年轻人参加社区活动介入社区公共事务
（资料来源：东方网）

在上海这样的城市，年轻人似乎没有社区生活。上海有 28.8% 的户籍人口年龄在 60 岁及以上，也就是说每 3 个上海人中有 1 个老年人。去社区走走，得到的印象比数字夸张得多：小区活动室、健身苑、公共绿地，所见差不多全是中老年人。

年轻人在陆家嘴挤地铁，在淮海路逛街，在写字楼加班，在咖啡馆消磨时间，回到家关起门上网、发帖、潜水或者卖萌、自黑，反正生活里没有一处叫作"社区"的空间。

上海社区有明显的"老年适配"倾向，社区的运转方式更适应老年人的日常需求和话语体系，对年轻人则无能为力。社区工作者早就注意到这个问题，很多人认为理想的社区应该有更合理的年龄结构，应该让年轻人参与社区生活。

老年人口比例高达 30.5% 的闸北区，提出了一个名为"青春社区"的动议，他们从 200 多个小区中选择了 3 个看上去最"青春"的，开始"寻找年轻人"，让年轻人参加社区活动，甚至参与一部分社区管理事务。事实证明，"潜水"的年轻人不是请不到社区，经过近一年有计划的营造，3 个试点小区的年轻人活跃度提升不少。

仔细观察"青春社区"不难发现，社区的"青春适配"程度，要看青年人口比例、社区空间、活动样式等硬件，更要看社区的话语体系、公共生活和治理方式是否符合年轻人的价值观。

"第一婚盘"的全职妈妈团

年轻妈妈初次生养孩子的阶段，通常是社交机能的爆发期。比如周佳、曹皓静、崔华，3个住在彭浦镇阳城贵都小区的全职妈妈，各有一个刚上幼儿园的孩子，因为孩子，她们成了朋友。

阳城贵都有一支惹眼的"妈妈团"。这个 2008 年入住的商品房小区，被很多年轻人选来作为婚房，绝对是闸北"第一婚盘"的有力竞争者。新婚夫妇升级成爸妈之后，小区渐渐有了"育儿社交圈"。按照周佳她们的估计，现在小区里全职妈妈就有几十人。

成为父母之前，年轻人不爱出门。周佳、曹皓静、崔华，一个留日海归、一个职业女性、一个电气工程师，原先也成天忙于工作，不知社区为何物。

"小孩一早一晚都要出去玩，总在社区碰到，家长之间就有了交集。"崔华发现，儿子所在的公立幼儿园，班里 30 多个孩子有 14 个是自己小区的，整个幼儿园有一半的孩子来自阳城贵都。

妈妈团精力无限，常常组织活动，大部分时候是在小区里。曹皓静说，全职妈妈里有的是多才多艺的高知女性，有清华的、复旦的，有钢琴十级的、研究声乐的，有学日语的、学英文的，也有学画画的、搞物理的，她们总想把孩子们组织起来，在社区里轮流"开课"，省了请家教的费用，又免得孩子为上兴趣班四处奔波，让孩子和小区的同龄人一起成长。

阳城贵都居民区的年轻书记王子太，去年 5 月从彭浦镇政府来到小区工作，发现这里和老小区很不一样，"上下班时段，老小区门口很冷清。这里全是进进出出的上班族。"去年"六一"前，居委会组织了一场亲子活动，给每个到场的小朋友送一只气球，"那天是工作日，能来的都是学龄前孩子，活动结束后一算，孩子们领走了七八十个气球！"

王子太对小区的人口结构和居民需求有了了解：想在阳城贵都寻找年轻人，跟着孩子走就对了。去年 11 月，他把一处占地 110 平方米的居委会用房开放给妈妈团，命名为"亲乐园"，让妈妈们按自己的想法去办活动。

妈妈们高兴坏了。活动场地是社区的稀缺资源，这个两室两厅的空间，原是小区的老年活动室之一。妈妈们对"亲乐园"的利用有说不完的点子，比如定期开展亲子集市，几个家庭联合起来"拼"私教等。居委会跟"青春社区"的主推方闸北团区委商量，由后者邀请公益机构向小区"配送"了一期绘本阅读活动，第一次引介社会组织进社区的尝试大获成功，被孩子和家长的热烈追捧。

年轻人的"痛点"

按照闸北团区委的设想，"青春社区"大致是这样的：青年人口占比在 30% 以上，有青年参与社区活动，有青年活动场所，有活跃的青年团队和青年志愿者，有青年自我管理的组织。青年人群应当介入和参与社区治理。

在高速运转的城市中，青年们都在为生存和事业奔命，很难想象他们能有精力关注社区公共事务。青年人群难以"动员"，一直是社区工作者头疼的问题。

但这并不表示年轻人不期待优质的社区生活。比如阳城贵都的妈妈团很在意养宠问题，崔华说，小区里的不文明养宠现象很严重，一些狗主人任由宠物狗在小区排便，孩子们进公共绿地玩耍，经常踩到狗屎，有些居民遛狗时管束不严，容易吓到孩子，还发生过孩子在电梯里被狗咬的事。妈妈团向王子太提议，大家应该坐下来好好商议，为文明养宠做些努力。

她们希望小区多办敬老爱老、垃圾分类之类的主题活动，或者引进有趣的公益慈善机构，让她们带着孩子去参加公益活动。曹皓静坦言，在她还没有孩子的时候，并不热衷社区事务和公益慈善。有了孩子，想法不一样了。"现在的小孩什么都不缺，就缺爱心教育，这部分东西光靠家庭和父母是给不了的。我们这代人有点'事不关己高高挂起'的习性，但现在我想和孩子一起成长为更好的人。"

如此种种，在闸北区团区委书记马士威看来都是鼓励年轻人参与社区公共事务的契机，"社区不是没有年轻人，年轻人也不是主动要和社区绝缘。只是一直以来，我们的社区生活方式和社区治理方式没有切准他们的'痛点'，比如年轻父母那'一切为了孩子'的心情，在社区找不到落地之处。"

另一个"青春社区"艺康苑，用"民调"来切问年轻人的痛点所在。艺康苑是彭浦新村街道最早的商品房，建成于2000年，常住居民5 400多人，18到45周岁的青年人口超过30%。所谓民调，当然不是给这30%的人挨个塞问卷——这种方式不可能得到年轻人的回应。

团区委和居委会在小区广场办了一场名叫"说出你的想法"的活动，广场摆满乐高玩具，随之展示30多项前期调研所得的青年兴趣清单，邀请前去玩耍的青年对最感兴趣的活动和服务"点赞"。此后，团区委在艺康苑找了50名青年去"世界咖啡屋"喝下午茶，用一场头脑风暴来征集大家最想参加的活动。

年轻人最喜欢什么？排在前几位的是：孩子、猫狗、运动、烘焙、绿植、各种拓展培训。于是艺康苑成立了几个青年自组织：以养宠为主题的"萌萌哒俱乐部"，以亲子生活为主题的"亲乐园"，以烘焙、阳台种植、插画、旗袍秀等兴趣爱好为主题的"快乐加油站"，以跑步等运动为主题的"运动达人秀"。艺康苑居民区书记张颐说："自组织的成员不是我们凭空制造的，他们就生活在小区里。我们只是用他们感兴趣的活动把他们吸引到了社区。"

闸北区团区委、彭浦新村街道团委和艺康苑党总支、居委会、业委会几番商量，把小区两个老年活动室之一改成青年活动场所，让年轻人和老人错时使用：工作日的下午2到4点，老年合唱队在活动室练歌，周五晚上和双休日，老人们主动给年轻人腾地方。活动室的装修设计承包给了小区的5个青年家庭，日常维护和管理则由28名青年志愿者"轮值"。

玩着说着把事儿给办了

年轻人中有很多"夜跑族"，习惯在天黑之后跑步锻炼，艺康苑也有一支"荧光夜跑团"，他们有个QQ群，过去常在群里三三两两相约跑步。组建夜跑团之后，全团成员每周举行一次集体夜跑，二十多人手拿荧光棒，颇有阵势，把一些常年闭门不出的居民也吸引到了队伍中。

居委会觉得夜跑团不光可以"造势"，还能做点"随手公益"，比如治安巡逻。艺康苑是个很特别的楼盘，它位于共和新路保德路上，以高压线为界，三分之二在闸北地界内，三分之一属于宝山。两地共用一套业委会、一个物业公司，但是各有一个居委会。两区交界地带，治安压力大，入室盗窃率高。居委会与夜跑团商量，跑步时顺带把小区给巡逻了，大家欣然接受。

"萌萌哒俱乐部"也是在嘻嘻哈哈中把小区的养宠规则给建立了起来。去年初，20 名宠物主参与到俱乐部里，由 44 岁的居委会成员张朝晖带着，开宠物主沙龙，办"狗狗运动会"，交流心得、分享经验，探讨遛狗规则，签订文明养宠倡议书。一年来，居委会接到的养宠投诉量明显下降。张颐告诉记者，因为年轻人的活跃，最近有几家企业找到艺康苑，提出可以合作办活动，"社区管理需要很多方面的投入，比如场地、资金、人力，不可能总靠政府财政。如果社区足够有活力，可以吸引社会资源的投入。"

"凡事首先要好玩，做正事也要好玩，最好能玩着玩着就把事情给办好了，这也算现在青年的一种价值观吧。"马士威告诉记者，团区委想找更多"会玩"的公益机构，向"青春社区"配送年轻人喜欢的公益服务。

值得注意的是，几个"青春社区"试点居委会的书记都是闸北区"班长工程"的成员。2012 年，闸北区开始从机关、事业单位选派优秀青年干部到居民区担任党组织书记或见习书记，想通过年轻力量的注入，改变居委会过于老化的年龄结构。"年轻的居民区书记对青年事务有更多的热情和接受度，他们的价值观和思维状态和小区的年轻人完全合拍。这非常有助于我们开展社区的年轻化尝试。"马士威说。

第一节　公共事务与公共物品概述

社区治理的内容就是社区公共事务。本书与一般的社区管理的教科书不同，不想对社区治理的具体内容一一展开具体的论述，比如社区卫生、社区教育、社区环境等。并不是说这些具体的社区管理的事务不重要，而是希望跳出就事论事的范畴，将社区公共事务视为社区治理的主要内容，结合社区公共物品的特点，概括地思考社区公共物品供给的一般规律。了解与掌握社区公共事务的特点与治理机制，对于社区卫生、社区教育等具体事务的管理具有重要的指导意义。因此，本章先从公共事务与公共物品的内涵入手。

公共事务是随着人类社会的产生而产生的一个范畴，它在私人事务的基础上集中了社会中所有公民共同关注的事务而形成，是私人不愿或不能处理的而又对全体社会成员的利益产生普遍影响的一些事务。当社会分化为公、私两个基本分离的领域，人类事务也出现了公共事务与私人事务的划分及其不同的制度安排。

亚当·斯密在《国富论》一书中指出，政府管理权限的划分是社会进步和社会事务增多的结果，并认为公共事务包括三方面："第一，保护社会使其不受其他独立社会的侵害；第二，尽可能地保护社会上各个人使不受社会上任何其他人的侵害或压迫；第三，建设并维持某些公共事业及某些公共设施。"马克思主义的观点也认为公共事务管理是国家的两大职能之一，"在每个这样的公社中，一开始就存在着一定的共同利益，维护这种利益的工作，虽然是在全社会的监督之下，却不能不由个别社会成员来承担。"可见，公共事务是涉及社会公众共同利益的社会事务，具有一定的公共属性。也就是说，公共事务的本质是公共物品（public goods，或称"公共产品"）。因此，有必要对公共物品的内涵、分类、特征及其供给模式等作进一步的了解。

一、公共物品的内涵

公共物品的严格定义是美国经济学家萨缪尔森在《经济学与统计评论》1954 年第 11 月号上发表的《公共支出的纯理论》中提出的。按照萨缪尔森的定义，纯粹的公共物品是每个人消费这种物品不会导致别人对该物品消费的减少，即公共物品具有消费的非排他性与非竞争性的特征。后来，美国学者曼瑟尔·奥尔森在其《集体行动的逻辑》一书中对公共物品给出了一个规范性的定义。奥尔森认为，任何物品如果一个集团中的任何个人能够消费它，就不能不被该集团中的其他人消费，这类物品便属于公共物品。美国学者布坎南把公共物品定义为，"任何由集体或社会团体决定，为了任何原因，通过集体组织提供的物品或劳务"。不排除有些这样定义的公共物品是可以通过市场来提供的，也就是说可以成为私人物品。只要那些原本可以由市场提供的私人物品是由集体决定、由集体来提供的，那么就存在着集体决策，就被视为公共物品。公共物品意味着资源的集体运用，它的成本要由集体中的成员共同承担，它的收益也要由集体中的成员共同分享。

公共物品具有消费的非排他性与非竞争性的特征，导致集体成员在公共物品的消费和供给上存在"搭便车"的动机，因此，公共物品的供给成为一个典型的"集体行动困境"问题，即完全理性的个人会做出对集体非理性的行为。比如在公共事业建设中，社会成员均积极购买这种公共物品的话，那么所有人的福利都会增加。但问题在于，如果在市场机会主义引导下的个体理性会告诉我，如果我出资而他人不出资的话，则我可能会得不偿失；如果他人出资而我不出资，则我可以占便宜、"搭便车"，免费享受他人的成果。因此，每个理性人的最优选择均是"不出资"，这种纳什均衡使得公共产品供给出现短缺，公共福利无法提高。在现实的公共服务中，秉持"搭便车"的消极心理，个体对公共事务采取漠不关心，甚至非合作的态度。这种"搭便车"的心态是造成集体行动困境的根源，也是公共事务管理出现危机的肇因。如何解决这一困境困扰着无数有创见的学者，如何走出集体行动的悖论，选择合作，建立秩序也一直是他们努力的方向。

二、公共物品的分类

常见的关于公共物品的分类有两种，一种是根据公共物品的属性来分，另一种是根据公共物品的作用范围来分。按是否同时具有非排他性和非竞争性，可将公共物品分为纯公共物品与准公共物品。

讨论公共物品所具有的非竞争性及非排他性特点时，必须注意这里面已经暗含了一个前提条件，就是在公共物品消费者的数量达到拥挤点之前。严格地讲，每一种公共物品都存在着一个拥挤点，所不同的是，有些公共物品的最大承载量大一些，有的小一些。在拥挤点之前，同时具有消费的非排他性和非竞争性的物品就是纯公共物品（pure public goods），有时也称为公有公益类物品，如国防、治安、法律、空气污染控制、防火、路灯、天气预报和大众电视等。在拥挤点之前，只满足非排他性和非竞争性之一的物品就是准公共物品（quasi-public goods）。

准公共物品又可以分为以下两类。

第一类准公共物品——俱乐部类公共物品。它是指在消费上具有可排他性和非竞争性的公共物品，如戏院、公共俱乐部、收费公路、图书馆、夜总会等，这些物品在消费上具有共享性，在出现"拥挤效应"之前，每增加一个消费者其边际分配成本为零。由于这类公共物品的享用者可以看成是具有相同偏好的消费者组成的一个俱乐部，所以有时也将这类公共物品称为"俱乐部类公共物品"（club goods）。

第二类准公共物品——公有池塘类公共物品。它是指在消费上具有竞争性和非排他性的公共物品，比如公共池塘中的水、公用的草地资源、地下的石油、矿藏、海洋等共同资源。它们在消费上具有非排他性，因为既然是公共的，那么谁都可以自由地去打水喝或者用于灌溉，但是打出来的水用于饮用或用于灌溉，这种消费就具有竞争性。美国经济学家奥斯特罗姆称这类公共物品为"公有池塘物品"（common-pool resources）。

按公共物品使用者的范围，可将公共物品分为全国性公共物品和地方性公共物品。

从公共物品的使用范围来看，有些公共物品的消费是供全体公民共同消费的，称为全国性公共物品，如国防、全国治安、国家级道路、电力、通信管网、信息传播等。有些公共物品主要为某一个地区的公民集体使用，称为地方性公共物品，如城市街道、绿化、处理、路灯、社区安全等。

当然，任何分类研究都是学理化的，公共物品的分类研究也是如此，现实中的公共物品类型远比学理化的分类复杂得多。公共物品的分类研究在一定程度上往往具有相对性，一定时期、一定范围的公共物品或服务，在另一个时期、另一个范围则可能是私人物品或具有私人物品的性质。这就涉及公共物品的公共性特质改变的问题了。

三、公共物品的供给选择

对公共物品不同属性和特征的分析，是决定不同性质公共物品提供的多元制度安排的基础，其目的是使各种公共物品的需求与供给均衡，供给效率达到最优。问题是公共物品供给的多元化机制如何设计，不同机制之间如何分工、互补，并在一定条件下相互替代，这是公共物品供给制度研究的基础。

对于公共物品的供给模式大致可归纳为以下三类。

第一类，政府强制供给机制，即公共权力在公共物品供给中的介入和使用。

自人类国家形成以来，政府通过社会成员的"权力让渡"而享有公共权力。政府提供公共物品的优势在于政府本身有着与其他社会组织不一样的独特的功能——权力的普遍性和强制性，这些功能保证了政府能够提供公共物品。权力的普遍性和强制性，使政府至少具有以下几个方面的优势：课税优势，政府利用其政治权力征税，解决公共物品提供过程中的收益与赋税不一致问题，禁止或允许优势，政府发放许可证，允许他人合法地做什么，也可以对违规行为进行处罚，保障公共物品的有效供给；节约交易成本和组织成本的优势，政府在解决外部效应和公共物品问题时，其交易成本比其他组织低得多；解决"搭便车"问题的优势，政府以社会公共代表的身份，集中收税、集中支付公共物品所花费的成本，正好解决了社会组织提供公共物品时"搭便车"引起的公共物品收益与成本不对称问题；庞大的财政实力优势；独特的财政货币权力优势。这些优势恰好是市场没有的，又是市场所需要的，尤其能够弥补市场提供公共物品的缺陷。因此，政府作为公共利益的代表，在公共物品供给中起着至关重要的作用。谈到关于政府提供公共物品的方式时，有必要区分一下政府提供和政府生产，这是两个完全不同的概念。奥斯特罗姆认为，公共事务治理就是公共产品的供给和生产，"生产是指物理过程，据此公益产品或者服务得以成为存在物，而提供则是消费者得到产品的过程"。政府提供公共服务并不意味着政府直接生产。政府可以是公共服务供给的主体或最终的责任人，但却可以将不同环节分配给非营利组织或营利组织去完成。也就是说，"提供"的核心是投入资金，"生产"的核心是物品的产出，是技术性的具体操作阶段。公共物品供给是"提供"与"生产"的结合。从世界各国的情况来看，政府提供公共物品有两种基本方式：一种是政府直接生产，主要是纯公共物品和自然垄断性很高的准公共物品；另一种是政府间接生产，主要是提供准公共物品（这点将在"市场自愿供给机制"中展开论述）。当然，政府并不是无所不能的。政府强制供给模式，尤其是政府直接生产的方式存在诸多弊端，这主要缘于政府自身的局限性。首先，如果政府作为唯一的公共服务供给者，在提供公共服务中没有直接的竞争，即使它低效率运作，政府机构仍然可以安然地继续生存下去。由于缺少竞争，政府往往没有动力去提高公共服务效率。其次，由于监督机制的不健全，尤其是监督信息的不对称，外界很难对政府公共服务供给的水平和绩效进行监督。动力机制的缺乏导致政府在提供公共服务时往往不计成本，不重绩效。再次，政府官员的"寻租"行为，等级制组织中的官僚作风以及由此滋生的腐败现象等，也都导致了公共物品供给中的浪费与低效，而且还影响了社会公平与公正。

　　第二类，市场自愿供给机制，即在公共物品的供给中借鉴市场机制，引入竞争机制。

　　由于公众对政府提供的公众服务的质量颇有微词，因此，在公共服务领域引入竞争机制，提高质量，降低成本，成为各国追求的共同目标。近20年来，在西方发达国家出现的公共行政改革的潮流中，提出的理论有重塑政府（reinventing government）、再造公共部门（reinventing the public sector）和新公共管理（new public management），其中以新公共管理影响最大。新公共管理主张将那些已经为私营部门成功运用的管理方法，如绩效管理、目标管理、组织发展等运用到公共部门中来，将竞争机制引入政府公共服务领域，鼓励私人投资和经营服务行业，打破政府垄断，提高公共服务的效率和质量，缓解政府财政困难。多年来，西方为了突破"公共困境"做了种种有益的尝试，但长期的改革实践使他们认识到，私有化并不是"公共困境"的唯一解决方法，前提不在于公共服务以公营还是私营，而在于通过引入竞争机制打破垄断。

　　那么在公共物品提供的模式中，公共生产和私人生产应如何选择呢？其实，私人资本进入公共项目领域的条件是：市场性（包括收益性和竞争性）、公共需求密集度和制度安排（受益者的承担能力）。对于那些市场预期收益高、需求密集度高，又能通过一定的制度设计解决受益者的承担能力问题的公共项目，私人资本的进入是完全可能的。公共物品的市场供给方式主要有两种，第一种是私人的完全供给，第二种是私人与政府的联合供给。私人的完全供给指公共物品的投资、生产以及修缮由私人单独完成，私人通过收费的方式向消费者收取费用。如香港凤凰卫视在内地的电视节目设置了加密频道，只有付费的观众方可收看。私人与政府的联合供给是指在公共物品的供给过程中，私人和政府形成某种联合，往往是政府作为提供者，而私人部门作为生产者。由私人部门作为生产者的安排方式，具体有合同、特许、凭单、政府拨款、自由市场、自愿服务、自我服务等。

　　在公共物品提供的私营化过程中产生了一种"公私合作伙伴关系"，即公共部门与私营部门共同参与生产和提供物品及服务的多样化安排，其结构是部分或全部传统上由政府承担的公共活动由私人来承担。

第三类，第三部门志愿供给机制。第三部门（相关的概念名词有第三域、第三体系、非政府组织、非营利组织、社会中介组织、志愿者组织、独立部门、慈善组织等）的概念和定义一直存在着多元性和歧义性，其通常的界定是非政府、非营利的合法的正式组织。

第三部门的出现和不断壮大并越来越成为公共管理的主体之一，使得当今的公共管理迅速走向开放性的社会化和多元化，极大地改善了公共产品或服务供给的质量。第三部门所具有的非营利性、（准）公共性使得它在某种程度上能够履行与政府类似的公共职能。它所提供的公共服务和产品对政府而言是有益的补充和替代。因此，第三部门的功能与政府的职能在某种状态下能达成共通。尤其是在政府改革的当前，精简机构、减少规则、卸下政府沉重的包袱势在必行。利用第三部门的力量，向社会转移政府一部分的职能是非常明智而且富有成效的举措。由第三部门提供公共物品的基本特征是成员以自愿性的方式，自主地提供公共服务（物品），实现公共利益。其公益性表现在他们活动的目的不是主要为了实现个人（私人）的利益，而是为了谋求大多数人的公共利益。与政府强制供给相比，第三部门供给公共物品的效率更高；与市场自愿供给相比，第三部门供给公共物品更能保证其公益性。因此，第三部门在公共物品供给中发挥政府与市场所不能替代的作用。也就是说，以自愿（半自愿）、自主方式服务公益的第三部门组织与以自愿、自主方式服务私益的企业和以强制方式服务公益的政府有着显著的不同。为克服或弥补"政府失灵"和"市场失灵"所导致的缺陷，必须进行制度创新，即以可持续发展理念为原则，积极发展以自愿求公益的志愿机制。

当然，第三部门的志愿供给机制也不是万能的。萨拉蒙在多年的研究中发现在"市场失灵""政府失灵"之外，还存在"志愿失灵"，表现为慈善不足、慈善的特殊主义、慈善的家长式作风、慈善的业余性。承认非政府组织的志愿失灵，并没有削弱非政府组织存在的必要性。非政府组织的长处，它们之间相互依赖。非政府组织应该作为最初提供公共服务的制度安排，只有在非政府组织提供服务不足的情况下，政府才需进一步发挥作用。据此，学者提出了一个"政府委托"理论，政府为实现自己的目标而将提供公共服务的任务委托给非政府组织来承担，二者之间达成一种相互依赖各自比较优势的分工，政府负责资金支持，非政府组织负责提供服务，二者的合作可以使双方各自发挥出自己的优势。政府通过一部分职能下放，达到节约成本的目的，尽管政府需要订立合约进行监督，但是这些都低于直接提供公共服务的成本，同时这种合作可以适应地方各种需求，避开庞大的官僚系统。如果某些公共产品不是由政府独家提供，而是由政府和非政府组织共同提供，并且在它们之间建立起一种平等的竞争关系，那么肯定会促使它们提高生产效率，扩大消费者的选择机会和效用。

现实中的公共物品供给模式客观上反映了公共物品供给的机制和制度安排。由于公共物品的层级性和复杂性，不同机制和制度安排对于不同公共物品的供给效率具有明显的差异。这就要求我们在提供社区公共物品的过程中，要充分考虑不同公共物品的性质与特点及其所处的制度环境、运行方式等方面的因素，合理安排公共物品的供给机制，提高社区公共事务处理的效率与效益。

第二节　社区公共事务治理

　　社区公共事务是指为满足社区公共需求，生产社区公共物品的活动。我国城市社区公共事务的供给模式发生了变化，从"单位制"下的单一主体供给模式向"社区制"下的多元主体供给模式转变。当前社区公共事务的治理应遵循公平、效率、民主、秩序的理念，在公共事务进行分类的基础上采取不同的治理机制。

一、中国社区公共事务治理的变化

　　作为整个社会制度变迁的一部分，城市社会管理体制经历了从"单位制""街居制"到"社区制"的变革，不同历史时期的社区公共物品供给机制具有不同的特征。单位体制所形成的"政府—单位"公共物品供给体系，已经不能满足转型时期社区日益增长的多元需求。在单位制解体和单位功能弱化的背景下，城市基层社区将代替传统单位，成为城市社会整合的又一种制度性选择，构成公共物品供给与消费的基本单位。就中国社区公共事务治理模式而言，就出现了从"单一主体供给模式"向"多元主体供给模式"转变的趋势。中华人民共和国成立后，国家对城市各种组织进行了强制整合，几乎所有的城市组织都被纳入政府的行政管理系统，在城市基层社会逐步建立了以单位制为主、以街居制为辅的管理体制。在这种体制中，"一极是高度集中的国家和政府，另一极则是大量彼此分散和相对封闭的单位组织"，所有单位都由国家设置和控制，其职能范围、管理权限均由国家直接决定和规范，其所需的组织资源也由国家统一配置。单位不是一般意义上的工作场所，它具有政治、经济、社会等多方面的功能，起着"政府"的作用。单位制度不仅建构了一套特殊的社会动员和社会整合机制，而且在单位内部形成了一种特殊的社会公共物品供给机制。对于单位人来说，单位是他们的衣食父母，是生活福利基本的甚至是唯一的来源。个体一旦进入单位，单位就具有代表国家负责其"衣、食、住、行、学、生、老、病、死、伤、残"的无限义务。

　　具体而言，单位成员不仅工资收入来自单位，而且诸如住房、副食品补贴、退休金、救济金、交通工具、医疗保障等都来自单位，单位成为名副其实、功能齐备的"小福利国家"。单位不仅提供基本福利保障，而且还直接提供诸如食堂、菜场、商店、医院、浴室、幼儿园、中小学、招待所、理发室、裁缝店、电影院等公共生活设施。在一些大型单位，除了火葬场以外一切生活设施几乎应有尽有。一些大型企业中甚至设有公安分局和派出所，直接行使社区政府的治安管理职能。人们不必走出单位大门，就可以使自己日常生活的基本需求获得满足。"大而全""小而全"的单位构成了一个自给自足的生活小天地。单位内部生活设施的丰富与自足，几乎同单位外社会生活服务行业的极度萎缩形成了鲜明的对照。对于城市居民来说，单位外的社会化生活服务，远没有单位内的福利生活来得实惠和富有人情味。从摇篮到坟墓，人们离不开单位，正所谓"一旦拥有，别无所求"。所以，在单位制度下，社区虽然存在，但形式上在承担城市公共事务管理与服务的同时，其功能在很大程度上被城市社区内的单位所覆盖。而且，城市社区内的单位虽然集中于同一社区，但由于各自隶属于不同行业或系统，长期以来，基本不发生横向联系，使城市社区成为"虚拟化"社区，"政社合一"的双重属性不断被强化，城市社区逐渐演变为"行政—社会"双重属性的区位结构。

改革开放以来，中国城市基层社会由国家集中控制和统一分配资源的体制正在逐步改变，一些新的结构性要素逐渐形成并日趋成熟。社会结构的变迁，使在我国持续了三十多年的传统单位制受到强烈冲击，国家赖以整合城市基层社会的单位制的控制功能逐步弱化，社会成员的社会身份正在由"单位人"向"社区人"转变，单位制渐渐退出历史舞台。传统的社区服务模式和街居管理体制所形成的"政府—单位"公共物品供给体系，已经不能满足转型时期社区日益增长的多元需求。如何满足城市居民对公共物品的需求，是城市社区建设和社区治理的核心任务。

一方面，在政社分开、企社分开、事社分开的体制性变迁下，各种政府机关、企事业单位都会逐步剥离自己本不应该承担的社会管理与公共服务职能，转变为各种专业性组织。单位对于单位人来讲，仅仅是工作场所，而不再是自己参与社会管理和享受各种公益服务的场所。由经济与社会转型带来的社会问题社区化，如失业下岗者的再就业问题、老年人的医疗卫生问题、贫困家庭的救助问题、居住环境的维护问题等，客观上需要社区公共物品供给机制的培育和发展。另一方面，住房商品化、私有化改革以来，社区内的居民普遍获得业主身份，住房成了社区内最重要的私人物品，与住房私人物品相伴随出现的是对大量社区公共物品的强烈需求，比如社区卫生、社区治安、社区环境、社区公共设施维护与便民利民服务，以及对私有产权的保护等。并且，随着社会经济的发展，各种新型社区逐渐形成，社区居民结构、资源分布、地理区位、形成原因也各不相同，造成居民对公共物品需求的类型、层次、水平各异，多元化社区公共物品供给体系亟待形成。

从某种意义上说，中国城市社区建设的兴起，正是对日益增多的公共物品需求的策略回应。城市社区建设的过程，就是政府部门、社区组织、民间组织、营利企业、居民自身等权利主体，基于互惠合作、民主协商原则，自愿主动地参与社区公共物品的生产和供给，优化社区秩序的过程。因此，城市社区建设的中心内容在于，重构社区治理结构，替代传统的单位制和街居制，弥补社会管理的缺位，建立新型的公共物品供给体系，有效地满足居民对公共物品和社会服务的需求。在供给主体上，由单一化的政府供给转变为多元化的社会供给；在供给形式上，由强制性的政府控制转变为自愿性的民主协商；在供给层次上，由物质性的硬件建设转变为共同体的精神整合；在供给结构上，由垂直科层结构转变为横向网络结构。

如果说从计划经济体制到市场经济体制的制度变迁过程，是政府与社会在经济生活和私人物品供给体系中的分权过程，那么毋庸置疑的是，社区物品多元供给结构的形成过程，是政府和社会在公共产品供给体系中的再次分权过程，使中国由单一的"政府本位"权力格局转变为多元的"公民本位"权力格局。可以断言，构建社区公共物品的多元供给机制，关键在于社会内在力量的有效培育和充分生长，而拓展社会空间与培育社会力量的动力在于政府职能的让渡和政社关系的调整。将政府职能的重点逐步转移到经济调节、市场监管、社会管理上来，把政府的一部分职能逐步转向行业协会、公司企业、城市社区和社会组织等。换句话说，政府的基本职能，应由"划桨者"转变为"掌舵者"，其他职能"外移"给市场、社区和社会组织。

　20 世纪 70 年代以来发达国家在公共物品提供领域中的创新，给解决政府在提供部分公共物品"失灵"问题上提供了可行的路径选择。除了直接组织公共部门提供公共物品外，政府还可以引入竞争机制，利用市场力量间接地提供公共物品，与此同时，非政府组织的蓬勃发展也提供了大量社会所需的公共物品。借鉴和吸收西方国家公共行政管理改革的经验，对于建构和实践中国社区公共物品的多元供给机制具有重要意义。

二、社区公共事务治理的理念

　公平、效率、民主、秩序是社区公共事务治理必须遵循的基本原则，也是社区体制改革行为选择的价值取向。其中公平和民主是社区公共事务治理的实质价值，效率和秩序更具有工具意义。建构多元网络合作治理体系的实质就是，在平衡这两类价值基础上进行合理的制度安排。

　（一）公平是社区公共事务治理的核心价值

　公平正义是人类社会中具有永恒价值的基本理念和基本行为准则。正如罗尔斯所说："正义是社会制度的首要价值，正像真理是思想体系的首要价值。"温家宝同志也强调，"公平正义就是社会主义国家制度的首要价值"。公平不仅指法律的公平、机会的平等，而且指事实上的公平、结果的公平，为此就需要对最少受惠者予以必要的补偿，以减少社会中的不公平。

　1. 社区本质功能要求

　根据国际经验，社会发展经由社区发展，社会发展的公平价值也经由社区发展。从 1948 年联合国率先在发展中国家倡导"社区发展"，到 1955 年联合国发表《通过社区发展促进社会进步》专题报告，以及此后推动的系列社区发展运动，其主旨都在于改变落后状态，实现社会的公平正义，推动整个社会的和谐。

　2. 社区治理现实决定

　我国经济领域、政治领域和社会领域发展的结构性失衡，产生诸多社会问题。这些问题随着单位制度的解体沉积于社区，社区成为社会问题的"仓储域"和社会问题下沉的"筐底"。其中最主要的问题是弱势群体救助问题、老龄人服务问题、下岗失业人员再就业问题、居民基本医疗保障问题等。这些公共问题正是政府应该面向所有社区居民提供的基本公共服务。

中国共产党十六届六中全会提出的"基本公共服务均等化"反映的就是公平价值取向。

（二）效率是社区公共事务治理的重要价值

社区公共事务治理既具有公共性，又具有管理性，也就必须追求效率原则。在社区公共事务治理中，效率价值与公平价值并行不悖。前者更多关注公权力运行的有效性，它要求公权力拥有者合理利用资源，有效管理公共事务，解决公共问题；而后者更多关注公权力本身的合法性，它要求公权力应以服务于公共利益为宗旨，也就必然要关注责任、参与、回应性等价值。虽然从终极意义上来讲，以公共利益为宗旨的各种公平价值是根本的，但就实际的公共权力运行看，二者均不可或缺。因为"有效性主要是工具性的，而合法性是评价性的"。有效性需要合法性为其指明方向，而合法性的评价，却往往是基于有效性作出的。公共产品之所以需要公共组织提供，公共组织供给公共产品之所以又需要引入市场机制，其原因就在于私人部门提供公共产品难以保证公平，而政府单主体供给公共产品又效率低下。从我国目前社区行政管理和社区公共服务现状看，社区公共事务治理同样需要秉承效率原则。

（三）民主是社区公共事务治理的基本价值

其一，民主是社会主义的本质要求和价值追求。中国共产党十七大报告指出：社会主义越发展，民主也越发展；发展基层民主是发展社会主义民主政治的基础性工程。其二，民主发展的基本逻辑决定构建社区。

公共事务治理理想模式必须坚持民主原则。托克维尔在《论美国的民主》中揭示了基层民主自治的价值及其内在逻辑。一方面，乡镇自由及其独立的组织，有利于平衡联邦政府对乡镇的过度干预，也有助于打破权力的垄断，维护乡镇和人民的自主性和自由的权利；另一方面，由于乡镇组织与人民自身的利益休戚相关，这使得乡镇中的公民积极参与公共事务的管理，自觉关心乡镇建设，形成一种特定的乡镇精神和一套理解权力、自由和秩序的理论。"他们体会到这种组织形式的好处，产生了遵守秩序的兴趣，理解了权力和谐的优点，并对他们的义务的性质和权利范围终于形成了明确的和切合实际的概念。"可见，基层自治对于公共领域和公民意识的发育具有不可或缺的作用。

（四）秩序也是社区公共事务治理的重要价值选择

马斯洛曾指出："我们社会中的大多数成年者，一般都倾向于安全的、有序的、可预见的、合法的和有组织的世界。这种世界是他所能依赖的，而且在他所倾向的这种世界里出乎意料的、难以控制的、混乱的以及诸如此类的危险事情都不会发生。"秩序是人类的基本追求，也是社区公共事务治理的基本价值取向。事实上，从统治行政到管理行政，从新公共行政到新公共服务，秩序都是一以贯之的价值追求。我国正处于社会转型期，而从传统到现代的过渡时期实际上就是一个克服社会动荡和防止政治衰朽的历史阶段；秩序也是"矛盾凸显期"。因而，秩序是和谐社会构建不可或缺的重要价值，也是社区公共事务治理的价值选择。没有秩序，难以实现公平、效率、自由和民主。

三、社区公共事务分类治理

我国社区治理体制正处于从"街居制"向"社区制"转变的过程中。要实现多元主体合作治理的社区制，必须实行社区事务分类治理。社区事务分类治理是建立在社会分工基础上，不同业务由不同组织负责、不同职能由不同组织履行、不同服务由不同组织提供的一种新的社区体制。它既是社区社会管理中政府行政管理与居民自治管理分工的过程，也是社区公共服务中政府"掌舵"与民间"划桨"分工的过程。社区事务分类治理通过社会分工，促进政府组织与社会组织由"命令服务关系"转向"功能依赖关系"。

首先，应了解一下社区事务分类治理的必要性。陈伟东等学者从宏观体制改革进程中、从中观行政体制改革过程中，揭示了社区事务分类治理的必然性。

从宏观维度看，社区事务分类治理是社区体制改革适应宏观体制改革的客观需要。社区是社会的微观缩影，社区体制是社会体制的微观基础。社区体制改革不仅要适应社会体制改革，也要适应经济体制改革和政治体制改革。我国宏观体制改革是在集权体制失效的背景下进行的，其目标就是要消解政府全能化和管理行政化，构建服务型政府，建设现代的公共管理和公共服务体系。宏观体制改革是政府自身革命，是对政府特别是对中央政府过度集中的权力和资源进行再分配的过程。由于资源再分配是以权力再分配为基础的，因而宏观体制改革的核心问题是政府分权。政府分权，既包括政府内部分权，即中央与地方之间的分权、政府部门之间的分权，也包括政府向外分权，即政府向经济组织分权以及政府向社会组织分权。微观体制只有适应宏观体制，才具有生存空间和发展机会。适应宏观体制变革需要，社区体制改革也需要促进社会分工，合理划分政府组织与社会组织的功能边界，促使政府组织与社会组织从"命令服从"关系转向"功能依赖"关系，最大限度地发挥政府组织和社会组织的比较优势，促进政府组织与社会组织的"有机团结"。

从中观维度看，社区事务分类治理是社区体制改革适应行政体制改革的需要。社区体制改革的进度和深度，取决于行政体制改革的进度和深度。行政体制从小部门制转向大部门制，为社区事务分类治理提供必要的体制环境和选择机会。

从政府职能设置和管理方式看，我国现有行政体制是小部门制。小部门制是以职能分散和权力重叠为基础的部门集权和部门分割的管理体制。小部门制具有四个明显特征：

一是相同职能分散。按照业务单一化和职能简单化要求，政府职能设置硬性地把具有因果联系的综合职能分割成若干单一职能，由不同的职能部门各自负责。这就导致政府部门之间、政府各层级之间职能交叉、权责不清，出现"看得见的管不了、管得了的看不见"的问题。

二是不同权力重叠。任何一个政府部门往往同时具有决策、执行、监督三种不同性质的权力，政府部门既自己"掌舵"又自己"划桨"，既自己管理又自己监督。这容易出现部门垄断，导致部门之间相互争利和相互推诿，部门之间难以协调。

三是条条管理。在职能分割背景下，各部门严守职能边界，职能纵向延伸到底，各自为政，越到基层，条条垄断现象越来越突出，出现分割式管理链条，重复投资和资源浪费在所难免，行政成本居高不下。

四是"眼睛向内"。各职能部门关注"内部家务"管理多于关注公共服务供给，关注组织内部协调多于关注组织外部协调。

我国行政体制由小部门制转向大部门制，既适应了我国宏观体制均衡改革的需要，也为我国微观社区体制改革创造了体制环境和选择空间。行政体制的大部门制是指以职能综合和权力分散为基础的部门集成和部门协作的管理体制。大部门制的基本目标，是"按照精简、统一、效能的原则和决策、执行、监督相协调的要求，建立决策科学、权责对等、分工合理、执行顺畅、监督有力的行政管理体制，加快建设服务型政府、责任政府、法治政府"。大部门制的基本特征：

一是职能整合、机构重组。职能整合必须以业务综合为基础。此处的业务是指将人、财、物资源用于提供足以满足公民需求的公共服务。业务综合是指根据公共服务的内在因果关联，合理划分业务类别，避免业务的零碎化。在业务综合的基础上，将相同职能合并，重组机构，变多个部门的分头管理为统一部门的综合管理。如在食品卫生和安全监管方面，其原料供应、生产、流通、消费等环节具有内在因果关联，需要综合为一种业务，由统一部门综合管理，而不宜按环节分解为多种业务，由多个部门多头管理。

二是权力分散。维护中央权威，需要避免新一轮的大部门集权，防止出现"政令不出中南海"的问题。不同性质的决策权、执行权、监督权需要分在不同的大部门。

（一）社区行政事务

社区行政事务，亦称社区行政工作，是指以社区为单元，由特定的执法主体和法定的行政主管部门提供的管理型公共产品的组合。行政工作最大的特点是只有政府组织才能作为管理主体。我国法律规定的由各政府部门承担的管理、执法监督活动均属于社区行政事务，如社区内建筑物规划、社区环境管理、市容监察、计划生育与人口管理、治安与消防管理、医疗卫生管理、社会保障管理、基础设施的管理、执法监督等。根据事务属性特点，社区行政工作又可以分为三小类：社区行政管理事务、社区行政执法事务和公共信息采集事务。社区行政管理事务是指政府对社区公共事务的规划、审批、筹资、监管等，如公安部门、综治办、计划生育和人口管理部门对出租屋的安全检查及重点人群的监管。社区行政执法事务是指对社区居民违规行为的纠错和处罚，如取缔无证行医、拆除违法建筑等事务。公共信息采集事务，包括城市管理监督信息采集和人口房屋基本信息采集。社区行政事务的责任主体只能是政府组织。

（二）社区公共服务

社区公共服务是指以社区为单元，由专业性组织提供的服务型公共产品的组合。与社区行政事务提供管理型公共产品不同，社区公共服务是政府安排，各类社会组织提供的用以满足社区居民公共需求的服务类社会公益产品。从责任主体看，社区公共服务可以进一步细分为三类。

第一类是特定人群服务，即由特定公共服务组织针对社区特定人群（育龄妇女、下岗职工、离退休人员、外来人口、低保户、特困户、残疾人等）提供的社会服务。根据相同或者相近事务整合原则，社区特定人群服务又可以分为技术性服务事务和资格审核事务。技术性服务事务主要包括计生服务、就业服务、慈善事业、困难家庭救助、失足人员矫正、残疾人康复服务、养老服务、心理咨询服务、组织培训等。资格审核事务的主要业务可以分为办证服务、定期审查服务、政策性津贴服务。办证服务主要包括办理低保证、就业证、失业证、再就业优惠证、外来人口暂住证、流动人口婚育证、独生子女父母光荣证、生育服务证、残疾人证、老年证等。定期审查服务主要是指低保户每月续保服务、离退休人员年审服务、失业救济金季审服务等。政策性津贴服务是指办理重大医疗救助保障金、住房优惠补贴金、残疾人及单亲家庭子女教育补助、独生子女家庭补贴、失业救济金、社保补贴金等服务。

第二类是市政服务，即由政府和各类公共事业部门所提供的公共服务，如公共教育、医疗保健、邮政投递、通信网络、公共交通、有线电视、供电、供水、供气等服务与收费活动。

第三类是物业服务。根据物业服务建成程度，可以把社区分为商品房小区、纯单位型社区和未建成社区。商品房小区物业服务是指商品房住宅小区的物业服务企业提供的服务事务，如小区居民房屋建筑共用部位的维修、养护和管理，小区共用设施维修、养护和管理，小区内绿化和卫生清洁，小区活动设施管理、维修和养护，小区内部安全保卫，与物权有关的工程图纸、住户档案、竣工验收等档案资料的保管与维护等。单位型社区的物业服务是指通过单位后勤集团提供的物业服务，如单位职工房屋建筑共用部位的维修、养护和管理，共用设施维修、养护和管理，活动设施管理、维修和养护，保绿、保洁、保安等。未建成社区包括老城区旧居住社区、城乡接合部社区和混合型社区。政府和社区组织是未建成社区物业服务的责任主体。社区公共服务主要由物业服务部门、社区服务中心、公共事业单位等专业服务部门提供，不得转嫁给社区组织。

（三）社区自治事务

社区公共事务分离出社区行政事务和社区公共服务后，剩下的事务属于社区自治事务，由社区组织承担。为深入认识社区自治事务及承担主体属性，有必要引入社区工作概念。社区工作是社会工作在社区领域的拓展。联合国从社会发展角度，把社区工作当成一个过程：促进居民的参与和自力更生的能力，提高生活水平，以及提供技术和其他服务，鼓励居民的主动意识、自主和互助。该定义揭示了社区工作的目标是促进社区居民自组织。社区工作有两个基本特征：一是培育和促进居民集体行动；二是有计划的行动（"有意识的社会接触过程""由受薪工作人员所进行的工作""内容包括一系列经过计划的行动""由专业社会工作者推动""运用专业性的理论知识和技术"等）。结合我国实际，社区工作可以定义为在党和政府的领导下，依托社区居民委员会，受薪工作人员组织居民建立社区组织和跨社区组织，解决社区问题，改善社区人居环境的过程。社区自治事务属于社区工作的重要组成部分，也需要受薪人员参与，因而不完全是志愿性事务。根据职责主体不同，社区自治事务可以进一步细分为社区法定组织事务和社区邻里互助事务。社区法定组织事务主要是指由社区居民委员会完成的社区公共事务。社区邻里互助事务是指主要由居民通过集体行动来提供的服务，如邻里交往与精神互助、邻里关照与生活互助、邻里生产互助、邻里资金互助等活动。

【本章小结】

公共事务是随着人类社会的产生而产生的一个范畴，它在私人事务的基础上集中了社会中所有公民共同关注的事务而形成，是私人不愿或不能处理的而又对全体社会成员的利益产生普遍影响的一些事务。

公共物品是每个人消费这种物品不会导致别人对该物品消费的减少，即公共物品具有消费的非排他性与非竞争性的特征。公共物品的这种特征，导致集体成员在公共物品的消费和供给上存在"搭便车"的动机，公共物品的供给成为一个典型的"集体行动困境"问题，即完全理性的个人会做出对集体非理性的行为。

公共物品的分类有两种，一种是根据公共物品的属性来分，另一种是根据公共物品的作用范围来分。按是否同时具有非排他性和非竞争性，可将公共物品分为纯公共物品与准公共物品。

社区公共事务是指为满足社区公共需求，生产社区公共物品的活动。我国城市社区公共事务的供给模式发生了变化，从"单位制"下的单一主体供给模式向"社区制"下的多元主体供给模式转变。

公平、效率、民主、秩序是社区公共事务治理必须遵循的基本原则，也是社区体制改革行为选择的价值取向。其中公平和民主是社区公共事务治理的实质价值，效率和秩序更具有工具意义。

社区行政事务，亦称社区行政工作，是指以社区为单元，由特定的执法主体和法定的行政主管部门提供的管理型公共产品的组合；社区公共服务是指以社区为单元，由专业性组织提供的服务型公共产品的组合；社区公共事务分离出社区行政事务和社区公共服务后，剩下的事务属于社区自治事务，由社区组织承担。

【思考题】

我国社区公共事务治理面临怎样的困难和挑战？如何应对和解决？

第七章 社区治理中的社区商业服务

【本章概览】

本章对社区治理中的社区商业服务展开介绍和分析。

【学习目标】

1. 掌握对社区商业服务概念、特点的认知和理解能力。
2. 掌握对社区商业服务类别的识别和判断能力。
3. 掌握对国际上社区商业的运作模式的认知能力。
4. 掌握社区管理与物业管理联动的理解、分析和运用能力。

【导入案例】

苏州工业园区的便民"邻里中心"

（资料来源：360个人图书馆网站）

1997年，以新加坡"邻里中心"为范本的"邻里中心"，在苏州工业园区被"克隆"，注册资金2亿9000万元人民币（约5742万新元）。自1998年园内第一座大厦开业至今，"邻里中心"摈弃了沿街为市的粗放型商业形态，也不同于传统意义上的小区内的零散商铺，而是立足于"大社区、大组团"的先进理念进行功能定位和开发建设。以12项必备功能为核心产品，从"油盐酱醋茶"到"衣食住行闲"，企业效益和社会效应协同提高，充分满足了居民的基本物质文化生活需求。

邻里中心玲珑大厦

2006年12月26日，由"邻里中心"投资5300万元建设的玲珑大厦落成开业。该大厦是"邻里中心"自行建设开发的首次尝试。大厦内12项必备功能完备，针对周边消费者的特点，在功能设置上新颖，在商家选择上贯彻"择商"概念，使玲珑大厦成为金鸡湖东岸第二个让居民完成衣、食、住、闲消费的好去处。

邻里中心湖东大厦

湖东大厦在 2004 年 8 月正式运营，成为园区湖东商业第一家。3 万平方米的综合性大楼，由三幢建筑组成。南楼集中餐饮功能，分别有中西式快餐，和不同定位的中外餐饮店；北楼集中了生鲜店、卫生服务站和文体中心等，并设置了生活必备的零售商业。主楼为超市，还独创了"家装设计超市"创意产业平台。

邻里中心新城大厦

新城大厦是邻里中心开发的第一座集商业、文化、娱乐、体育、卫生、服务于一体的综合性商业大楼。大厦紧密贴近区域居民生活，设有超市、银行、邮政通信、餐饮店、洗衣房、美容美发店、药店、文化用品店、维修店、文体中心、邻里生鲜店和社区卫生服务中心等 12 项必备功能，并结合现代人休闲和消费需要，设立了多层次、多品种的配套设施。此座大厦的成功开业标志着邻里中心走出实践的第一步。邻里中心不仅杜绝了底层商铺的环境污染、噪音扰民等问题，更改善了人居环境和城市面貌，营造出一种和谐发展的商业氛围。

邻里中心沁苑大厦

沁苑大厦建筑面积 11 800 平方米。直接服务四千多户小区住户与几十家外资企业。大厦楼高三层，一层、二层各 2 000 平方米，邻里生鲜、超市、银行、卫生所、文体中心等 12 项必备功能齐全。三层 4 000 平方米，突出文化休闲和培训功能。目前入驻 ACCA 国际会计师认证培训机构、外语语言培训机构、韩国幼儿园、儿童情商培训中心等。

第一节　社区商业服务概述

一、社区商业服务的概念和特点

（一）社区商业服务的概念

社区商业服务是一种以社区自身及就近区域范围内居民为服务对象，以满足和促进居民综合消费为目标的属地型商业服务。

（二）社区商业服务的特点

第一，社区商业服务具有属地性的特点。社区商业是城市商业空间中一个重要层次，与其他城市商业一个重要的区别在于，社区商业的地域分布依托于社区的地域分布。

第二，社区商业服务的对象具有特定性的特点。社区商业的服务对象是社区自身及就近区域范围内居民，所以其服务对象较其他商业服务更为稳定。

第三，社区商业服务的内容具有综合性和便利性的特点。社区商业服务的宗旨是便民、利民，以满足社区内消费者或近区域内消费者日常生活服务的各种需求，例如，超市、餐饮、理发店、干洗店、美容院等。这些服务具有综合性和便利性的特点。随着居民收入水平的提高，社区商业将得到一个更大的发展。

二、社区商业服务的分类

按不同的划分标准，社区商业服务可以分为不同的类别。

（一）社区底商、社区商业街、社区商业中心

以承载商业主体的集散程度及整体布局的不同，社区商业主要表现为社区底商、社区商业街、社区商业中心三种形式。

社区底商主要是指利用楼盘底层或低层作为商业用房，以满足自身或近区域内消费者的各种需求。社区底商主要表现为"邻里商业"。社区底商是社区配套实体组成部分。社区底商以住宅、公寓等物业的底层为其商业、服务业设施的建筑为主，以住宅、公寓等物业的低层为次。社区底商的选址一般在住宅项目的主要入口。物业形态为裙楼商业。服务人口为5 000人左右。

社区商业街是指位于住宅社区内以平面形式按照街的形态布置的单层或多层商业物业，其沿街两侧的铺面及商业楼里面的铺位都属于商业街商铺，社区商业街内的商铺多为独立铺位。因为在住宅开发较活跃的区域，若大型商业配套设施比较缺乏，仅仅靠小区周边商业配套就不能充分满足居民的日常生活需要，于是社区商业街应运而生。它介于社区底商和社区

商业中心之间，起到良好的补充作用。社区商业街的主要职能是以先进的商业形态、完善的商业业态和优美的商业环境，在满足社区居民日常生活需求的同时，更注重提供文化娱乐、休闲服务等多元化、个性化的综合性消费。社区商业街的选址一般位于住宅项目的主要入口及主轴线。物业形态为按照街的形态布置的单层或多层物业。服务人口为 2 万~5 万人。

社区商业中心也被称为社区商业广场，是社区商业的最高组织形式，它是各类社区商业网点的集合体，是各种业态的社区商业服务网点相对集中的商业地域。随着房地产大盘时代的到来，为了节省社区居民生活购物的时间成本，社区商业中心以其高度集中的商业运作模式而迅速受到人们的青睐，它服务于社区中各个组团区域及辐射区域，顺应了时代的要求。社区商业中心的物业形态为各类商业网点的多层集中式商业，服务人口为 3 万~4 万人。商业业种业态在 20 个以上，包括超市、水果店、便利店、餐饮店、药店等，具备购物、餐饮、修理、理发、洗衣、家政、再生资源回收等功能。

（二）外向型社区商业、中间型社区商业和内向型社区商业

不同的社区商业因为其规模、业态组合、所处区域特征、社区商业的辐射力、商业与住宅的关系、商业与核心商圈内人口的关系等条件的不同，会导致吸引外来消费群的数量也有所不同。社区商业按对外经营的强弱程度，可分为外向型社区商业、中间型社区商业及内向型社区商业三种类型。

外向型社区商业是指在满足本社区居民的前提下，吸引大量的外部消费群以支撑经营的社区商业类型，通常商业体量较大，是三种类型当中对外经营性质最强的社区商业类型。外向型社区商业的商业面积与住宅面积之比一般为 5%~11%，需要外部较大规模消费群来支持商业的正常经营，对周边商业环境要求高，需要周边环境能够提供足够的人流和良好的商业氛围。

中间型社区商业是立足于本社区居民，兼顾外部消费群的社区商业类型，兼有内外向型社区商业的部分特征。中间型社区商业的商业面积与住宅面积之比一般为 2%~5%，商业体量一般，在依赖本社区居民的需求的基础上拥有部分外部消费群，对周边商业环境要求一般。

内向型社区商业则是在规划时基本只考虑本社区消费群的社区商业，通常商业规模以本社区居民消化程度为限。内向型社区商业的商业面积与住宅面积之比一般为 2%左右，商业体量小，完全依赖本社区居民的需求，基本不考虑社区商业的对外性，对周边商业环境要求较低。

影响社区商业对外经营强弱的因素较多。社区商业的规模就是其中一个重要因素。在一般情况下，社区商业的规模越大，人均商业面积越高，其商业的对外经营性质越强。业态比例也在一定程度上决定着社区商业对外性质的强弱。同样的商业规模有时会因业态比例的不同而导致对外辐射的强弱有所差异。除了商业规模和业态组合外，影响社区商业对外经营强弱的因素还包括所处区域特征、社区商业的辐射力、商业与住宅的关系、商业与核心商圈内人口的关系等。

三、国外的社区商业

从国外社区商业发展的成熟经验及目前城市发展进程的趋势来看，社区商业应该是一种以社区范围内居民为服务对象的，以便民、利民，满足和促进居民综合消费为目标的属地型商业。在国外社区商业占到城市商业的 60%～70%，可以看出，社区商业是国外城市商业中一个重要组成部分。

在国际上，因为地域不同、经济情况和社会文化差异，各国对于社区商业的理解不同。社区商业在发展上呈现不同的特点。

（一）日本的社区商业

"商业街协同组合"是日本颇具传统特色的一种社区商业中心。以日本东京都神乐坂商业街为例，东京都神乐坂商业街位于东京"山手线"轨道电车环线内，在东西线的神乐坂站到饭田桥站之间，是典型社区商业街。类似于这样的商业街，在东京极为常见，但这类商业街道又颇具日本特色。这种社区商业不仅有利于日本中小商业企业的生存和发展，同时还保护了日本的传统城市文化特色。东京都神乐坂商业街有一百多米长的步行街道，街道两侧散落着 248 家店铺，包括了传统杂货店、24 小时便利店和中型超市，甚至还有花店、生鲜铺、美容店、迷你高尔夫馆以及证券营业所等。比较值得一提的是，日本的便利店具有复合功能，满足了居民的"一站式"要求。在日本的便利店，除了能买到日用商品，便利店还可以代收水电煤气等各种费用，可以代售车船票，另外还提供快递业务等。有些 24 小时便利店甚至还设有取款业务，给附近的社区居民带来了许多方便。

（二）澳洲的社区商业

澳洲的社区商业，是随着澳洲住宅地产开发向郊区拓展而开始的。在 20 世纪 50 年代，为满足和方便郊区的居民日常性购物，社区商业诞生。澳洲社区商业的模式为主力店+各种专卖店。主力店的租金价格最低，占总商业面积的 50%～70%，澳洲社区商业利用主力店带动人气，来吸引专卖店入驻。专卖店往往是连锁加盟店，涉及人们日常生活的零售业态，约有二十多个业种。

（三）美国的社区商业

美国的社区相对独立，社区之间相隔较远，所以每个社区商业业种配置较为齐全，超市、餐饮店、洗衣店、宠物店、银行、邮局等一应俱全。美国社区商业中心以大型超市或购物中心为核心，呈块状发展，与周围的文化娱乐等设施连成一体，区型特点比较明显。美国的社区商业主要满足社区居民的日常生活，同时还向社区居民提供丰富的服务项目和休闲娱乐项目。

（四）德国的社区商业

在德国"以人为本"的理念贯穿社区商业规划。例如 5 分钟步行范围内，可以到达日常用品店、杂货店、超级市场、理发店、幼儿园、初级小学、医疗服务中心、社区俱乐部以及轨道交通车站等。通过轨道交通，在 30 分钟车程内，可以到达城市各类工作就业部门。

（五）新加坡的社区商业

在新加坡，按服务住户的数量不同将社区商业为三种类型。第一类，是邻里商业。每 1 000～1 200 套住户配套建设一个邻里商店。邻里商店以经营生活必需品为主，商业组合较为简单，主要为普通日用品商店和餐厅。第二类，是邻里中心。每 6 000～8 000 套住户配套建设一个邻里中心，邻里中心以经营中档商品为主，商业业态业种组合通常表现为普通日常商品商店、餐馆和诊所。第三类，是新镇中心。每 40 000～60 000 套住户配套建设一个新镇中心。新镇中心以经营高档商品为主，商业业态业种组合为超级市场、百货公司、高档商品商店、餐馆、银行、邮政局以及娱乐设施等。

第二节　物业管理与社区管理

一、物业管理的概念和特点

（一）物业管理的概念

"物业"一词在英文里被称为 property 或 estate，其含义为财产、资产、地产、房地产、产业等。物业已形成一个完整的概念，是指已经建成并投入使用的各类房屋及其与之相配套的设备、设施和场地。

物业管理有狭义和广义之分。狭义的物业管理是指业主通过选聘物业服务企业，由业主和物业服务企业按照物业服务合同约定，对房屋及配套的设施设备和相关场地进行维修、养护、管理，维护物业管理区域内的环境卫生和相关秩序的活动。广义的物业管理除了包括委托物业服务企业的管理，还包括业主共同管理的过程或者其他管理人进行的管理过程。以下我们提到的物业管理均为狭义的物业管理。

（二）物业管理的特点

物业管理具有以下几个特点：第一，物业管理机构的专业化，从事物业管理的企业必须是有相关资质的物业管理公司；第二，物业管理形式的规范化，我国物业管理经过多年的发展，物业管理的形式日趋规范；第三，物业管理关系的契约化，物业管理公司主要是通过与业主订立契约，缔结物业管理关系；第四，物业管理职能的社会化，物业管理职能的实现也是其社会价值的实现；第五，物业管理过程的市场化，业主可以通过法定程序更换物业管理公司，让市场决定物业管理公司的优胜劣汰。

（三）物业管理的分类

物业管理可以分为居住物业、商业物业、工业物业和其他用途物业。

居住物业是指具备居住功能、提供人们生活居住的建筑，既包括住宅小区、单体住宅楼、公寓、别墅、度假村等，也包括与之相配套的共用设施、设备和公共场地。

商业物业也称为投资性物业，是指那些通过经营可以获取持续增长回报或者可以持续升值的物业，这类物业又可大致分为办公物业和商服物业。办公物业是从事生产、经营、咨询、服务等行业的管理人员办公的场所，它属于生产经营资料的范畴。商服物业是指各种供商业、服务业使用的建筑场所，包括超市、餐饮、酒店、仓储、休闲娱乐场所等。

工业物业是指为人类的生产活动提供使用空间的房屋，包括轻、重工业厂房和发展起来的高新技术产业用房以及相关的研究与发展用房及仓库等。

其他用途物业是指除了上述物业种类以外的物业，也被称为特殊物业。这类物业包括飞机场、车站、码头、高速公路、桥梁、隧道、赛马场、高尔夫球场、汽车加油站等物业。

二、物业管理的内容

（一）常规管理

物业管理企业负责物业区域内下列管理事项：

（1）物业及配套设备设施的维修养护管理，确保处于良好运行状态。

（2）物业区域的安全防范工作。

（3）物业区域公共环境卫生工作。

（4）物业区域公用地绿化美化工作。

（5）物业区域的车辆管理工作，统一车辆停放，保持道路畅通，确保用户车辆安全。

（6）物业区域有关档案资料保管工作。

（7）其他有关物业区域公共秩序的管理工作。

（二）特约服务

物业管理企业可以接受业主和使用人的特别委托，为其提供物业服务合同没有约定的服务项目，如代订报刊、代聘保姆等。

（三）多种经营

物业管理企业可自行或联合其他机构在物业区域开展多种经营业务，既可方便业主，又可弥补物业管理服务收费的缺陷，实现以业养业，如开设超市、托管等。

三、物业管理的发展沿革

在国外，物业管理已经有一百多年的历史。现代意义的物业管理作为一种不动产管理模式起源于19世纪60年代的英国。当时，英国开始了工业革命，随着工业革命的发展，大量人口从农村涌向城市，造成城市住房空前紧张。当时英国的房屋租赁市场混乱，居民的住宅环境恶劣，住宅设施简陋，拖欠租金的情况也相当严重。在1880—1886年期间，英国有位叫奥克维亚·希尔（Octavia Hill）的女士为其名下出租的物业制定了规范租户行为的管理办法，使得租赁秩序得到调整，使业主与承租人之间的租赁关系得到改善。这一做法首开物业管理的先河，世界各国纷纷效仿。1908年，由美国芝加哥大楼的所有者和管理者乔治·A.霍尔特（George. A. Holt）组织的芝加哥建筑物管理人员组织（CBMO, Chicago Building Managers Organization）召开了第一次全国性会议，宣告了全世界第一个专门的物业管理行业组织的诞生。

相对于国外，中国的物业管理起步较晚，属于新兴行业，始于20世纪80年代初。最早的物业管理开始于深圳经济特区。1988年伴随深圳住房制度改革，房管制度的革新也连锁展开，物业管理迅速发展。后来，物业管理逐步由沿海发达城市，向内陆地区延伸。由于我国物业管理行业市场化程度较低，行业在发展的过程中出现过不少问题。在行业初创的很长一段时间里，物业管理企业服务水平良莠不齐，管理价质不符，违规、侵权的现象时有发生，投诉率居高不下。

现在，中国的物业管理市场已日渐成熟，政府更加重视物业管理行业的规范和监管，物业管理法规也更加完善。2003 年 9 月 1 日，我国第一部《物业管理条例》正式施行，对规范物业管理，维护业主和物业管理企业的合法权益，改善人民群众的生活和工作环境，提供了重要的法律依据。

四、社区管理与物业管理的关系

（一）社区管理与物业管理的区别

1. 概念不同

社区管理，也被称为社区行政，主要是指一定的社区内部各种组织，为了维护社区的正常秩序，满足社区居民物质生活、精神生活等特定需要而进行的一系列的行政管理或自我管理的活动。

物业管理是指业主通过选聘物业服务企业，由业主和物业服务企业按照物业服务合同约定，对房屋及配套的设施设备和相关场地进行维修、养护、管理，维护物业管理区域内的环境卫生和相关秩序的活动。

2. 性质不同

社区管理带有明显的行政主导性，虽然涉及多个主体，但政府主体扮演着重要角色，政府行为在社区管理中起着首要作用。而物业管理则是物业管理企业供给业主的有偿服务，具有明显的市场性。

3. 主体不同

社区管理是由多元主体参与的管理活动。社区管理的主体包括了街道办事处、派出所、居委会和驻社区企事业单位、居民等。其中，街道办事处作为设区的市和市辖区人民政府的派出机关，以行政主体的身份施展着直接的指示作用，派出所作为公安局的派出机构在社区管理中起着秩序维护作用，居民委员会作为居民自治组织在社区管理中起到了首要的协调作用，驻社区企事业单位、居民在社区管理中主要是行政管理关系中的行政相对人和被管理人，另外驻社区企事业单位、居民还在自我管理活动中扮演着重要作用。物业管理的主体包括了物业管理企业和业主，以及前期物业管理阶段的开发建设单位，各主体之间主要是商业服务方面的关系。

4. 管理区域不同

从管理区域来讲，社区管理管辖的区域范围较物业管理的区域更广，它涉及多个物业管理的区域，并且还包括连接几个物业管理区域的地域范围。而物业管理的管辖区域仅限于一个物业涉及的区域。

5. 管理内容不同

从管理内容来讲，社区管理内容要比物业管理的范围广得多，除了包括物业区域的物业管理外，还包括计划生育、公安、市容、环卫、城建等部门在社区计划生育、户口、社会治安、环境卫生、社区文化、党的政策宣传等方面的行政管理。从管理体制上看，主管部门、居民委员会还会指导和监督业主委员会和物业管理企业的工作。而物业管理的内容如前所述，仅限于与物业相关事务的管理，包括了物业区域的环境卫生、安全防范、绿化、车辆管理等常规服务、特约服务和多种经营。

（二）社区管理与物业管理之间的联系

社区管理和物业管理不是相互对立或截然分开的，而是相辅相成、互相促进的关系。

物业管理的质量在一定程度上影响社区管理的质量。社区管理的外延包括了物业管理，物业管理是社区管理的重要组成部分。首先，从硬件管理方面，物业管理是社区管理内容中根基性的工作之一。物业管理所从事的安保、保洁、绿化、物业公共设施设备的维修养护等工作，正是社区管理中治安、卫生、环境等最基础性的工作之一。其次，从文化建设方面来讲，物业管理企业的作用也是不可小视的。物业管理企业在社区中组织和开展的各种形式多样、健康有益的社区文化运动，不仅有利于丰富社区居民的精神文化生活，而且有助于增进社区居民和谐关系，加强业主的认同感、归属感和幸福感，提升社区的文化生活水平。另外，从其他领域上讲，物业管理公司也可能起到协助或推动作用。例如，在政府授权和有偿服务的前提下，在流动人口管理、生育、劳动就业等不属于物业管理服务的领域，物业管理企业协助政府有关部门完成相关工作，在客观上也支持和推动了社区管理工作的进行。

社区管理的优劣也影响物业管理的发展。社区管理得好，社区功效完善，行政措施到位，社区规范有序，秩序井然，环境优美，宜居安全，居民身心舒适，素质进步，各主体关系和谐，自觉执行职责，这有助于物业管理制度的有效遵循和履行，有助于业主自律机制的建立，有助于抵触和纠纷的减少，物业管理自然事半功倍。

（三）社区管理和物业管理如何联动实现宏观共同目标

虽然社区管理和物业管理有诸多方面的差别，但是从宏观目标上说，两者的目标是一致的。社区管理和物业管理的目标都是以人为本，为了居民安居乐业，提升居民的居住质量和幸福指数，营造社区安全稳定、舒适健康的居住环境，提升居民的精神生活水平，增进社会的和谐、文明和发展。

如前所述，社区管理和物业管理既存在区别，不能等同，不能相互替代，但同时它们也相辅相成，相互促进。怎么让社区管理和物业管理相互配合，相得益彰，为实现共同目标，发挥出最大作用呢？

1. 发挥社区管理主体对物业管理的领导作用

一是社区管理要发挥领导作用的同时，重视物业管理中的自我管理。社区管理要坚持属地管理的原则，对地域管辖范围内的物业管理起到领导作用。另一方面坚持条块联合，在坚持对辖区内各个物业的物业管理公司分别管理的同时，把各个物业的管理联合起来，实现块的联合。建设部颁布的《业主人会规程》指出，街道办事处负有组建业主大会和规范业主委员会运作的领导责任。街道办事处应当根据社区实际情况，落实专门部门，配备专职人员，负责业主大会的召开和业主委员会的成立、改选工作，发挥居民区党组织对小区人员情况充分了解的优势，帮助业主将热心公益事业、责任心强、公正廉洁、具有组织能力的业主推荐为业主委员会成员，避免出现业主委员会脱离社区党组织领导的情况。同时，进一步加强业主大会、业主委员会自我管理的能力。

二是帮助解决物业管理中的涉及公共行政的问题。物业管理具有区域性、综合性和动态性的特点。物业管理中存在的问题，往往涉及公安、绿化、市容环卫、城管等多个职能部门。街道办事处作为设区的市、市辖区人民政府的派出机关，派出所作为县（市）、区公安（分）公安局的派出机构，都具有行政主体资格，在处理涉及公共行政的问题上，具有无可比拟的行政优势。街道办事处和派出所等社区行政主体可以协助解决物业管理问题，积极化解物业管理方面的抵触纠纷，为社区居民拥有安全、稳定、舒适、卫生的社区环境提供坚实的保证。

2. 物业管理企业积极参与社区管理，形成物管社管联动的新模式

物业管理和社区管理可以联手合作，形成思想工作联抓、公益事业联做、文体运动联搞、思想道德教导联手、社会治安联防、困难群体联帮的物管社管联动新模式。从做法上来看，一是，物业管理企业以搞好物业管理服务本职工作为基础，参与社区管理。社区管理包含了物业管理，物业管理是社区物业管理的一个重要组成部分。完成好物业管理服务的本职工作，也是在积极参与社区管理服务工作。二是物业管理企业可以以开展丰富多彩的文体活动为载体，参与社区文化建设。物业管理企业可以与驻区单位共同以多种形式开展文体活动，如小区露天电影、少儿绘画大赛、小区广场音乐会、小区业主文娱联谊活动、协助社区组织孤寡老人参观旅游等，参与社区文化建设，丰富居民文化生活，努力营造和谐生活小区。三是物业管理企业要充分发挥党员的作用。物业管理企业中有部分在职党员，要充分发挥他们的模范带头和联系作用，一方面紧跟社区党组织的领导，另一方面密切联系群众，参与社区管理建设。物业管理企业可以在社区党组织的组织和领导下，积极组织参与社区管理的各项工作。四是物业管理企业要以建立志愿者队伍的方法，参与社区服务系统建设。物业管理企业应当以党员为领导，积极员工为主体组成志愿者队伍，开展有益的志愿活动，发挥物业管理企业熟悉地域和居民的优势，协助社区管理主体搞好社区服务。

社区管理要为物业管理创造好的发展环境，物业管理也要在社区管理过程中积极参与，提供协助，通过相互配合，为居民提供社区安全稳定、舒适健康的居住环境，提升居民的精神生活水平和幸福指数，促进社会的和谐、文明和发展。

【本章小结】

社区商业服务是一种以社区自身及近区域范围内居民为服务对象的，以满足和促进居民综合消费为目标的属地型商业服务。

社区商业服务具有属地性。社区商业服务的对象具有特定性。社区商业服务的内容具有综合性和便利性。

按不同的划分标准，可以将社区商业服务分为不同的类别。以承载商业主体的集散程度及整体布局的不同，社区商业主要表现为社区底商、社区商业街、社区商业中心三种形式。按对外经营的强弱程度，社区商业可分为外向型社区商业、中间型社区商业及内向型社区商业三种类型。

在国际上，因为地域不同、经济情况和社会文化差异，各国对于社区商业的理解不同。社区商业在发展上呈现不同的特点。"商业街协同组合"是日本颇具传统特色的一种社区商业中心。日本的便利店具有复合功能，满足了居民的"一站式"要求。澳洲社区商业的模式为主力店+各种专卖店。美国社区商业中心以大型超市或购物中心为核心，呈块状发展，与周围的文化娱乐等设施连成一体，区型特点比较明显。在德国"以人为本"的理念贯穿社区商业规划。居住区相关设施的分布与居民住宅到达这些设施的时间距离相关。在新加坡，按服务住户的数量的不同其社区商业存在三种类型：邻里商店、邻里中心和新镇中心。

"物业"一词在英文里被称为 property 或 estate，是指已经建成并投入使用的各类房屋及其与之相配套的设备、设施和场地。狭义的物业管理是指业主通过选聘物业服务企业，由业主和物业服务企业按照物业服务合同约定，对房屋及配套的设施设备和相关场地进行维修、养护、管理，维护物业管理区域内的环境卫生和相关秩序的活动。广义的物业管理除了包括委托物业服务企业的管理，还包括业主共同管理的过程或者其他管理人进行的管理过程。

物业管理有以下几个特点：物业管理机构的专业化；物业管理形式的规范化；物业管理关系的契约化；物业管理职能的社会化；物业管理过程的市场化。

物业管理可以分为居住物业、商业物业、工业物业和其他用途物业。

物业管理的内容分为常规管理、特约服务和多种经营。其中，常规管理包括物业及配套设备设施的维修养护管理，确保处于良好运行状态；物业区域的安全防范工作；物业区域公共环境卫生工作；物业区域公用地绿化美化工作；物业区域的车辆管理工作，统一车辆停放，保持道路畅通，确保用户车辆安全；物业区域有关档案资料保管工作；其他有关物业区域公共秩序的管理工作。

在国外，物业管理已经有一百多年的历史。现代意义的物业管理作为一种不动产管理模式起源于 19 世纪 60 年代的英国。相对于国外，中国的物业管理起步较晚，属于新兴行业，始于 20 世纪 80 年代初。最早的物业管理开始于深圳经济特区。

社区管理与物业管理既有区别，又有联系。它们的概念不同、性质不同、主体不同、管理区域不同、管理内容也不同。但是，社区管理和物业管理不是相互对立或截然分开的，而是相辅相成、互相促进的关系。物业管理的质量在一定程度上影响社区管理的质量。同时，社区管理的优劣也影响物业管理的发展。

虽然社区管理和物业管理存在诸多方面的差异，但是从宏观目标上说，两者是一致的。社区管理和物业管理应当联动实现宏观共同目标。一方面，要发挥社区管理政主体对物业管理的领导作用。另一方面，也要发挥物业管理企业自身作用，积极参与社区管理，形成物管社管联动的新模式。

【思考题】

1. 社区商业服务的概念是什么？社区商业服务有哪些特点？
2. 社区商业服务可以分为哪些类别？说一说这是按什么标准做的划分。
3. 社区商业服务定位和社区定位是不是一回事，它们有什么联系？
4. 什么是物业管理？
5. 物业管理有哪些特点？
6. 物业管理有哪些内容？
7. 说一说社区管理与物业管理的区别和联系。
8. 如何实现社区管理和物业管理的联动？

第八章　社会工作方法

【本章概览】

本章将重点对个案工作、小组工作、社区工作三种方法作介绍。

【学习目标】

重点学习个案工作、小组工作、社区工作的服务方法与技巧，熟练掌握并应用于具体实践服务过程当中。

【案例导入】

社会工作介入老旧小区自治模式
——以新胜村社区老旧小区居民自治社会工作专业服务项目为例
（资料来源：重庆仁爱社会工作服务中心）

城市老旧小区（以下简称老旧小区）是 20 世纪 80 年代前后陆续建成的居民住宅小区，住房产权为单位所有，小区具体事务由单位或是由从属于单位的家属委员会管理；住房体制改革后，小区房屋产权归单位职工所有。老旧小区基础设施配套不全，伴随社会变迁与发展带来了诸多矛盾，出现小区管理无序、社区制度建设滞后、社区组织体系不够健全、社区治理资本过少等；单位记忆的延续与社区记忆的缺失造成了社区参与度低、人际信任缺失等问题。在环境治理方面，没有物业管理单位、物业管理单位收费困难是老旧小区的通病，也是"脏、乱、差"的根源之一。从根本上改善老旧小区现状，为老旧小区的居民创造一个安全、有序、和谐、幸福的居住环境，是现阶段各级政府和社会面临的一个严峻问题。

近年来，政府越来越重视对社会工作服务的购买，社工工作在社区自治中也将发挥极其重要的作用。将社会工作介入老旧小区居民社区自治服务中，可以促进居民对社区的参与度，实现民主决策、民主参与、民主管理。这不仅适合社区治理的发展方向，也将推进社会工作在社区自治中的运用，探索老旧小区的自治模式。虽然越来越多的社会组织开始介入老旧小区居民自治服务项目，但是社会工作介入老旧小区居民自治的服务在重庆开展并不多，重庆仁爱社会工作服务中心为探索社会工作介入老旧小区居民自治模式，于 2014 年 3 月开始在新胜村社区开展居民自治服务。

一、社工介入老旧小区自治的背景

新胜村社区一共 53 栋楼房，有物业管理公司的共 12 栋，其他的都是散居民楼栋，共占总楼栋的 77%。这些散居民楼栋都是以前的单位职工房，住房体制改革后，单位不再负责职工居住区的管理；且这些楼栋所属单位较多，楼栋分散，更不利于管理。

但是在社工进入此社区之后，我们运用优势视角的理念，看到了社区居民在自我管理方面的资本和优势。首先，居民来自社区、生活在社区，对居民的需求最知情、了解最透彻，也更容易发现社区的资源。其次，社区还有相当一部分对小区的管理方式和管理模式相对比较熟悉的居民，他们大多是体制改革前管理小区的工作人员，他们对于社区治理有一定的而经验。再次，老旧小区的历史较长，之前都是一个单位的工作人员，彼此熟悉，信息流通快，易于接受监督，信任感较易建立，自治阻力相对较小。

二、社会资本视角下的社区自治模式

社会资本是指社会主体（包括个人、群体、社会甚至国家）间紧密联系的状态及其特征，具表现形式有社会网络、规范、信任、权威、行动的共识以及社会道德等方面。社会资本存在于社会结构之中，是无形的，是人与人之间的联系，存在于人际关系的结构之中，通过人与人之间的合作进而提高社会的效率和社会整合度。

新胜村社区社工站以社会资本中的个体资本、文化资本、关系资本和组织资本为服务切入点，通过社工专业方法整合社区资源，推动新型社区社会工作专业发展，探索新型社区服务模式；通过培育、打造、发展社区居民组织，提升居民参与意识和能力，实现居民自我组织、自我管理、自我参与、自我服务。

（一）走访困境人群，提升居民个体资本

个人作为社区当中的个体资本有着重要的作用。因此，应将个体人力资本转化到社区中形成组织资本，这也是增强社区凝聚力与居民归属感的一个重要手段。对于社区内的特殊群体，社工进行了常规家访，对于处于困境中的个体，社工给予专业的个案服务，积极将这些负资本转换成正资本。在增强社区个体资本方面，社工不仅关注负资本的转换，也会关注正资本的加强。社工通过社区走访，去发掘有组织能力、号召力的居民，通过参与社区活动的策划、参与居民小组长会议等，逐渐将其培养成居民领袖。

（二）构建支持网络，增强居民关系资本

社会支持理论重视个人从人际关系中得到的资源，以及社会系统中各种资源的流通。社会支持理论能给需要帮助的群体提供全方位的服务，能在个人或社会的矛盾出现后迅速做出全面的分析并采取相应的措施。因此，构建良好的社区支持网络能够促进解决社区居民在适应问题和社会共融过程中出现的不协调问题。老旧小区在社会变迁过程中，原有人际关系网络被打破。要促进居民自治，需帮助居民提供构建新的人际关系的渠道，以促进居民融合。

在项目实施过程中，为了促进居民之间的关系，针对社区内有共同需要的居民，社会工作者通过开设"老友一家亲""丝网花兴趣小组"等小组活动去促进小组成员的关系。社区资本应是由具有共同价值取向的同质人口组成的关系密切、出入相友、守望相助、富有人情味的社会关系共同体，人际信任是其中很重要的一项指标。社工通过小组活动、社区游园活动等方式，去促进居民互动，以增进居民关系，为社区自治构建良好关系资本，让居民自治有更为广泛的支持基础。

（三）倡导兴趣培养，丰富居民文化资本

文化资本的丰富是社工在项目开展过程中很重视的一个方面，在文化资本方面，社工最强调内涵文化资本和制度文化资本的丰富。

在内涵文化方面，社工通过开放科普活动室和阅览室、举办居民座谈会、主题知识讲座、兴趣小组等，去丰富居民的个体文化资本，增强居民基本生活常识，提高居民动手能力。在制度文化资本方面，社工通过组织召开居民大会、自管组会议，在归还居民"参与权"的同时，促进居民对于社区自治方面制度建设的发展，以夯实自治过程的制度资本。社工强调文化资本的重要性，不仅是强调个人文化资本的丰富，更是希望通过丰富个人文化资本，以促进文化的传播和影响，并成为居民在自治过程中的价值支撑，比如通过引导居民互助、学习简单手工，小则可自助，大则甚可称为自治过程中的价值积累。

（四）建立社区组织，发展居民组织资本

在工作开展期间，社工组织居民召开居民院坝会议、圆桌会议，并组建了社区治安巡逻队、老年合唱团、环境卫生自管组等社区自组织和社区自治组织，通过这些组织实现一部分居民的自我管理和服务。

成立社区自组织是实现居民自治的方法和途径。在制度形态方面，社工通过社区走访、楼栋长会议、居民小组长会议、居民大会去了解居民的意见和需求，并在此基础上了解到居民对于规则的重视。原有自管组的解散也正是有由于居民对自管组运行方式和管理办法的不认同。自管组重建的一个重要点就是管理办法要由居民共同讨论并制定。截止目前为止，社工已在新胜村建立起治安巡逻队、老年合唱团组织。在后期工作期间，社工将对已经成立的自管组进行团队能力建设，规范志愿者管理制度，并根据居民需求与社区的实际情况，建立适切社区的自组织，构建、完善社区互助网络。通过成立这些自组织，实现居民自助与互助。

三、探讨与评论

社区在发展、建设与治理的过程中同样存在其他的问题，在新胜村老社区表现得最为明显的就是居民通常分为三种类型的住户，一类是常驻老居民，这类居民一般为单位职工，居住时间长达30多年；二类是新居民，这类居民通常为买房入住居民，居住时间稍短；三类是流动住户，这类住户一般是短期租赁户。此三类住户在生活习惯上存在很大差异，对社区的认识也大有不同，彼此之间交往频率低、层面浅，信息流通不顺畅，感情交流不足，价值认同缺失，甚至相互排斥。

在目前的新胜村老旧小区管理中，小区主体更多的是单向行动，仅从自己的角度提出问题或解决问题，彼此间缺乏联系、沟通、协商与合作，得不到其他主体的支持，甚至产生矛盾，形成了组织或个人"英雄式"单打独斗、孤立无援甚至互相矛盾的场面，尽管目前成立了环境卫生自管组，但是仍有很多自管组可以解决的问题居民还是会单独向社区反映，居民对于自管组的信任、或是居民与居民之间的信任感仍不足够，或是对于自管组的意义并没有深刻理解。

因此，为了促使现住居民适应生活的环境，融入社区生活，社工可以借助游园活动、亲子活动、主题讲座、座谈会等方式促进居民关系，从推进理念创新、制度创新、组织创新、教育创新促等方面切入，促进居民参与，增强他们对参与社区事务的兴趣。通过这些方法与手法，不同类型的居民都能认识到社区参与的重要与意义，完全参与到社区治理中。

第一节　社会工作方法之个案工作方法

个案工作，即社会个案工作，是从英文 social case work 翻译过来的。个案工作是社会工作传统的三大方法中形成最早的方法，也是其他方法的基础，它以个人和家庭为服务对象，通过直接的、面对面的沟通来提供服务。本节主要介绍个案工作的含义、特征、主要模式及工作方法等。

一、个案工作的含义

（一）个案工作的定义

自从社会工作作为一项助人的专业在英美产生之后，许多个案工作的专家和学者都在尝试从不同角度界定个案工作，这里仅介绍几个有代表性的定义。

社会工作的先驱玛丽·芮奇蒙（Mary Richmond）1922 年在她的《什么是社会个案工作》一书中认为，个案工作包含着一连串的工作过程，它以个人为着手点，通过对个人及其所处的环境作有效的调整，以促进其人格的成长。

美国学者高登·汉密尔顿（Gordon Hamilton）认为，社会个案工作是一种与人工作的艺术，即社会工作者与不同的人一起工作以达到个人对社会的更好适应状态。在汉密尔顿看来，所有社会适应不良的问题都是"社会—心理"即内部与外部相互作用的结果，而且大部分个案问题都是人际的，即不是一个人的问题，而是涉及个人与家庭、个人和家庭与其周围环境之间关系性质的问题。

美国社会工作者协会 1965 年出版的《社会工作百科全书》对个案工作界定为："个案工作所注重的不是社会问题本身，而是'个案'，尤其注重为社会问题所困或无法与社会环境或关系圆满适应的个体或家庭。个案工作的目的在于帮助人与人或人与环境的适应遭遇困难的个人及家庭，恢复、加强或改造其社会功能。"

1994 年 5 月出版的《中国社会工作百科全书》在研究总结既有定义基础上，对个案工作做了如下概括："社会个案工作是社会工作中的一种基本方法，单以个别方式，对感受困难、生活失调的个人或家庭（案主）提供物质帮助、精神支持等方面的服务以解决他们的问题，增强其社会适应能力。"

综合上述看法，我们可以这样界定个案工作：个案工作是由专业社会工作者运用有关人与社会的专业知识和技巧为个人和家庭提供物质或情感方面的支持与服务，目的在于帮助个人和家庭减低压力、解决问题，达到个人和社会的良好福利状态。在个案工作中，工作者在与案主彼此信任合作的和谐关系中，充分调动案主本身的潜能与积极性，共同探讨、研究案主的问题、家庭及社会环境，运用案主本身及外部资源，增进案主解决问题的能力，达到帮助案主成长的目的。

（二）个案工作的特点

我们可以从以下几个方面来理解个案工作的特点。

1. 重视个人的独特性

每个人都是独特的，个人问题的性质和原因都有所不同，而每个人的处理方式和思考习惯也是不同的。个案工作最基本的精神是重视个人这种独特性，将每个个体当作与众不同的个人看待，相信每个人对其本身所遭遇到的情境、问题或困难必然有自己的看法和感受，主张以艺术化而不是公式化和刻板化的方式，运用专业知识帮助案主。

2. 秉持"人在情境中"的理念

"人在情境中"的理念是了解个人适应问题的基本核心观念。每个人是与其生活环境相互作用的，个人的行为受其心理和生理力量、社会文化和物理环境的制约。所以，当案主处在压力情境里，面临生活适应困难而寻求帮助时，工作者特别要重视个人与社会环境因素影响的各种原因，以便能致力于满足个人内在需求，促使其社会关系的充分发展。

3. 强调服务手法的专业性

个案工作的过程就是工作者与案主的互动过程，这种互动表现出较强的专业性特点。首先，整个互动过程中，个案工作者必须运用科学的知识和专业的方法，必须遵循严格的程序，按照科学的步骤进行。其次，个案工作者必须遵守一定的互动规则，如对案主要真诚、接纳、同感等。再次，个案工作不同于一般的社会交往，它不会为追求关系的融洽而极力回避不愉快的话题，需要工作者给予极大的耐心和爱心。

4. 重视案主的参与和自决

个案工作的目的不是消极地解决问题，为案主提供现成的方法或援助，而是积极地助人自助，协助案主了解自身问题的原因、处理方式等问题，帮助案主学习用新的方式面对问题，以提高案主解决问题的能力和水平。因此，个案工作的助人原则不是直接地为案主解决问题，而是社会工作者和案主一起寻求各种可能解决问题的方法，并由案主自己决定和采取积极行动去解决问题。

5. 强调专业关系的建立和运用

个案工作者与案主的关系是专业性的关系，即个案工作者凭借专业知识与技巧协助案主发挥潜能，调整态度，从而解决案主问题并增进案主的潜能。良好的专业关系是达成这一目标的基础和手段。个案工作者不仅要在理性上客观地了解案主的问题，避免涉及不适当的道德偏见与价值观，并且也应避免过度的同情，从而影响到对案主的服务。

6. 善于运用社会资源

案主遇到的问题与其所处的社会环境息息相关，因此，如果只是关注案主内在心理的改变，必然事倍功半。较好的方法是配合运用案主外在环境中的一切人、事、物等资源，协助工作顺利进行。

二、个案工作的主要模式

（一）"社会—心理"治疗模式

"社会—心理"治疗模式是兼顾个人成长过程中的生理、心理和社会方面的因素及三个方面因素相互作用的一种治疗模式。这种治疗模式用系统理论说明人有其共同的心理世界，人又是他生活于其中的环境的一部分。人内部心理和外部环境的互动，产生了人的特定行为和思想特征。这一治疗模式的主要目标在于增强案主的内在心理平衡能力和外在社会适应能力。治疗目标针对案主本身心理状况的叫直接治疗，针对案主社会环境的则称为间接治疗。

1. 理论背景

"社会—心理"治疗模式起源于 20 世纪二三十年代，玛丽·芮奇蒙的《社会诊断》一书尝试将治疗分成"直接治疗和间接治疗"，后来发展为诊断学派。40 年代，汉密尔顿（Gordon Hamilton）出版了《个案工作的基本概念》，对心理和社会治疗的个案工作理论分析模式进行了整理。60 年代，霍丽斯（Floreme Hollis）出版的《个案工作——一种心理与社会治疗》一书则使"社会—心理"治疗模式成为当时个案工作的主流。她认为，个人社会生活功能的丧失或不良是由求助者的内在和外在的因素共同导致的。目前所使用的"社会—心理"治疗模式的基本概念主要来自霍丽斯的总结。

"社会—心理"治疗模式具有较强的开放性，在其发展过程中受到其他各种理论的影响，例如，心理学的精神分析理论、自我心理学和学习理论，社会学的角色理论和互动理论，人类学的家庭理论及系统理论等。"社会—心理"治疗模式将这些理论汇集起来，形成了独特的理论分析模式。

2. 工作内容

（1）协助案主认清其所处的情境和本身的感受，并引导案主把感受表达出来。

（2）促使案主了解其所处境遇的真实状况。

（3）了解影响案主性格的动态因素。

（4）了解案主年幼时的情感生活经验，以及对其目前和未来的影响。

（5）及时提供给案主直接的建议和劝告，使其能妥善处理生活中的问题。

（6）使案主领受到工作者对他的关心、支持和帮助。

3. 工作步骤及技术

"社会—心理"治疗模式的工作流程可以概括为三步，即研究、诊断和治疗。

（1）研究。

"社会—心理"治疗模式的研究过程从工作者与求助者的第一次接触开始，一直延续到整个辅导工作的结束。在与求助者的人际交往中工作者需要把求助者引入到产生其问题的特定的情境中，从求助者具体的人际互动、童年时期的经历中收集、了解有关求助者的资料，并将这些资料综合起来，以便揭示求助者心理困扰和人际关系失调的原因所在。另外，让求助者了解自己所处的实际状况也是十分重要的，尤其需要让求助者发现其自我形象与他人的实际评价之间的差距，这可以增强求助者改变自身状况的需求。

（2）诊断。

诊断是指整理和分析求助者的有关资料，并对其问题的性质、产生的原因以及发展做出评估和推理的过程。在对求助者的心理困扰和人际关系失调做出诊断时，工作者需要注意以下几个方面的问题：第一，工作者在诊断时需要联系求助者意识层面上的和无意识层面上的各种冲突，以便把握求助者问题产生的原因；第二，工作者在诊断时需要把求助者的主观感受和自我形象与实际的客观状况和他人的评价联系起来，以便揭示求助者的自我强度、自我防卫机制和知觉力等方面的问题；第三，工作者在诊断时应避免只局限于对求助者的问题进行考察，还应了解求助者的各种潜能，以便利用求助者的自身资源解决其所面临的困境。

（3）治疗。

治疗是指对求助者的心理困扰和人际关系失调的各方面因素进行修正、帮助和调整，以便使求助者有效适应外部环境，克服各种内心困扰，充分利用自身的潜能健康地发展。"社会—心理"治疗模式的治疗范围一般涉及以下五个方面：第一，减轻求助者的焦虑和不安；第二，减轻求助者的系统功能失调；第三，增强求助者的自我适应功能；第四，开发求助者的潜能，增强求助者的自我实现需要；第五，调整求助者的人际关系，改善求助者的社会生活环境。

（二）危机介入模式

危机是个人或群体在正常社会生活中产生的严重扰乱事故，使其处于预料不到的困境，产生原有能力无法克服的问题。危机介入，是对处于危机状态下的个人、家庭提供一种短期治疗或调适的过程。危机介入模式的主要目标在于增强个人应对问题的能力，使之比危机前更强，并能预防类似危机的发生。

1. 理论背景

危机的概念最早是由林德曼（Erich Lindemann）和卡普兰（Gerald Caplan）在 20 世纪四五十年代提出来的。此后，雷波特（Raport）和巴瑞（Parad）等对危机介入理论进行了推广，使该方法普遍运用于助人专业上。雷波特在 20 世纪 60 年代首先将危机介入理论运用于社会工作实务，80 年代后以危机介入为主的短期干预工作模式已普遍融入社会工作实务中。

危机介入模式以短期干预为导向，协助危机状态中的个人，为其提供快速及短暂调适的专业服务。与其相关的理论包括：

人格理论。人格理论认为，人格是人的特点的一种组织化。人有表现于外的、给人印象的特点，也有未显露的、可以间接测试或验证的特点。这些稳定而又异于他人的特质，给人的行为以一定的倾向性，它表现了一个由表及里、包括身心在内的真实的个人。

自我心理学。埃里克森认为人的自我心理发展经过八个阶段，每一阶段都存在危机，危机的积极解决有助于自我力量的增强，有利于个人适应环境。并且，前一阶段危机的积极解决会增强后一阶段危机积极解决的可能性。

观察学习理论。观察学习理论是由美国心理学家班杜拉创立的一种学习理论。这一理论认为，人类的学习，多数是在社会交往中，通过对榜样的示范行为的观察、模仿而进行的。

2. 工作内容

（1）评估案主的主要问题。工作者需要将自己的注意力集中在案主最近的生活状况上，帮助案主整理自己的想法和感受。工作者还需要对案主采取破坏行为的可能性和危险程度进行评估，以便给予及时的介入和治疗。

（2）稳定案主的情绪，与其建立信任的合作关系。

（3）协助案主解决当前问题。协助案主分析危机产生的原因，并制订以解决当前问题为主要目标的介入计划。

（4）协助案主为未来作计划。

3. 介入步骤及技术

（1）开始阶段。

开始阶段的工作目标主要是与案主建立牢固的专业关系，取得案主的信任。第一次会谈时要搜集案主的基本资料，并将会谈集中在正在经历的危机事件上。工作可以带领案主进入危机事件情境中，帮助其理清感受。这时要搞清楚最大的问题是什么，找出是什么原因引发了问题。当案主的思想澄清时，可以通过布置任务让他感觉自己有做决定的能力，帮助他重建信心。

（2）中间阶段。

工作者要进一步搜集资料，扩大对案主的认识。如，可以把现在发生的事情与案主过去的生活经历相联系，指出前后的因果关系，以帮助案主修正对问题的认识。然后，工作者可以协助案主思考什么样的办法对解决问题有效。这时工作者可以给案主布置作业，促使他改变思考方式，换个角度看问题，从而改变感觉和行动。

（3）结束阶段。

在危机介入的最后阶段，回顾一下开始时双方协议要做的事执行得如何，达到了什么目标。这时可以提醒案主结束工作关系的时候到了，与案主一起回顾已取得的进步，征询案主对今后生活的想法。

（三）任务中心模式

任务中心模式强调先确定目标问题，再分析并诊断问题的原因，然后确定受助者的任务并明确任务完成的期限。此法具有短期个案工作的特征，适用于八类问题：人际冲突、不满意的社会关系、正式组织中的问题、角色困难、社会转型中的问题、情绪问题、资源不足问题和行为问题。其目标是协助案主解决其所关心的问题，给予案主一个好的问题解决经验，增强案主处理未来困难的能力。

1. 理论背景

波尔曼（Perlman）在 20 世纪 50 年代就力图通过将焦点集中在问题解决过程而把个案工作的理论与实务统一起来。她认为，选择和完成任务是人们应对生活问题的重要部分，个人有解决问题的潜能，工作者可透过专业服务过程增强受助者解决问题的能力。1972 年雷德（Willian J Reid）和艾普斯坦（Laura Epstein）在他们的合著《任务中心个案社会工作》中发展了波尔曼的理论，明确提出了任务中心介入模式，即在有限的时间内，将工作集中在由案主选择的、有限的、可达到的目标上，从而提高个案工作的效果和效率。

这一模式兼收并蓄，它尝试从心理社会治疗法中借鉴诊断的知识技巧，从功能模式中借用有限时间的方式，从问题解决模式中借用问题为本的取向，从系统理论中借用部分—整体关系的理论，从角色理论中借用社会互动的概念，还从学习理论中借用社会行为的原则等。

2. 工作内容

（1）协助案主澄清问题，给予清楚的定义。

（2）拟定契约，得到双方的共识，作为工作过程的导引。

（3）具体分析问题，减少案主在执行过程中的阻力。

（4）帮助案主选择任务，予以承诺，同时激发案主动机。

（5）与案主回顾工作过程，给予回馈，作为案主发展新任务的参考。

（6）当资源匮乏时，工作员可作为案主的支援系统。

（7）协助案主决定需求，并修改为有助问题解决的行动和信念。

（8）评估任务完成效果，个案追踪。

3. 工作步骤与方法

（1）开始接触、探索和协议阶段。

社会工作者首先要鼓励案主表述自己的问题，鼓励案主宣泄感情。这时工作者要给予及时的帮助，帮案主确定一些小的可达到的目标。工作者要向案主解释"任务中心"模式，如时间限制、优先要考虑的问题、需要介入的人（如家庭成员等），要帮助案主定义问题，与案主决定"目标问题"。可以选择三个优先考虑的问题，由案主排次序，确定问题的性质，与案主讨论制定任务协议。

（2）阐述目标及要完成的任务。

如果"目标问题"是经过慎重选出的，就缩短任务选择阶段。要让案主自己思考任务及可能的效果，工作者则要提供问题解决的手段并支持案主履行任务。

（3）结束阶段。

在任务快要结束（大约在最后两三次会谈）时，工作者应该与案主讨论结束后的可能效果。这时要与案主一起回顾重要的进步并给予鼓励，并帮案主确定进一步工作的领域。如果案主觉得需要更多时间并表现出完成任务的意愿，可以适当延长时限。

（四）行为治疗模式

行为治疗模式由行为主义理论发展而来，行为治疗在于考虑与处理个人失调行为本身而不关注行为发生的前因后果，也不注意其隐蔽性情绪的作用。它借鉴了心理学中的学习法则，认为对外来刺激的反应行为是经过学习而来的，工作者想去除案主不适当的行为，须给案主一个"再学习"的机会。

1. 理论背景

行为治疗模式的理论发展大致可以分为三个阶段。

20 世纪初心理学家巴甫洛夫（Pavlov）总结出人类行为的部分获得机制，称为反射性条件作用。1913 年心理学家华生（J. B. Watson）发表了著名的论文《行为主义者心目中的心理学》，主张用条件作用解释人类的各种复杂行为。到 30 年代，心理学家斯金纳（B. K. Skinner）发现了操作性条件作用，通过一系列研究把操作性条件作用运用到人类生活的各个方面，这对运用行为心理学的原理治疗不适应行为起到了积极的推动作用。此后，心理学家赫尔（Hull）及其弟子多拉德（J. Dollard）和米勒（Miller）对巴甫洛夫的条件作用进行了系统的研究，探讨条件作用的各种学习方式，这为行为治疗理论的发展奠定了基础。20 世纪 50 年代以后一些心理学家开始把行为心理学的原理运用到临床治疗中，英国心理学家沃尔普（J. Wolpe）在交互抑制原理基础上创造出系统脱敏法，成为重要的行为治疗技术之一。到了 70 年代，社会心理学家班杜拉（A. Bandura）创立了社会学习理论，他强调人的认知在行为学习中的重要性，提出观察学习的方式。以班杜拉的社会学习理论为基础，经过一些心理学家的共同努力，逐渐形成了认知行为治疗法。

2. 工作内容

（1）明确列出案主主要问题与焦点行为。

（2）受助者与工作者达成一致协议，选择需立即处理的问题行为。

（3）将问题明细化，详细讨论特定问题，制作问题行为的基线，记录问题行为发生的频率、属性和时间的持续性。

（4）确定问题行为可能控制的情境，评估环境中可利用的资源。

（5）确定行为修正的目标，设定行为修正计划。

（6）执行治疗计划。

（7）评估治疗结果并详细记录。

（8）维持行为修正后的效果，执行维续计划。

3. 治疗技术

（1）正强化。当一个期望行为出现时即给予奖赏，以增加此行为出现的频率，从而模塑良好行为。

（2）负强化。当问题行为出现时即给予惩罚，以消除不良行为。

（3）角色扮演。在工作者指导下练习和不断重复期望行为，以消除问题行为。

（4）榜样。工作者作为一个榜样，让案主学习正确的行为模式。

（五）叙事治疗模式

叙事治疗（narrative therapy）也称叙说治疗，是目前盛行的后现代主义个案工作的模式之一。与以往的工作的模式相比，叙事治疗不仅是一套治疗"工具"或"技术"，更重要的是令工作者和案主反思，调整对生命的态度，明确生命的抉择，重写生命故事。叙事是讲故事，而一个故事包含开始、主体和结尾等基本结构，对其的叙述有时间次序、因果次序和主题次序，并且需要对故事进行总结、归纳，这反映出作者的主观理解。迈克尔·怀特（M. White）认为，案主感到自己的经验充满困惑，是因为他在故事化或被他人故事化亲身体验的重要方面是与主导故事相矛盾的。而未充分代表亲身体验的，或与亲身体验相矛盾的故事，是个人为了配合主导文化关于人和关系的阐述而主动编写的。所以治疗过程就是工作者和案主一起辨识和编写另外的、对案主更有意义的故事的过程，这一过程将人们从压抑的文化假设中解放出来，成为自己生活的主宰。

叙事治疗模式以日常对话为基础，从多向价值视角出发，重新审视个案辅导过程以及由此带来的在辅导关系和辅导技巧上的一些变化。它透过"故事叙说""外化"和"解构"，使人变得更自主、更有动力。

1. 理论背景

（1）后现代主义思想。

叙事治疗的基本理论是在颠覆传统实证主义的科学观和知识观的基础上发展起来的。实证论强调客观性的事实和可复制的法则，忽视了每个人独特和有限性的意义。这种"世界观"下的传统个案工作抹杀了人的主观能动性。后现代主义反对实证论的观点，关注"现实"对人的意义，认为一切理论都离不开特定的历史脉络和价值系统。后现代主义者的兴趣是要找出例外，而非通则；他们志在探究细节的来龙去脉，而不在概括规律；他们注意差异，而非相似之处。正是在这个意义上，他们关注语言和个人的诠释；强调语言不是中性的，而是带有强烈价值取向的；指出权力透过对语言的控制，制造现实和真理，从而限制了人们认识世界的方式。用佛瑞德门和康姆斯（Freedman & Combs）的话说：现实是社会建构出来的；现实是经由语言构成的；现实是借助叙述组成并得以维持的；没有绝对的真理。

（2）社会建构主义。

叙事治疗以社会建构主义作为其哲学基础。社会建构论认为，"现实"并不是存在于意识之外的世界，而是观察者的精神产品，是一种社会建构。这种"建构"的现实也不完全是个人的产品，而是深受所处的语言系统影响。所以，人绝不是完全自主的，而是高度可塑的。

由此社会建构主义认为，不存在必然的、绝对的客观真理，人们拥有的只是个人观点和这些观点指导下的行为。建构主义关注语言在人们的社会建构中所发挥的特殊作用，认为所谓的客观现实其实是人们借着语言建构出来的精神产物。

2. 工作内容

（1）倾听和了解案主的故事。

（2）以叙事的方式协助案主定义他们的挑战。

（3）共同致力于寻求意义。

（4）提升案主对权力和宰制关系的认知度。

（5）帮助案主外化他们的挑战和议题。

（6）帮助案主重构具有能力和优势的个人故事。

（7）确认案主具有重构其生活故事和建构替代性叙事的特权。

（8）与案主分享自己的故事。

3. 治疗步骤

欧汉伦（Bill O'Hanlon）将叙事治疗模式的治疗步骤分为七步：

（1）与案主或家庭一起对于困扰问题做出彼此认同的界定。

（2）将问题拟人化，并找出压迫案主的意图和方式。

（3）探讨问题是怎样干扰、支配案主或使案主失去信心的。

（4）发现在哪些时候案主并未受问题的支配，或生活并未受到干扰。

（5）找出过去的证据，来证明案主和家庭有足够的能力站起来，应付和解决面临的问题和困扰。

（6）引导案主和家庭思考在上述能力之下，未来将要过的生活。

（7）找出一群观众来听取案主表达新的认同感和故事。

4. 治疗技术

（1）倾听。

倾听技巧强调社会工作者自身角色的转换，它体现了社会工作者对案主叙事的关注。通过倾听，工作者可以发现案主在以往叙事过程中出现的问题，与案主共同构建新的适合案主成长的叙事环境。

（2）外化。

问题的外化能够帮助案主摆脱问题困扰，减轻自身的问题责任感，去除问题标签化的恶劣影响，提升案主的自信心和建构新叙事的动力。

（3）寻找独特的结果。

寻找独特的结果是社会工作者与案主共同建构新叙事的起点与突破口，因为发生在案主身上的独特结果源自案主本身，这也使得案主相信自己能够发生变化。

（4）治疗文件。

承诺书、奖励证书、信件等形式的治疗文件能够帮助案主正确认识自己在建构新叙事过程中的角色，在案主出现可喜变化时要给案主及时的鼓励。

三、个案工作的具体运用

个案工作的主要形式有会谈、访视与记录等，每种工作形式都有其独特的目标、方法、程序、原则与技巧。为使个案工作达到理想的境界，社会工作者必须透彻理解并熟练运用这些工作方法。

（一）会谈

会谈是个案工作的主要工作形式，贯穿个案工作的全过程。工作者通过会谈了解案主的情况、需要，并通过会谈协助案主处理其困难、问题。

1. 会谈的特点与形式

会谈与一般交谈之间有共同之处，但也有很大的区别，主要表现在：

（1）会谈内容是根据会谈目的确定的，与会谈目的无关的问题应加以排除。

（2）会谈过程中工作者与案主的角色与职责有明确的区分，工作者有推动会谈程序的责任，有向案主提供服务之必要，而案主对工作者并无此义务。

（3）会谈中工作者的提问与应对是经过详细计划，深思熟虑后形成的。

（4）会谈时间的确定、地点的选择及时间的长短等都经过正式安排（紧急情况除外）。

（5）会谈不是娱乐性活动，不愉快的感受不应加以避免。

会谈的形式有传统的个别会谈（即一个人与另一人，以面对面的方式相互交谈）、家庭会谈、夫妻联合会谈与团体会谈等。

2. 会谈的阶段

会谈一般包括开始、发展及结束三个阶段，不同的阶段有不同的内容和目标。

（1）开始阶段。

此阶段的目的是使社会工作者与案主间彼此认识，共同确定会谈的内容。工作者在会谈开始之前应做好会谈的环境和心理准备。当案主踏入会谈室时，工作者应创造一种温和与舒适的气氛，减轻案主因寻求协助产生的不安感觉；应热情主动地与案主接近，如进行简短的社交谈话等。当一切就绪后，工作者以开场白作为正式会谈开始的讯号，开场白宜使用启发式的语句，如"你想要谈些什么""我们从哪里开始谈起呢"等，鼓励案主说出求助的目的。如果不是第一次会谈，工作者不妨以"事情怎么样""自上次见面之后情况如何""今天你想谈些什么"等作为开场白。

开始阶段的会谈内容涉及一般性的问题，以不激起太多的情绪反应为宜。

（2）发展阶段。

这个阶段是会谈的主要部分。会谈的各种活动是针对会谈目的设计的，工作者必须把他与案主之间的互动朝着会谈目的推进。同时，他要设法维持彼此舒适满意的氛围，建立并发展良好的关系。

（3）结束阶段。

通常在会谈之初，工作者应很明确地告诉案主会谈时间的长短（以 45 分钟到 50 分钟为宜）。在会谈结束前 10 分钟左右，工作者开始做结束前的准备。在此阶段，工作者应有意识地协助案主从强烈的情绪中摆脱出来，恢复平静的心境。

在结束会谈时，工作者还须为下一次会谈做准备，包括约定下次会谈的时间、地点等。

（二）访视

访视就是工作者亲身进行实地观察，以了解情况。案主会谈所提供的资料有时会因案主的片面表达而失去真实性，因此，个案工作者应当进行实地访视，用专业眼光亲自进行观察和判断，获得更客观、更全面的资料，以补充和修正案主提供资料的不足与偏差。访视的地点要根据个案工作的实际需要决定，一般是案主的家庭，此外还有学校、工作单位等。

为了使访视能够有效进行，必须注意下列事项：

1. 明确访视目标

在访视前先要确定具体的访视目标，要明确到底想观察什么，了解什么，这样才不至于使访视盲目而无的放矢，浪费时间和精力。

2. 做好访视准备

工作者须先了解与案主有关的资料，为访视做充分的准备。为了寻找方便，工作者应先记下案主的姓名、地址、联系电话、交通路线等，这样才不至于因找不到地址而浪费时间。

3. 选择访视时间

访视时间必须视案主的情况而定。通常而言，下班后或节假日是比较合适的时间。至于要不要与被访视者事先约定，要据案主情况和访视目的而定。

4. 访视者的着装

"整洁、朴实"是工作者穿着的一般原则。工作者的穿着还需要根据访视对象的不同做必要的调整，以较能接近受访者的生活习惯为宜。

5. 访视者的态度

工作者代表的是整个机构，因此态度和言行必须特别谨慎，其言谈举止应尽量合乎当地的风俗并顾及被访者的社会背景。

（三）记录

记录是指工作者在与案主接触的过程中把案主情况及其处理过程详细地记录下来，记录的内容包括案主的基本资料（如姓名、性别、年龄等）、存在的问题、案主对自己问题的看法以及工作者对案主问题的分析和处理等。

个案工作机构一般都有确定的记录格式，具体有以下几类。

1. 流水账式

把所有收集到的有关案主的资料全部记载下来，好处是内容详尽，可备不时之需，缺点是相当浪费时间，目标不明确，缺乏分析整理。

2. 对话方式

记录案主和工作者在会谈过程中互动或沟通的内容，除对话之外，表情、动作等身体语言也详细地记录下来。这种方式内容周详生动，阅读者通过这样的记录能够清楚了解案主内心的真实感受和问题、工作者的会谈技巧、工作者和案主彼此之间互动过程。

3. 分段方式

按事情发生的先后次序分段记录，每段加上一个标题，使内容清晰可见，这种记录方式常用于各种个案报告中。

第二节 社会工作方法之小组工作方法

小组工作，也称团体工作或社会团体工作，是从英文 social group work 翻译过来的。小组工作为一般的儿童、青少年、成人所组成的团体提供教育与娱乐服务，为有社会和心理问题或生活不利的人们所组成的团体提供预防、治疗、康复等服务。小组工作的特点是借助团体情境和团体互动来实现个人发展与矫治的目标，或通过团体的协同工作达成社会行动。本节重点介绍小组工作的含义、特点、服务流程和工作技巧等。

一、小组工作的含义与特点

（一）小组工作的定义

对于小组工作的界定，众说纷纭，下面介绍几种比较有代表性的定义。

威尔逊与赖兰（Wilson and Ryland）认为："小组工作是由曾受专业训练的小组工作者，在其所属的机构或社团的支持下，依据小组工作的原理和方法，以及工作者对于个人、团体和社会的了解，运用工作者与团体、团体分子及社会的交互关系，以促进个人、团体与社会发展为目的的专业工作。"

柯义尔（Grace Coyle）认为："小组工作是一种教育的过程，通常由各种志愿结合的团体，在小组工作者的协助下，于闲暇时间内实施。其目的是在团体中通过个人人格的互动，以促进个人成长；以及为了达成共同目的，而促成团体成员间互助合作的集体行动，以创造团体的情境。"

克那普卡（Gisela Konopka）认为："小组工作是社会工作方法之一，它通过有目的的团体经验，协助个人增强其社会功能，以及更有效地处理个人、团体或社区的问题。"

美国社会工作者协会 1965 年出版的《社会工作百科全书》认为："小组工作是一种在面对面的小团体内以及通过此团体为个人提供服务的方法，以促成参与团体活动的成员发生预期的变迁。"

综合以上几种定义，我们可以这样界定小组工作：小组工作是社会工作者运用专业的方法和技术，协助和引导小组中的个人开展各种小组活动，以促进个人行为改变与社会适应能力提升的一种社会工作方法。

（二）小组工作的特点

1. 小组工作所适用的团体的性质

小组工作方法所适用的团体具有这样一些特性：它们首先具有大众性或者民间性，如同辈团体、业余团体或治疗团体等；其次是志愿性团体，其中有些团体是由特定机构设置的，有些是小组工作者创设的，有些是在自发基础上经小组工作者的指导形成的；最后是规模较小的团体，团体成员能相互了解与认识，并展开较频繁、深入的互动。

2. 由小组工作者参与并指导小组的活动

小组工作者以专业知识和技术为背景，根据对社会工作目标的准确把握，运用个人与团体关系的社会学与心理学知识来指导小组活动，使小组更好地满足个人的需要并达成小组的目标。

3. 以小组情境与小组互动作为个人发展与治疗的基础

在小组工作中，工作者主要扮演媒介者的角色，运用专业知识与技术指导小组活动，使小组良好运行，使小组功能得到最大的发挥。在发展与治疗中起主要作用的是小组本身的情境及小组成员之间的互动。小组工作者只是环境的催化者。

二、小组工作的过程

（一）工作准备阶段

小组工作的前期准备主要包括明确工作目标、制定工作方案、选择招募组员、申报并协调资源、物资准备等。

1. 明确工作目标

工作者可通过接触成员了解需求，可通过与同事、社区人士沟通来了解服务对象未被满足且可能通过小组满足的需要。

小组目标是逐步形成的，最初目标可能随着小组活动进展而不断具体化，逐渐满足小组的需求。

2. 制定工作方案

在明确小组目标和性质的基础上，工作者需要制定工作方案，具体包含以下部分：

（1）服务理念及理论。

（2）小组目的及目标。

（3）小组服务对象及特征。

（4）小组特征。

（5）组员招募计划。

（6）每节活动计划及所需物资源。

（7）预期困难及应变计划。

（8）经费预算。

（9）评估方法。

（10）参考文献。

附：小组工作方案书格式

一、小组名称：

二、服务理念：

三、理论架构：

四、小组目的及目标：

五、小组服务对象及特征：

六、小组特征：

七、组员招募方法：

八、每节活动计划：

节次	日期	主题	单元目标	活动内容	所需物资

九、预期困难及应变计划：

预期困难	应变计划	备　注

十、经费预算：

项　目	价格（元）
共　计	

十一、评估方法：

十二、参考文献：

3. 组员的招募及遴选

（1）招募成员。

组员的来源包括：①主动向本机构寻求帮助的人员；②已由本机构服务的某些对象；③其他机构转介来的特定服务对象；④通过互联网、社区宣传栏等载体得知信息而主动报名参加的人员；⑤社区居民向本机构介绍的人员。

（2）遴选和评估。

工作者通过个别会见或资料考察的形式，对上述可能的小组组员进行必要的遴选和评估。遴选和评估的参考标准有：①共同或相似的问题，或者有共同的兴趣和愿望；②年龄和性别；③文化水平及对某些问题的认识；④家庭状况；⑤职业状况；⑥对参加小组的要求。

（3）确定组员。

工作者按照本小组的类型、特点及人数要求等，确定参加本小组的成员。工作者要帮助这些成员了解小组工作的意义和特点、程序与可能的活动项目、有关的社会政策等。

4. 申报并协调资源

工作者需要向自己所属的服务机构提出申请，递交工作方案，争取批准和资源支持。当然，有些小组的方案也可以向有关社区或者赞助机构争取资源支持。

5. 活动场地及设施的选择和安排

在小组工作的准备阶段，一些前期性的物资准备很重要，主要有：

（1）活动场地的选择。场地及环境布置要有助于促进组员对小组的认同感，最好选择安全、安静、舒适的环境。

（2）活动所需的座位安排。从有利于提高组员互动频率的角度出发，座位安排最好是圆形的，或者是面对面的。

（3）准备活动所需的其他设施和辅助材料，如纸笔、张贴画、奖品等。

（二）工作开始阶段

1. 本阶段组员的一般特点

（1）矛盾的心理与行为特征。

在开始阶段，大家渐渐希望将真实的自己表现出来，但却不是很肯定、很放心地表达真正的自我，这会使个体在表露与不表露中挣扎，也使个体变得焦虑不安。

（2）小心谨慎与互相试探。

在小组工作开始阶段，小组成员的行为表现十分拘束，表现出与陌生人相处的客气与礼貌，彼此小心谨慎地互动着。他们需要在小组互动的过程中逐步了解谁对自己比较有好感、和谁需要保持距离等，慢慢确定自己在小组中应该扮演的角色。

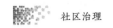

（3）沉默而被动。

由于成员刚入小组，没有方向，不懂得小组规范，怕说错话、做错事，因此相互观望、等待，主要是想先看看别人怎么做，再决定自己的做法。整个小组显得十分沉默，进程缓慢，缺乏自发性与流畅性。

（4）对工作者的依赖。

在开始阶段，小组成员由于不知道该做什么，因此整体上非常依赖工作者，视其为权威，以其为中心，从而忽视了自身的资源和能力。

2．工作者的任务

（1）协助小组组员彼此认识以消除陌生感。

组员的初步了解，有助于彼此关系的拉近及共同完成小组任务。一般而言，这是小组初期的主要工作之一，有些小组会花相当多的时间来从事此项工作，以利于后续工作的开展。

（2）澄清小组目标。

虽然在决定参加小组之前，小组成员对小组目标已有初步的认知，但相当模糊、不具体。另外，小组不同组员之间对小组的认知和期待也不完全一致。因此，小组形成时，工作者要带领小组成员澄清期望，订立共同认知的小组目标，作为小组工作的方向。

（3）建立小组规范。

小组规范是小组成员行动的守则。小组规范不仅规定组员什么行为是应该做的、被鼓励的，什么行为是不应该做的、被禁止的，而且它还包含有评价的意味，破坏规范者常被小组视为坏分子。所以，小组规范是保障小组成员权益及小组运作的重要依据。

（4）塑造安全、信任的小组氛围。

塑造安全、信任氛围的最基本保障是制定小组规范，使大家的行动有所依循，这样信任感也就渐渐产生了。工作者要信任小组成员，给小组成员一种无条件的尊重，使小组成员免于伪装或隐藏，可以真实地表达、探索自我。

（5）发挥工作者的示范作用。

开始阶段，小组的注意焦点在工作者身上，工作者成为行为的典范，因此需要注意自身的示范作用。工作者除了表现其专业角色以外，还需要有真我的部分，这不但能使组员产生安全感，而且工作者倾听、专注、尊重、同理、真诚的行为，本身就是组员学习的典范。

（三）中期转折阶段

1．本阶段组员的特征

（1）对小组具有较强的认同感。

小组发展到转换阶段，与以前最明显的不同是小组成员感受到自己与小组是真正有关系的，从原来站在小组的外面或边缘进入了小组里面，甚至会对外人的批评、攻击进行辩解，维护小组的利益。转换阶段，个体发现自己不是孤立的，很多人有类似的困扰，相同的感受。他们会察觉到彼此的相似与共同的命运，从而产生对小组的认同感。

（2）互动中抗拒与防卫心理。

由于小组成员对自己应该留在安全区域还是冒险深入有所犹豫，也担心工作者或其他组员是否足够安全、乐于接纳，因此，小组成员无法自然地展现自我、与人互动，而是小心谨慎地保护自己。小组成员对小组有疑惑、恐惧、犹豫、保留是很正常、自然的现象，工作者应给予尊重、接纳，并妥善处理。

（3）角色竞争中的冲突。

经过了开始阶段的客气，组员们都希望更真实地表达自己，更真诚地互动，因此开始想表达不同的意见与看法，对别人也不再那么礼貌与客气，会有批评或竞争，因此会产生小组成员与工作者之间或小组成员彼此之间的冲突。冲突并非是完全负面的，若能妥善有效地处理，往往可以促进小组的信任与凝聚力。

2. 社会工作者的任务

（1）处理抗拒行为。

抗拒是组员参与小组时的自然反应。工作者要帮助组员了解小组是分享和表达感受的重要场所。同时，工作者要营造一种开放的氛围，帮助成员探索自己的恐惧和防卫，鼓励他们承认并解决他们所体验的任何犹豫和焦虑等。

（2）协调和处理冲突。

在解决冲突时，工作者可以运用这样一些具体措施：①帮助组员澄清冲突的本质，特别是澄清冲突背后的价值观差异；②增进组员对自我的理解，如运用角色扮演的方法，以增进自我了解和对他人处境的敏感度；③调整小组规范和契约；④协助组员面对和解决由冲突带来的人际关系紧张；⑤运用焦点回归法，即将问题抛回给组员，让他们自己解决。

（3）保持组员对整体目标的清醒认识。

在转折阶段，组员之间围绕个人目标的摩擦、争执和冲突，常常会取代小组的整体目标。因此，工作者需要经常以各种方式提醒组员保持对小组目标的意识。

（4）协助组员重构小组。

在转折阶段，为了协助组员向着小组目标和既定方向改变，工作者需要协助组员重新建构小组。这一阶段对小组的建构不同于小组开始阶段，不是以工作者为主导，而是主要以组员为主导，工作者引导、协助和鼓励组员担负起重构小组的全部责任。

（5）适当控制小组的进程。

在转折阶段，工作者应该认识到组员经过处理抗拒和冲突的过程，会养成一定的自我管理、自我决策的能力，但尚未达到完全独立自主的状态。这时，工作者还需要适当控制小组的进程，引导组员以小组为中心展开互动，创造一个以小组为中心的环境解决情境。

（四）后期成熟阶段

1. 本阶段小组及组员的特征

（1）小组的凝聚力大大增强。

后期成熟阶段，小组对组员有很强的吸引力，组员对小组有较高的归属感和投入度，愿意承担和分担更多的职责和任务。小组的沟通也更加顺畅，彼此更容易被理解，组员间善于相互接纳和认同。

（2）组员关系的亲密程度更高。

组员之间、组员与小组之间的关系更亲密。由于负面情绪和矛盾冲突得到表达和解决，小组已形成一种让组员感到信任、安全的氛围。组员之间有更紧密的情感联系，相互之间自由、真诚地面对，分享各自的经验、知识与技能，由此促成了小组互助网络的形成。

（3）组员对小组充满了信心和希望。

经过冲突、挣扎后，由于体会到了小组对自己的尊重和接纳，也看到了其他组员的真心表露、分享、关怀和承诺，组员对小组的信心进一步增强，对解决自己的问题充满了信心和希望。

（4）小组的关系结构趋于稳定。

小组发展到这一阶段，关系结构已经形成，小组的决策机制基本成型，小组的进程有规律可循，小组的权力结构基本稳定，小组的领导已被组员认同，不再有权力与控制之争。

2. 工作者的任务

（1）维持小组的良性、有效互动。

工作者通过示范与引导，如自我表露、此时此地的表达与分享、质疑、反馈等，可以使小组成员的行为与互动更有效。

（2）协助组员从小组中获得新的认知。

协助小组成员分析、检讨自己，改正不适用或不合理的认知，重建合理的认知体系。

（3）协助组员把认知转变为行动。

小组成员通过反思别人的反馈和对质等，对自己与环境的关系有了新的认知，但仅有认知是不够的，工作者还要协助小组成员把认知转变为具体行动，以达到进步与成长的目的。

（4）协助组员解决有关问题。

工作者要协助组员将有关问题澄清，通过分析和磋商，协助组员建立合理的目标，并整合小组内的资源，共同寻求解决问题的策略方法并付诸实施。

（五）结束阶段

1. 本阶段小组及组员的特征

（1）浓重的离别情绪。

如果小组运转得相当成功，小组成员就会有依依不舍的情绪。好不容易建立起来的友谊、情感，马上就要分手结束了，将使组员感到伤感不已。

（2）对外面世界的担心。

在进入小组之前，很多小组成员对外面的世界适应状况不佳，所以抱着期望进入小组。经过小组的起伏波折，自己受到了小组的接纳、肯定，与小组相处愉快，但不久后却又要回到原来的世界，与原来的人与事接触，难免担心无法适应。

（3）小组关系结构的弱化。

意识到小组快结束了，每个人都在思考自己该做何打算，互动频率和强度降低，小组的影响力也减弱，小组规范也较松散，甚至有人会缺席，心想反正小组就要结束了，或有些人害怕结束带来的伤感而逐渐退出。

2. 工作者的任务

（1）处理组员的离别情绪与感受。

工作者最好在小组结束前一两次活动就通知小组成员，让小组成员心理上做好准备，接受离别的事实。工作者还应鼓励小组成员将担心及伤感、失落的情绪表达出来，并提醒小组成员小组结束的积极意义。

（2）协助组员保持小组经验。

小组成员往往希望外面世界的人能改变，和小组内的人一样真诚、乐于接纳。工作者必须让小组成员知道，期望别人改变，必须自己先改变，然后借着自己的改变去影响别人。另外，工作者还应该带领小组成员讨论对外面世界的担心，相互鼓励、支持，增强适应能力。

（3）协助小组成员整理学习成果，并运用于实际生活中。

小组成员在整个过程中学习到什么，可以在结束阶段进行总结，从而了解到小组成员是否真正从小组历程中受益，是否真的有改变、成长。工作者应借小组分享的机会鼓励组员，使他们产生自信与肯定，协助其决定行动计划，并将小组内所学运用于真实生活中。

（4）提供继续学习或进一步服务的资源。

有些小组成员有兴趣或有必要继续学习或接受其他咨询服务，工作者应提供有关信息和资源，例如其他的小组、学习活动、个别咨询、心理治疗等。

（5）评估小组效能。

小组结束时，需要对整个小组做评估。可由工作者、小组成员、观察员、督导等共同进行评估。评估的内容包括小组的目标是否完成、动力状况如何、小组成员的改变与成长等，以此作为下次小组工作的参考。

三、小组工作的具体运用

（一）沟通互动

沟通是一个人利用符号将意义转达给另一个人的过程。通过沟通，小组成员和工作者可以相互理解和良性互动，建立信任或自我调整，朝着共同的目标前进。社会工作者在开展小组实务时，应熟练掌握与组员沟通以及促进组员沟通两个方面的技巧。

1. 与组员沟通互动的技巧

（1）营造轻松、安全的氛围。工作者要以热情、友善的语言和亲切的表情，向组员传递温暖、真诚、关怀等信息，为小组营造一个放松、自由、开放和安全的氛围。

（2）专注与倾听。工作者要通过语言的和非语言的专注，鼓励组员自由、放松地表达感受。工作者在倾听时，要注意组员所说的重点，尤其是一些没有预料到的信息。

（3）积极回应。工作者在组员发言之后，要站在同理心的角度，向发言者表达高度的重视，认真了解和把握发言者的用意和感受，并伴以积极的回应。

（4）适当的自我披露。工作者可以有选择地将亲身的经历、体会、态度和感受向组员坦白，通过这种信任关系情境的建构，促使组员也能够坦陈自己的问题和需要。

（5）对信息进行磋商。当无法把握组员发言中的信息含义时，工作者有必要耐心地与发言者协商交流，直到信息能够被正确了解和达成共识。

（6）适时小结。对组员发言中可能是散乱表达的信息，工作者要及时地帮助小结。

2. 促进组员沟通的技巧

（1）提醒组员相互倾听。工作者要注意现场安静，及时提醒组员仔细倾听别人的发言。

（2）鼓励组员相互表达。工作者要鼓励组员积极表达自己的感受，接纳他人的感受。

（3）帮助组员相互理解。在沟通时，要密切注意和观察组员的声调、语言、表情、态度和姿势等细微之处，帮助组员沟通和理解信息不一致的地方。

（4）促进组员相互回馈。组员发言后，工作者应鼓励组员之间的分享和回馈。

（5）示范引导。工作者可用自身示范的方式，诱导组员模仿社工。

（二）小组讨论

小组讨论有许多重要的功能，其中主要有鼓励组员参与小组事务、实现小组决策以解决问题、增加小组活力等。为了使小组讨论顺利开展，工作者必须做好讨论前的准备并掌握一些引导讨论的技巧。

1. 讨论前的准备

（1）选择合适的主题。工作者必须对讨论所要达到的目标心中有数，并在此基础上选择适合于讨论的主题。

（2）注意讨论主题的措辞。工作者的措辞要主题明确、论题集中并留有余地，以激起有效的讨论。

（3）选择合适的讨论形式。讨论有公开讨论、陪席式讨论、座谈会、质询会等多种形式，工作者应根据具体情况恰当选择。

（4）安排活动的环境。包括讨论场所、座位的安排，这里要考虑到空气流通、气温、灯光、音响等因素。

（5）挑选合适的参与者。邀请合适的人员参加讨论会，确定参与者在讨论中的角色，如谁主持会议等。

（6）准备好讨论草案。工作者在讨论之前应对讨论中可能出现的各种情况有通盘的考虑，并准备一份详尽的讨论草案，以使讨论更有成效。

2. 主持小组讨论

（1）开场。讨论会开始时，主持人应首先介绍参与者，使成员相互认识，接着引出讨论主题，并适时告诉成员一些讨论规则。

（2）了解。鼓励害羞内向的组员发表意见，并适时予以重复与肯定，以使这部分组员的意见得到大家的注意；随时注意讨论的气氛，适时反映团体的感觉和思考，对问题的实质和成员的意见进行概括与阐述，以引导讨论指向更深入的方向。

（3）提问。提问有助于厘清问题、启发思考，工作者应在适当的场合巧妙地提问，不影响会议的气氛，又能把讨论引向深入。

（4）鼓励。适当地抑制多话的人，先摘述其发言，再以"除此之外，也许还有别的意见……"引导他人发言，创造发言机会。对害羞者不可逼他发言，而是注意他，等待他们产生发言的欲望与勇气时，适当鼓励其发言。

（5）摘述。主持人在段落结束、讨论结束、议题岔开、变换主题、发言过长、发言复杂、争执不下的情况时要进行摘述。摘述须明晰简要，主持人摘述完毕应征询发言者的意见，以证实摘述的准确性。

（6）限制。当少数成员垄断讨论时，主持人可作摘述并引导他人发言，或事先限定发言时间和次数；当发言太抽象或脱离主题时，主持人可切断话题，使讨论更集中、有效；当与会成员意见冲突时，主持人应设法缓和气氛，可采取付诸表决、会外协调等解决办法。

（7）沉默。适当的时候保持沉默，使小组负起责任；不直接发表意见，使成员自行判断。

（8）中立。避免与成员争论；不偏袒任何一方；不判断他人意见；仅提出问题，不给予答案；提供咨询时，不与判断，仅作利弊分析或事实陈述。

（9）引导。引导目的在于使论题更深入集中。引导包括暗示讨论方向、揭示讨论重点、安排讨论程序、剖析分歧的症结、提付表决等。

（10）结束讨论。当小组讨论进行到最后阶段，工作人员必须将小组讨论中组员所提出的问题归纳为几个要点，将组员所提出的各种意见和建议加以组织，形成详细、全面的结论，并指出将要如何应用。

（三）小组活动设计

小组活动是指在小组聚会时，呈现给组员的各种活动。这些活动是根据组员的爱好和需要计划、制定的。小组活动的设计包括以下事项：

1. 小组活动目标

工作者在确立小组活动方案时应尽量和小组目标保持一致，不能偏离。

2. 小组活动阶段性目标

小组活动阶段性目标应和小组阶段性目标保持一致，不同的发展阶段，其活动形式也各不相同，如成员相互介绍应安排在早期，竞争性活动则应安排在小组活动后期。

3. 小组大小

不同的小组活动对人数要求不同，人数确定必须能发挥小组活动的最佳效果。

4. 聚会时间

精确把握小组的聚会时间及活动的速度，防止出现活动时间不足或过剩的现象。

5. 工具准备

小组活动常需的一些材料，包括纸笔、道具、表格、音响、奖品等，都应列成清单，事先准备好。

6. 环境安排

环境的安排包括场地空间、室内布局、室外场地安排、座位、灯光等。

7. 过程协调

熟悉活动安排的每个环节及环节之间的过渡和转换，包括如何开场、如何衔接、如何结束等。

8. 弹性原则

工作者依据自己的能力、小组兴趣随时修正小组活动。

9. 职责认定

工作者应对小组目标保持清醒，熟悉活动的作用，对活动的时间、程度及范围有清醒的认识。

10. 活动评价

工作者要先订出活动的评价标准，透过评价来改进活动或发展小组。评价内容通常包括目标的达成程度、个别组员的反应和团体反应等。

第三节　社会工作方法之社区工作方法

社区工作是与个案工作、小组工作并列的三大传统社会工作方法之一。与后两者不同，社区工作不直接解决个人与家庭的问题，而是以整个社区为工作对象，通过社区组织与社区发展来解决社会问题。社区工作更侧重于社会环境与制度的变迁。本节重点介绍社区工作的含义、特点、主要模式、基本技巧等知识。

一、社区工作的含义和特点

（一）社区工作的定义

弗里德兰德（W. A. Friedlander）认为社区工作是"一种社会工作过程，它使同一地区内社会福利的需要，与该区内解决这种需要的办法，两者之间获得较为圆满的调节"。同时他又指出其三个工作目标：决定社区的需要；从事审慎严密的策划工作，以解决人民之需要；发动社区力量，希望以最有效的方法达到社区福利的目标。

莱恩（Robert P. Lane）认为社区工作的目的，"在于实现及保持社会福利资源与社会福利需要间的进步、有效的适应方法"。

罗斯（Murray G. Ross）认为社区工作是"一种方法，是一个社区运用这种方法采取行动的过程。在工作过程中，社区确定他的需要或目标，排列其先后缓急次序，鼓励其从事改造的信心与工作意志，寻求内外可用的资源。同时，在工作过程中，社区扩大和发展了社区人民互助合作的态度和实践"。

台湾学者白秀雄认为，社区工作是"从社区入手，了解社区的问题或需要，动员社区内的一切资源，配合外界的协助，来解决社区的问题或满足社区的需要，促进社区的福利"。

综上所述，我们认为，社区工作是专业社会工作的一种基本方法，它以社区和社区居民为案主，通过发动和组织社区居民参与集体行动，确定社区的问题与需求，动员社区资源，争取外力协助，有计划、有步骤地解决或预防社会问题，调整或改善社会关系，减少社会冲突，培养自助、互助及自决的精神，加强社区的凝聚力，培养社区居民的民主参与意识与能力，发觉并培养社区的领导人才，以提高社区的社会福利水平，促进社区进步。

（二）社区工作的特点

1. 以整个社区为对象

社区工作的服务对象是整个社区，社区工作的重点也应该是解决社区面对的集体问题，或者是居民共同关心的社区事务。针对不同类型的社区，社区工作的重点也应有所不同。就地域来看，社区工作的对象是社区的每个居民；就功能而言，社区工作的对象是社区内群体性的问题，或是社区居民共同关注的事务。

2. 宏观的分析角度与较广的介入层面

社区工作会从较为宏观的角度对问题展开分析，认为社会问题的产生根源并不在于个人本身，应该在个人之外去寻找原因，是与社区周围的环境、社会制度乃至整个社会结构都密切关联的。因此，要解决社区问题，应努力改善周围的环境，改变不合理的政策及制度，避免将问题个人化。

3. 强调居民的集体参与

社区工作的目标不是为居民提供全盘服务，也不可能提供所有的社会服务，而是鼓励居民一起参与，让他们知道自己的责任，行使自己的权利，增强信心，充分发挥自己的主观能动性和创造性，运用集体的智慧来解决社区问题。

4. 合理运用社区资源

社区工作重视运用社区内的各种资源，相信居民的发展潜能。社区工作不单是靠专业工作者的力量，那些存在于社区内的非专业的支援网络，如邻居、亲属、朋友等，社区工作都应该而且可以将他们有效组织起来并合理加以利用。

5. 任务目标与过程目标并重

任务目标是改善社区生活环境，解决社区问题，争取居民应有的资源和权力；过程目标是让居民在社区工作过程中得到成长，提高社会意识，积极参与社区事务。社区工作重视社区的转变，同时也重视人的改变。它一方面力求解决社区问题，改善社区生活环境，提高居民生活质量，另一方面也强调让居民在这个过程中增强解决问题的能力，培养互助、自助及自决精神。

二、社区工作的主要模式

（一）地区发展模式

地区发展模式是罗夫曼（Rothman）提出的社区工作三种模式之一。地区发展就是发动社区内不同人士和团体广泛参与，通过参与达到自助和互助的目标，改善社区关系，实现社区变迁。该模式以传统和静态的地理社区为对象，在这类社区，居民参与社区事务的责任不足，社区内部缺乏互动和沟通，民主解决问题的能力也不足，但是不同部分存在共同利益或可调和利益。该模式旨在解决问题和满足需要，促使居民自助，加强沟通合作，促进社区整合。

1. 基本假设

（1）关于个人的假设。地区发展模式认为，个人本来是在自己的自然社区里相互团结、相互合作，能够有能力按原来的价值意义生活的，但是随着现代化过程的工业化和城市化的推进，以及由于现代社会组织的科层结构化，个人渐渐倾向冷漠的、孤立封闭的状态，也缺乏主动参与社会公共事务的热情和动机，由此，居民也越来越显得无助和软弱，个人和社区公共问题都很难得到解决。

（2）关于社会构成的假设。地区发展模式认为，社会正在变得越来越丧失传统社区的自然联系，变成一种工具理性的制度化的组织关系和市场交换关系，这种关系会造成社会的分层和两极化，对落后地区来说，不管是加入市场体系，还是纳入国家的科层组织结构，都只不过是发达中心地区的依附部分，最后会进一步失去当地社区原来的文化、知识、信心和能力。因此，应重视地区范围的自助和合作，增加居民对社区的投入和解决社区问题的能力。

（3）关于行动动机的假设。地区发展模式假设个人倾向于团结和合作，而非竞争与对抗，个人是愿意沟通交往的。该模式还假设个人行动是理性追求个人利益最大化的，但是只要能够在集体行动中照顾到个人的需求和动机，并且能够培养一种集体归属和认同感，个体会在情感和价值层面上有动机参与社区基层组织的活动，并在当中做出自己的贡献。

（4）关于发展和变迁的假设。社区发展基本上是接受现代化理论关于发展的概念。在早期，社区发展强调要建立和依靠市场经济体制，把社区的经济发展融入国家的进步之中。20世纪70年代以后新的观念渗透到发展中，认为是在不掠夺自然资源基础上的可持续发展，应该以人为中心，满足社区的需求。

2. 模式特点

（1）较多关注社区共同性问题。

（2）通过建立社区自主能力来实现社区的重新整合。地区发展模式会以培养居民自主自立、发展互助、建立社区团结为目标。

（3）过程目标的重要性超过任务目标。任务目标是完成实际的工作或解决一些特定的社区问题，过程目标是建立长久的制度或社区，这两个目标相辅相成、互相带动。但地区发展模式认为，提升居民解决问题的能力来实现自助是最重要的发展目标。

（4）重视社区居民的参与。

3. 工作策略

地区发展模式采用的策略主要集中于推动社区成员的参与和互助合作，改善沟通和合作的渠道，更好地运用地区资源，解决现存的社区问题等。该模式的工作策略包括：

（1）促进居民之间的交流。这主要是针对社区居民之间的冷漠和疏离所采取的策略。

（2）团结邻里。团结邻里主要是针对社区中部分邻里关系不良而采取的策略。

（3）社区教育。社区教育主要解决居民对社区资源不熟悉等问题，培养居民骨干。

（4）提供服务和发展资源。提供服务和发展资源主要针对社区服务和社区资源缺乏问题。

（5）社区参与。社区参与主要解决社区面对的一些共同问题。

4. 社会工作者角色

（1）启发催化的角色。所谓启发催化的角色是指工作者把社区居民组织起来表达他们的需求，辨别社区的问题，讨论形成社区的公共需求和发展目标，形成良好的社区人际关系，团结起来解决社区问题。

（2）支持鼓励的角色。支持鼓励的角色是指工作者负责发动并提高人们的能力，鼓励居民通过参与服务，提高自身能力，习惯负责任，习惯理智，勇敢面对各种敏感问题等。

（3）协调联络的角色。协调联络的角色是指工作者要在社区组织之间、社区组织和外界组织之间、不同社区之间进行联络沟通，增加了解，争取团结合作，甚至是联合。

（4）资源中介的角色。资源中介的角色是指工作者要协调、动员社区内外的资源，投入到社区居民的发展项目中来，帮助居民组织发展项目，解决社区问题，改善社区生活质量。

（二）社会策划模式

社会策划也称社会计划，就是针对具体社会问题，根据相关信息制订工作项目，并将社会目标转化为实务手段的过程。本模式以整体或部分地理和功能社区为对象，在这类社区存在着实际社会问题，各方利益或可调和或有冲突。社会策划模式认为，专家和策划者的信息最丰富，策划者能根据所搜集的事实和各类组织的利益，进行理性决策，解决社会问题是其工作目标。

1. 基本假设

（1）关于人的假设。社会策划模式一般倾向于认为人都是理性的，人是理性追求自我利益最大化的，人际关系一般都是理性选择的工具性交换关系。但是社会策划模式并不认为这种关系会导致人际关系的异化和疏离，相反在理性原则指导下的人际互动会带来社会活动效率的提高、个人需求的满足等。

（2）关于社会的假设。社会策划是典型的系统功能主义的社会观，认为社会系统是建立在个人之上，而又相对客观、独立的一个系统整体，有自己的边界，有自己的平衡机制，有自己的分化增长机制，各子系统通过能量交换实现自己的功能。当有外部冲击的时候，会带来社会系统的失衡，但是系统会通过调整渐渐恢复平衡，并提升原来的系统平衡的水平。

（3）关于行动动机的假设。社会策划模式认为，人是理性的，是有认识能力和实践能力的，人会在价值、利益等诱导下理性地追求个人、社会利益的最大化。社会策划模式还认为，人必须进行管理和规范，这样才能带来社会秩序和合力。

（4）关于发展和变迁的假设。社会策划模式主张通过对社会发展规律的系统研究认识，掌握社会发展的内在规律，然后统一计划、管理，促进社会的发展和变迁。要达到这种社区变迁，必须依靠专业人员的专业技术，即专门计划者的专业运作，引发复杂的社区变迁。

2. 模式特点

社会策划模式是依靠专家的意见和知识，通过理性、客观和系统的分析，处理社区问题的过程。该模式具有以下特点：

（1）注重任务目标的实现。任务目标是解决实质的社区问题，过程目标是收集和分析资料，以及系统分配时间和动员资源。该模式注重任务目标的实现。

（2）强调理性原则。社会策划一方面强调过程理性化，另一方面强调技巧的科学化。

（3）注重由上而下的改变。

（4）指向社区未来变化。社会策划是通过分析当前和过去的资料，预测将会发生的事情，并设计应对策略，其目的是尽量降低社区未来变化的不稳定性。

　3．工作策略

（1）明确组织的使命和目标。工作者一般都是社会服务组织的职员，其所服务的组织或机构都有一套服务信念和使命，工作者必须明确其存在的价值和提供服务的意义。

（2）分析环境和形势。工作者要收集环境发展趋势的资料，了解对计划有影响力的人士和团体，分析他们的利益和需要及他们与计划的关系、对计划的期望和要求。

（3）客观地认识自己的能力。

（4）界定和分析问题。明确社区问题存在的现状、特点、成因，发现目前解决这些问题的方法之不利或不足之处。

（5）确定需要。主要方法有：参与性方法，即由服务对象参与确定需要；社会指标方法，即用社会或专业所认可的指标数字来推断出需要；服务使用情况方法，即目前使用服务者的资料也可反映出需要的情况；社区调查方法，即通过问卷调查科学化地了解居民的需要。

（6）建立目标，明确达到目标的标准。

（7）列出、比较并选择可行方案。策划者需要列出所有能达到目标的可行性方案和策略，并确定各个方案的理论依据，使问题的成因、解决方法和效果联结起来，以便能够评估各个方案的收益与代价，掌握其效果和效率。

（8）测试方案。选定方案后便需要决定执行机构，包括人力、预算和大致工作程序等。

（9）执行方案。在执行方案期间，策划者需要监管整个运作程序，以免工作偏离轨道。

（10）评估结果。评估和总结工作主要环节包括：确定评估的目标、指标、需要收集的资料以及量度方法等。

　4．社会工作者角色

（1）项目规划者的角色。工作者担当专家角色，完全依靠技术理性来调查社区问题，分析社区事实条件，评价各种服务方案，规划社区服务。

（2）项目经理的角色。工作者担当项目的管理人员，负责项目整个执行过程的业务操作、财务、人事、物资等管理工作，保证服务项目得到有效的执行。

（3）监督实施的角色。工作者主要扮演项目执行过程的监督、反馈、协调角色，监视业务的执行进度，收集业务执行过程中的意见和信息，反馈给决策者和经理人员。

（4）专业人员的协调角色。工作者服务于各个专业的技术人员，协调好不同专业的协同合作，共同完成社区任务。

（5）动员居民参与和反馈意见的角色。工作者仍然偏重居民的组织和能力建设，但主要是组织居民参与相关部门的社区策划过程、接受相关的服务并就服务方案提出改进意见等。

（三）社区照顾模式

社区照顾始于 20 世纪 50 年代的英国，就是动员并连接正式和非正式的社区资源，协助社区内有需要者，让他们能与其他人一样居住在家里和生活在社区里，并得到适当照顾，以便社区成员之间休戚与共、相互扶持。社区照顾模式的工作对象是弱能人士，它认为，个人自助、家庭支持、机构照顾、市场服务和政府介入都存在不足，而社区照顾模式有利于建立输送体系，满足差异化需要，提升居民自治能力和强化社区意识。

1. 基本假设

"社区照顾"的服务理念是基于下面两个基本假设：

（1）服务对象生活的原环境优于机构的环境。虽然大型院舍服务的机构可以对有服务需要的人士提供专业化服务与照顾，对于大多数接受院舍服务照顾的服务对象来说，长期的院舍照顾会导致被照顾人士的生活能力下降。在服务对象生活的原环境——自己的家中或社区的环境内，社区提供适当的照顾与支持，使其个人生活得到高度的独立自主性，有利于个人能力的保持和身心的康复。

（2）社区可以有效地利用非正式资源对需要服务的人士实现支持和照顾。众所周知，个人、家庭和社区蕴涵着丰富的提供支持和照顾的非正式资源。社区照顾可以由志愿团体将社区内疏远的网络连接起来，将那些松散的资源整合起来，并对其有效地利用，实现正式服务系统和非正式照顾系统互补，有效地满足社区内有服务需求的人。

2. 模式特点

社区照顾是社区工作者动员社区资源，运用非正式支援网络，联合正规服务所提供的支援服务与设施，让有需要的人士在家里或社区中得到照顾。该模式具有如下特点：

（1）强调服务对象正常地融入社区。社区照顾的任务目标是为社会上有需要的人群提供照顾和支援，协助其在社区中过正常生活。

（2）强调社区责任。

（3）强调非正规照顾的作用。

（4）提倡建立相互关怀的社区。社区是建立社会关怀的重要平台，社区照顾的过程目标是要建立一个具有关怀性的社区，这也是社区照顾模式的理想和所追求的终极目标。

3. 工作策略

（1）确定服务对象，与之建立信任关系，助其探索自身的潜能与资源。

社区照顾是以提供地区化服务为先决因素的，因此，工作者要有效地推展社区照顾，首先必须了解本地区服务对象所居住的地区、服务需要。工作者要在与服务对象的积极互动中，建立起彼此信任的关系，帮助他们探索自身已有的能力和可以运用的资源，帮助他们建立自信。

（2）建立社区照顾网络。

一般来说，可以根据服务对象的需要在以下三个层面建立自助组织，满足社区不同服务对象的需要：①直接服务的自助组织服务系统，主要是由被照顾者近距离的人构成：家人、亲友、邻居和社区内的志愿者。他们可以为被照顾者提供购物、清洁家居、医疗、送饭等服务。②同类型服务对象的互助组织的服务系统。社区内同类型服务对象可以组织成互助小组，如癌症病人小组、单亲妈妈小组、下岗自强小组等。③社区危机处理的自助组织服务系统。工作者可以动员具有不同专业技能的退休人士和热心居民，组成不同类型的小组，以对不同类型的危机事件给予帮助，如老年人突然病危、家庭纠纷、青少年离家出走等问题。

4. 社会工作者角色

（1）治疗者。工作者以个案或小组的方式介入，为有需要的个人和家庭提供心理治疗、家庭治疗或小组治疗。

（2）辅导者。工作者以辅导者或教师的角色介入到有需要的家庭，为家庭成员提供辅导服务。

（3）倡议者。工作者以倡议者的身份为社区有需要的个人或家庭倡议，争取合适的服务。

（4）顾问。工作者向有需要的个人和家庭提供活动和发展方向上的意见，与有需要的个人和家庭结成伙伴关系。

三、社区工作的具体运用

（一）与居民接触

工作者通过接触社区居民，一方面可以了解社区的基本情况；另一方面也可以让社区居民了解工作者的工作，提高他们对工作者的接纳、认可，为以后建立信任合作关系打下基础。接触居民可以是正式的，也可以是非正式的；可以是一对一的，也可以是集体的；可以通过讲话、访问、电话、电子媒体等方式进行。

1. 接触前的准备工作

（1）明确接触居民的目标和出发点。是为了收集资料、增进了解、建立关系、提供帮助还是树立形象？访问对象需要什么样的工作者，是亲切、乐于助人、资源丰富还是易相处？

（2）选择接触对象。根据访问的目标选择合适的访问对象，如自己以前曾接触过的居民、受事件影响的有关人员或属于特定利益群体的成员，注意安排接触的先后顺序。

（3）选择访问时间。接触居民的目标和出发点不同、对象不同，访问的时间也应该不同。尽量避免在休息时间、就餐时间打扰访谈对象，另外也应该避开节假日等特殊日期。

（4）准备话题，引导访问的开始。提前准备，从对方的兴趣入手，预备一些话题，可以谈论社区周围的环境、天气情况或者国内外新近发生的事情。

（5）穿着得体。工作者要留意社区居民的文化背景，初次接触时，穿着要得体，给人一种整洁、大方、成熟、可信的印象。

（6）预想可能会遇到的问题和克服的方法。

（7）对前去访问的场所环境事先有所了解。

2. 与居民接触的技巧

（1）介绍自己。工作者在接触居民时，要尽量找居民的"熟人"引荐自己，也可以将自己与居民们都很熟悉的、成功的活动联系起来，增强可信任的程度；发放一些物品或者活动资料，让居民获益，增强其对工作者的信任；清楚表达对居民的关怀以及适度的兴趣，态度热情、诚恳，语言通俗易懂，平易近人。

（2）展开话题的方法。在获得对方接纳或不拒绝的情况下，工作者要抓住时机，继续交谈使内容逐步转向正题。注意避开一些敏感的话题，从普通、容易回答的问题提问，话题要从简单到复杂，由具体到一般再到抽象。

（3）维持对话的方法。工作者需要根据接触或访问的目的维持对话，工作者可以使用聆听、同情心、体谅、分享感受、澄清、寻找和提供资料等技巧，表现出对居民的关怀。

（4）结束对话的方法。谈话结束时，一要感谢居民牺牲自己的休息时间，为工作者提供有益的资料；二要总结谈话，并给予一些积极的反馈；三是留下自己的和机构的联系方式，以便进一步同居民联系。社区工作者在完成接触居民这一过程后，要记下主要资料，如居民的背景和社区网络、居民对所谈事务的反应、热心程度、可动员机会、人际资源等，也要总结接触目标是否达到。

（二）会议组织

社区工作十分强调居民的集体参与，使居民聚集在一起讨论社区问题，表达意见，分享信息，计划行动方案。召开居民会议就是经常性的工作，是社区工作介入的重要步骤，是动员居民和组织社区工作中不可缺少的一部分。

1. 会议步骤

通常会议分会前准备、会中、会后促进和行动四个步骤。

（1）会前准备。会议的目的是什么；会议内容及程序安排、资料准备；参会人员的确定及通知；场地设备的安排；提前到场检查各项安排落实情况及人员联络；会前接待。

（2）会议进行中。按议程进行，注意控制时间；决议要经反复讨论，谨慎通过；注意观察和掌握会场气氛和与会者的反应；主持人做集中归纳和总结，突出主题及收获。

（3）会后促进。进一步明确会议决定；着手会议决定的工作；通知未出席者有关会议的重要内容和决定；整理好会议记录，将任务落实到人。

（4）行动。执行会议决定，必要时征求有关人员意见，做好下次会议报告行动的准备，并随时与与会者通报工作进展情况。

2. 会议主持技巧

会议中，主持者的技巧以及所带动的场内气氛是会议成功的关键。主持者作为会议的核心要掌握以下技巧。

（1）聆听。主持人要从讲话人的语言内涵和表达方式中收集更多的信息，还要同时观察到其他与会者的反应。

（2）提问和邀请发言。主持人要善于启发、引导和鼓励参与者发表意见，用开放式的问题给每个人均等的机会，有时也要特别征求有关人员的意见。

（3）注意澄清和引导。为使发言不离主题，主持人要适时复述成员的意见，及时核实和纠正一些观念。

（4）综合、集中。及时综合各方的意见，作出总结分析，找出共同点、分歧点，把握会议进程。

（5）多用赞美和鼓励。对发言和提供信息的人予以及时的鼓励和肯定，使其感到被尊重和重视，增加日后参加社区活动的积极性。

（6）运用身体语言。主持人的目光、面部表情、身体姿态都可以辅助会议的主持。尤其目光和表情的运用，要让参加者感受到主持人对每个人同样的关注，态度开放、友善、民主。

（7）时间运用准确，会期适中，不拖延。

如果是居民大会，那么会前的宣传及动员要成为一个重点，可以通过各种形式，让更多的社区民众了解会议目标，关注和参加会议，确保会议准时开始并按期结束。

（三）社区领袖培训

社区领袖是指能够抓住团体希望和要求的实质，代表团体意愿，为团体行动提供意见和方向的核心人物。一个好的社区领袖通常拥有以下特点：热爱人群；易交朋友；善于聆听；易与别人建立良好的人际关系；勤奋工作；乐于助人；表达能力佳；思想开放，不故步自封；勇敢面对困难；律己以严；协助别人建立自信；有广阔视野，具有历史感和前瞻性；自我认同感强；善于处理压力；等等。社区工作者在鼓励居民参与的同时，应积极和小心留意观察哪些居民拥有以上的特质，并加以发掘和适当培养。社区工作者可以通过训练、实习、示范、阅读文章、录音、观看影音教材、亲身体会、观察、讨论和角色扮演等方式来加强社区领袖的训练。

1. 培训内容

对居民领袖进行培训的重点如下：

（1）价值态度方面：培养以公众利益、社会公义为己任的价值理想。

（2）知识思考方面：学习分析相关政策；认识权力资源的分布；了解政府组织结构和工作机制。

（3）行为技能方面：培养领导能力，特别是组织集体行动的能力；学习基层动员的方法与技巧。

2. 培训技巧

进行上述技巧培训时，工作者应掌握以下培训技巧。

（1）鼓励参与。参与是居民通向社区领袖的重要一环，故社区工作者应邀请有潜质的领袖参与组织工作。

（2）给予鼓励和肯定。针对居民缺乏自信、自我形象不高的特点，工作者应在居民领袖实践的过程中对其表现较佳的地方给予鼓励和肯定。

（3）宣传当家作主的精神。工作者应向社区领袖灌输当家作主的精神，建立自主和自立意识。

（4）建立民主的领导氛围和精神。居民领袖亦应受到监察和按居民的意愿和利益行事，因此工作者应积极向居民领袖培训民主意识。

（5）不断提供居民领袖学习的机会。要居民领袖独当一面，工作者应按照居民领袖的能力水平而给予适当的学习机会。

（6）建立从检讨中学习改进的习惯。

（7）建立居民领袖权责分工的意识。

（8）培养理性讨论和尊重少数意见的意识。许多居民领袖把民主精神等同于大多数人的决定，而看不到民主的原则也包括充分沟通、理性讨论和尊重少数等。因此工作者应增进居民领袖对民主原则的理解和认同。

【本章小结】

个案工作，即社会个案工作，是从英文 Social Case Work 翻译过来的。个案工作是社会工作传统的三大方法中形成最早的方法，也是其他方法的基础。它以个人和家庭为服务对象，通过直接的、面对面的沟通来提供服务。

"社会—心理"治疗模式是兼顾个人成长过程中的生理、心理和社会方面的因素及三个方面因素相互作用的一种治疗模式。这种治疗模式用系统理论说明人有其共同的心理世界，人又是他生活于其中的环境的一部分。人内部心理和外部环境的互动，产生了人的特定行为和思想特征。这一治疗模式的主要目标在于增强案主的内在心理平衡能力和外在社会适应能力。

危机介入，是对处于危机状态下的个人、家庭提供一种短期治疗或调适的过程。危机介入模式的主要目标在于增强个人应对问题的能力，使之比危机前更强，并能预防类似危机的发生。

任务中心模式强调先确定目标问题，再分析并诊断问题的原因，然后确定受助者的任务并明确任务完成的期限。

行为治疗模式由行为主义理论发展而来，行为治疗在于考虑与处理个人失调行为本身而不关注行为发生的前因后果，也不注意其隐蔽性情绪的作用。它借鉴了心理学中的学习法则，认为对外来刺激的反应行为是经过学习而来的，工作者想去除案主不适当的行为，须给案主一个"再学习"的机会。

叙事治疗模式以日常对话为基础，从多向价值视角出发，重新审视个案辅导过程以及由此带来的在辅导关系和辅导技巧上的一些变化。它透过"故事叙说""外化"和"解构"，使人变得更自主、更有动力。

个案工作的主要形式有会谈、访视与记录等，每种工作形式都有其独特的目标、方法、程序、原则与技巧。

小组工作，也称团体工作或社会团体工作，是从英文 Social Group Work 翻译过来的。小组工作为一般的儿童、青少年、成人所组成的团体提供教育与娱乐服务，为有社会和心理问题或生活不利的人们所组成的团体提供预防、治疗、康复等服务。小组工作的特点是借助团体情境和团体互动来实现个人发展与矫治的目标，或通过团体的协同工作达成社会行动。

社区工作是专业社会工作的一种基本方法。它以社区和社区居民为案主，通过发动和组织社区居民参与集体行动，确定社区的问题与需求，动员社区资源，争取外力协助，有计划、有步骤地解决或预防社会问题，调整或改善社会关系，减少社会冲突，培养自助、互助及自决的精神，加强社区的凝聚力，培养社区居民的民主参与意识与能力，发觉并培养社区的领导人才，以提高社区的社会福利水平，促进社区进步。

地区发展模式是罗夫曼（Rothman）提出的社区工作三种模式之一。地区发展就是发动社区内不同人士和团体广泛参与，通过参与达到自助和互助的目标，改善社区关系，实现社区变迁。

社会策划也称社会计划，就是针对具体社会问题，根据相关信息制订工作项目，并将社会目标转化为实务手段的过程。

社区照顾是指动员并连接正式和非正式的社区资源，协助社区内有需要者，让他们能与其他人一样居住在家里和生活在社区里，并得到适当照顾，以便社区成员之间休戚与共、相互扶持。

【思考题】

1. 如何选择正确的服务方法更好开展社工服务？

2. 个案、小组、社区三者之间的关系是怎样的？

第九章 社会工作方法在社区治理中的应用实务

——以重庆仁爱社会工作服务中心重庆两江新区礼嘉街道嘉兴社区
自组织化社区治理 4S 模式项目为例

【本章概览】

本章以重庆仁爱社会工作服务中心自组织化社区治理 4S 模式为例展开详细介绍。

【学习目标】

学习了解自组织化社区治理 4S 新模式，探索创新社区建设、社区治理新模式。

【案例导入】

　　重庆仁爱社会工作服务中心嘉兴社区社工服务站（以下简称为社工站）是在重庆市民政局和重庆两江新区礼嘉街道的共同支持下，携手嘉兴社区为社区居民提供社会工作专业服务。

　　嘉兴社区社工站引入社区社会工作服务机制，通过社会工作专业方法整合社会资源，以"社工+志愿者"的服务模式，从社区居民的特性和需求切入，引导和激励"农转非"居民积极融入社区，培养居民领袖，组建居民志愿者团队，实现居民自治，创建文明和谐友好社区，缔造嘉兴社区独有的基层社区管理模式。

第一节　三社联动

一、三社联动的介绍

2013 年，民政部出台《民政部关于加强全国社区管理和服务创新实验区工作意见》（民发〔2013〕13 号），提出"社区、社工、社团"三社联动的概念，即建立以社区为平台、社会组织为载体、专业社会工作人才队伍为支撑，推进社区服务创新、提高社区服务管理专业化的运行机制。

推进社区、社会组织、社会工作"三社联动"，完善社区组织发现居民需求、统筹设计服务项目、支持社会组织承接、引导专业社会工作团队参与的工作体系。

2017 年 6 月 12 日，中共中央、国务院关于加强和完善城乡社区治理的意见发布，社区治理上升为国家战略，"三社联动"进入顶层设计。

嘉兴社区"三社联动"，是建立在以社区为平台、社会组织为载体的基础上，通过职责划分、相互联系、齐抓共促，搭建一个特色服务组织网络。其中：

社区，指嘉兴社区，负责项目硬件设施建设，社区资源整合与调配，并对项目运行进行业务指导。社团，也叫"社会组织"，指嘉兴社区志愿者协会及其他社会组织，负责为项目提供人、财、物、信息等资源支持，引导社区居民参与社区服务，并履行社区交办的各项工作任务。社工，指重庆仁爱社会工作服务中心，负责向社区居民提供专业服务，促进各行动主体之间优势互补、资源共享、共同促进。

二、三社联动示意图

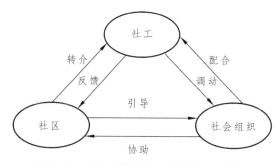

图 9-1　"三联联动"具体运行示意图

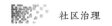

第二节　自组织化社区治理 4S 模式

一、4S 模式的定义

4S 模式即：自教（Self-education）、自治（Self-government）、自助（Self-service）、自娱（Self-entertainment），在这种模式下调动社区的优势资源，激发居民的平等参与，促进居民自我管理、自我组织、自我发展。

二、4S 模式的设想背景

随着中国经济不断发展，城市化进程加速，城市不断向外围扩展。城市的铺开，大量农村住房用地以及耕地被征用，出现了越来越多的"转非"人群，农民失去了土地、离开了院落式的平房，搬到社区单元楼房中居住，出现了"农民上楼"的现象，改变了土地上千百年来不变的生产方式。嘉兴社区作为众多转非社区中的一个，社区居民在思想上、价值观上以及行为上还保留着以往农村部落的缩影，居民习惯了在田野上耕作、习惯了大事小事找村干部，习惯了跟随大众潮流表达自己的意见，没有社区主人翁之感。其实他们内心深处渴望得到尊重、渴望大众的利益能被实现、渴望自己的见解也能被居委会或者大众接受与采纳，但却找不到合适的途径。

在这样的大背景下，如何引导"转非"人群融入城市生活，让社区居民进行自我管理、自我组织、自我发展已迫在眉睫。

三、4S 模式的作用

4S 模式能指引社区居民走出脸朝黄土背朝天的劳作习惯，让居民能有机会改变他们的生活，能充分表达他们自己的意愿；学习新的技能，打破孤闭，建立邻里守望；发掘并培养领袖，带动更多居民参与讨论、参与自治、共谋民主和谐；整合社区资源，建立"文明发展"能力提升课堂，提升居民自我服务能力；同时根据已有的社区组织，孵化更多的社区组织，助力社会治理创新。

四、自组织化社区治理 4S 模式的内容

为了调动社区的优势资源，激发居民的平等参与，促进居民的能力建设，嘉兴社工在前期的工作基础之上摸索出了一套适合嘉兴社区特有的"自组织化"社区治理的 4S 模式。

4S 模式即充分发掘并整合社区资源，调动社区居民和组织的积极性，培育新的社区组织，激发社区社会组织活力，通过"四二三四"的具体实施，实现居民自我参与、自我组织、自我管理，如图 9-2 所示。

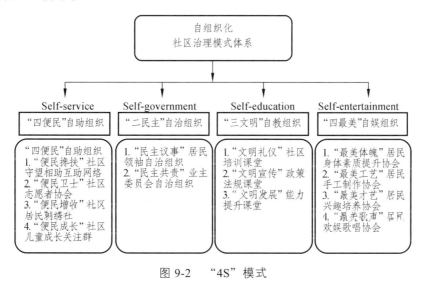

图 9-2　"4S"模式

（一）自助

1．自助的定义

自助即居民自助、家庭互助、邻里相助、社区协助，帮助居民分析和寻找他们自身及社区、政府、社会的资源，并在社区内创建帮扶组织，搭建社区居民自助互助平台。

2．工作原则

（1）以提高居民自身能力为核心原则。

（2）稳定发展社区已有组织，建立社区需要的组织。

3．内容

（1）打造"便民搀扶"守望相助互助网络。通过整合社区 580 平台、志愿者协会、爱心超市、便民理发室等社区组织与活动室，形成社区自助、互助网络。居民通过拨打社工站023-630831××服务热线，即可通过自助组织网络寻求自助。

（2）创建"便民卫士"社区志愿者协会。下设三个分会，包括"天使团"儿童志愿者协会、"夕阳红"中老年志愿者协会和"感恩爱"社会志愿者协会。社区和社工站通过各种活动的开展挖掘和培养热心肠的居民参与志愿者协会，志愿担当便民卫士；并建立和完善《嘉兴社区注册志愿者组织管理办法》《嘉兴社区志愿者考核激励办法》等一系列规章制度，以确保志愿者队伍的公益性，提高志愿者队伍的积极性，加强志愿者队伍的专业性，实现志愿者队伍的纯洁性。

（3）构建社区养老服务体系，即网络化服务、标准化服务、个性化服务。网络化服务指打造 1 个日间活动中心、编织 1 张社区养老助老网络、培育 1 支志愿者队伍。标准化服务指"十个一"标准化服务：每周 1 次电话慰问、每月 1 次入户探访、每月 1 次免费理发、每月 1 次优惠换购、每月 1 次上门家政、每月 1 次老年课堂、每季 1 个老年小组、每季 1 次康乐活动、每季 1 次社区活动、每年 1 次健康体检。个性化服务指：情绪疏导和心理辅导、日间陪护服务（陪聊、陪散步、陪医等）、家庭喘息服务、临终关怀服务。

（4）搭建儿童成长关注课堂，其中包括儿童课后学习辅导、儿童身心健康教育，培养儿童学习兴趣和能力，建立健康、乐观的心理状态。

（二）自治

1．自治的定义

自治即民主协商、民主决策、民主管理、民主发展，通过社会工作的三大手法，为居民搭建参与社区公共事务的平台，调动居民参与社区事务的积极性，提升居民参与社区服务的意识和能力，逐步实现居民自我参与、自我管理、自我发展。

2．工作原则

（1）社工明确把握居民是主体的原则，时刻以社工的"助人自助"为核心。

（2）用优势视角看待居民，相信他们拥有增权的能力。

3．内容

（1）开设"民主议事"居民领袖自治组织。通过开设"我最闪亮"领袖培养小组、"圆桌会议"、"院坝会议"等发掘并培养居民领袖，激发居民领袖的潜能、提升居民领袖的主人翁意识，积极发挥居民领袖作用，带动更多的居民参与讨论、参与自治，共谋社区发展。

（2）酝酿"民主共责"业主委员会自治组织。通过居民领袖带动"民主共责"为主体活动的逐步开展，加强嘉兴社区居民对社区、对家庭、对个人的责任心、归属感、认同感，并在此基础上成立业主委员会，以更好地反映居民诉求、维护居民利益、参与对社区的管理。

（3）筹备"民主商议"社区三协会自治组织。社区三协会分别是"环境卫生监督协会""手工协会""健康体操协会"。就协会成员自身而言，深化协会成员的自豪感，逐渐走向敢走、敢言、敢做的方向，加强成员的自我管理、自我约束感；就协会的作用而言，提高社区监督和参与的功能。

（三）自教

1．自教的定义

自教即自我教授、自我学习、自我参与、自我提升，以多样化的形式来促进"转非"居民生活、文化等方面的融入，实现居民整体综合素质的提高。

2．工作原则

"师不定人，择其长者为师"即是说不固定某一个或两个人作为专门的自教老师，只要居民自身有某方面的特长便可以作为该项活动的老师，去教授其他居民。

3．内容

在社区"梦想课堂"的辅助支撑下，整合社区资源，兴办"梦想课堂"之下的"三文明"社区学校，包括"文明礼仪"社区培训课堂、"文明宣传"政策法规课堂、"文明发展"能力提升课堂。邀请居民自己选定教学主题、确定教学时间、发掘教学力量，打造社区自教组织，促使社区居民自我组织、自我教育、自我监督，逐步达到自我提高的目的。

（四）自娱

1．自娱的定义

自娱即自我组织、自我参与、自我娱乐、自我开发。引导居民搭建和发扬社区内部文化，同时发展居民的自身特长以充实其业余生活，提高其精神文化生活。

2．工作原则

（1）从需求出发挖掘居民兴趣爱好。

（2）弘扬社区文化，建设和谐社区。

3．内容

（1）壮大"最美体魄"居民身体素质提升协会。通过组建中老年健身操队，挖掘培养居民体育骨干，并由体育骨干牵头，宣传招募会员，组织带领跳操，形成了中老年人自娱组织的长效机制。

（2）编织"最美工艺"居民手工制作协会。通过开设中老年手工兴趣小组，如丝网花小组、发夹制作小组等丰富居民业余生活，提升居民自我能力，挖掘居民生命潜能，促进居民社区融入。

（3）扩展"最美才艺"居民兴趣培养协会。在嘉兴社区原有军鼓队的基础上，扩大队伍规模，增设腰鼓队。居民根据个人需求，自行加入"鼓声嘹亮"鼓乐队，学习军鼓，敲打腰鼓，健身怡情。

（4）组织"最美歌声"居民欢娱歌唱协会。通过充分吸纳社区的曲艺骨干和曲艺爱好者成立"精彩人生"欢娱歌唱协会。一方面，会员自行组织每周例行的常规训练和每周五晚上的"想唱就唱"社区卡拉 OK 坝坝会活动；另一方面，会员自行组织排练节目，参与社区、街道、市级层面的各类文艺活动。

第三节 自组织化社区治理 4S 模式实务经验

一、自助

（一）自助服务案例汇集

结合自助组织，在"便民搀扶"中开展了："九九重阳节·浓浓敬老情"的重阳节活动、特殊人群实物救助活动、12·5 社区卫生志愿清扫活动、三协一家社区联谊会活动以及居家养老服务等，建立老年的生活支持网络，开展儿童成长关注课堂、个案管理服务等。

（二）具体案例

1. 九九重阳节·浓浓敬老情活动策划（见表 9-1）。

表 9-1 九九重阳节·浓浓敬老情活动策划书

活动主题	九九重阳节·浓浓敬老情	活动形式	茶话会
活动日期	2014 年 9 月 22 日	社工	××××
活动背景	一、马斯洛需求层次理论 马斯洛需求层次理论认为人的需要分为 5 个层次：① 生理需要是个人生存的基本需要，如吃和住；② 安全需要，包括心理上与物质上的安全保障，如不受盗窃和威胁，预防危险事故，职业保障；③ 社交需要，人是社会你的一员，需要友谊和群体的归属感；④ 尊重需要，包括受到别人的尊重和个体的自尊心；⑤ 自我实现的需要，指通过自己的努力，实现自己对生活的期望，从而对生活和工作真正感到有意义。 二、中国梦 中国梦的伟大意义认为"生活在我们伟大祖国和伟大时代的中国人民，共同享有人生出彩的机会，共同享有梦想成真的机会，共同享有同祖国和时代一起成长与进步的机会，中国梦就是实现国家的富强和民族的复兴。而实现中国梦的过程，正是重新发掘博大精深的中华文化价值的过程。中国要实现真正的强大、民族的复兴，首先就要使国人的信仰重建起来"		
活动简介	"尊老"是中华民族的传统美德。古人云："老吾老以及人之老。"千百年来，中华儿女也用自己的言行不断充实、丰富着敬老思想。嘉兴社区的老龄人口较多，我们希望通过在嘉兴社区开展长期慰问孤寡老人的活动，一方面关爱老人，给他们送去一份温暖与关爱，给予孤寡老人以关注；另一方面，社工针对这些老人的实际情况，整合可以利用的资源，挖掘他们的潜能，组织活动让积极主动的老人有表现的机会，让一部分人带动另一部分人，让自我效能感有缺失的老人感受到活动的活跃气氛，让他们感受到晚年生活的乐趣，丰富晚年生活		

续表

活 动 开 展	一、前期准备 （1）到孤寡老人和独居老人家中进行家访，了解他们的需求。 （2）活动策划。 （3）物质准备。 二、中期安排 （1）布置老年活动室。 （2）社工以茶话会开头的形式让每个老人对重阳节风俗的回忆，头脑风暴。 （3）推出蛋糕，为在场所有的老人过一个集体的生日，并讲讲他们以往生日趣事，分享给大家。 三、后期工作 由社工站社工及志愿者清理现场，同时，采访居民及社区负责人，收集本次活动的反馈信息，拍照留影并存档
预计困难	1. 在回忆分享中把老人带入伤感情绪中 解决方法：社工要提前做好心理准备，积极调动现场气氛，同时准备一些开心的游戏 2. 经费不够 解决方法：节省开支，钱花在刀刃上，自制横幅

【活动评估及反思】

"九九重阳节，浓浓敬老情。"重阳+敬老都是我们中华民族传统情愫，2014年9月23日重庆仁爱社会工作服务中心嘉兴社工站的社工组织社区25名独居、孤寡老人集体过了一次重阳节，活动内容有：话重阳、过生日、寻需求。

话重阳：老人们纷纷讨论和交流自己认为重阳节的习俗是什么，有什么特殊之处。大部分老人都会提及自己没有过重阳节，因为他们几乎都在很小的时候父母就去世了，所以他们理解的重阳节更多的是一种亲情团聚，还有一部分老人讲解了重阳时一种老式做汤圆的方法。社工帮助他们回忆了过去，但也告诉他们现在更美好，让老人保持积极向上的动力。

过生日：每个老人都带上寿星帽，一起吹蜡烛、一起许愿，并由在座的年龄最大者分蛋糕，每个老人脸上都洋溢着幸福。有一个孤寡老人告诉社工："我很多年没有这么高兴地过生日啦，以往都是自己一个人，甚至自己生日都会忘记。"生日会提高了老年人对社区的归属感和融入感。

寻需求：为了能了解到每个老人的需求，社工通过一人一言的方式邀请老人发言，老人

们纷纷表示想当志愿者，参与社区拔草、种树、野炊等，这些需求可以理解为是安置房社区居民对于原来农村生活的怀念。

2. 个案管理

（1）接案。（见表9-2）

表 9-2　个案工作·个案信息登记表

姓名	小勇（化名）	性别	男
年龄	7 岁	工作状况	职业：学生
家庭住址	白马花园	联系方式	136×××629
其他	特殊儿童（残疾、经济困难、单亲）		
基本信息	服务对象患有先天性弱视，由于眼睛的原因，学习十分困难，父母曾带他去做过眼睛手术，由于经济困难只治疗了一只眼睛，有所改善，但是视力还是存在严重的问题。眼睛的问题让他变得脆弱敏感，不爱和邻居、同学交流，在学校经常被同学嘲笑"傻子"，被高年级同学欺负也不敢告诉老师，只能回家跟妈妈倾述。后来妈妈因为心脏病猝死，他变得无助、孤独		
身体状况/婚姻/家庭状况	服务对象身体状况良好，但患有先天性弱视，对生活有一定影响。母亲与父亲是重组家庭，有一个同母异父的姐姐。母亲在前不久突然离世，现在与父亲住在一起。父亲是一个临时工，常年靠在社区周围打点零工维持生计。姐姐现在大学毕业，不常在家住，偶尔会回家看看，给他辅导一下作业		
个人需求或困难	1. 学习困难，需要辅导。 2. 性格内向，社交困难。 3. 突然丧母，情绪低落。 4. 视力不好，有治疗需要		
社工评估	服务对象家庭困难，自身视力不好，也因此性格内向自卑，在社交方面比较困难，没有好朋友；服务对象由于眼睛问题导致学习困难；在母亲离世后，缺乏陪伴，情绪低落。为其制订个案服务计划，开展个案服务		
跟进建议	开展个案服务		

（2）预估。（见表9-3）

表9-3　个案工作·预估报告

案主姓名	小勇（化名）	个案社工	×××
案主来源	社区转介	接案日期	2014 年×月×日
求助问题	1. 性格内向、孤僻、不愿与人交流。 2. 学习困难，成绩差		
背景资料	案主现在 7 岁，母亲前不久突然离世，现与父亲住在一起。父亲是一个临时工，常年靠在社区周围打点零工维持生计；姐姐现在大学毕业，不常在家住，偶尔会回家看看，帮助案主辅导一下作业。案主平时常常一个人，缺少朋友，性格比较内向		
案主个人（家庭）的评估			
个案资料	重点注明		
引发/重要事件	案主母亲突然离世		
曾作出的调试及成效	曾经对案主进行过心理、情绪疏导，现在案主已基本从丧母的悲痛中走出来		
情绪状况	案主好动、易怒		
认知情况	案主的理解力、记忆力较差		
健康状况	案主视力差（弱视），右眼曾做过手术		
人际关系	案主比较孤僻、语言表达能力较差，身边很少有朋友		

（3）计划阶段。（见表9-4）

表9-4　个案工作·服务计划

案主姓名	小勇（化名）	个案社工	×××
案主主要问题陈述			
1. 性格内向、孤僻、不愿与人交流。 2. 学习困难，成绩差			
介入服务理论模式			

1. 弗洛伊德的心理分析理论认为：人类的本质是先天的，决定个人行为的力量并非是环境而主要是人的内在驱力。大部分行为的背后都潜藏着生物性的驱力，如性与攻击等，它们会依据个人人格成熟程度的不同而以不同的方式呈现出来。

2. 艾里克森的心理社会理论认为：在儿童早期，如果父母允许儿童去做他们力所能及的事情，则儿童逐渐会感觉到自己的能力和树立自信心，并且养成自主的性格；反之，如果父母过分溺爱、保护，事事包办，则儿童容易形成缺乏自信的人格，久而久之，就会使依赖性长期得以保持并使儿童变得羞怯和待人处事没有信心。

在儿童中期，若父母/老师对儿童提出的问题耐心听取并给予回答，对儿童的思考和建议作出积极的肯定和适当的鼓励，儿童的积极性和主动创造性就会被激发出来并可得到加强；相反，若父母/老师对儿童的问题感到厌烦，或者常常以禁止或讥讽的方式处理儿童的建议与思考，那么，儿童就容易发展出拘谨、被动或内疚的人格。因此，这个阶段个体发展的任务就是克服内疚感、罪恶感，发展起积极、主动的创造性。

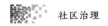

心理社会理论对于儿童社会工作的意义是，它指出儿童在不同的年龄阶段有不同人生任务和危机，儿童社会工作就是要帮助服务对象顺利地处理这些可能面临的人生危机，从而不断获得成长。 3. 行为或学习理论认为：学习起于人与环境的互动，通过与环境的互动，儿童学习不同的行为模式。所以，儿童的行为是儿童对当前环境所作的反应，不适当的行为是儿童对当前环境所作的不恰当的反应，儿童社会工作的任务就是要帮助儿童学习和掌握恰当的行为模式与反应模式	
服务过程与计划	
1. 通过带领案主参加小组活动等形式，帮助案主逐渐走出孤僻的世界，结识更多新朋友，然后融入其他小朋友中。 2. 对案主进行作业辅导，逐步提高其学习成绩。 3. 向案主父亲了解有关案主眼睛的事情，有可能的话，希望能够帮助他提高视力	
评估体系	
1. 观察评估。观察案主最近的生活情况、学习情况、人际交往情况。 2. 问卷评估。制作问卷评估案主对社工服务的满意度。 3. 服务对象自评。社工询问服务对象对近期所提供服务的满意度状况	

（4）介入实施（见表9-5、9-6）

表9-5　个案工作·介入过程记录与分析1

案主姓名	小勇（化名）	个案社工	×××
介入目的	1. 加深社工与案主之间的感情，促进与案主的交流沟通。 2. 辅导案主做暑假作业		
介入过程与分析	介入过程	社工反思	
	1. 刚开始，案主到社工办公室里来找社工聊天，之后社工便让案主回家把暑假作业带过来做。 2. 案主做作业的时候，其父总是担心案主会饿，经常会拿一些吃的来给案主。本来案主做作业就慢，这下就更慢了	1. 案主经常到社工站来找社工聊天，这说明我们社工对他的帮助是有一定成效的，已初步建立了较好的关系。 2. 父亲太过于溺爱案主了，边做作业边吃东西是一种不好的习惯。之前社工有跟父亲说过这事，但父亲似乎并没有接纳建议，改变自己的行为，社工决定针对这个问题再跟父亲好好沟通一下	
介入小结	1. 在辅导案主做作业的时候发现案主总是不能静下心来，不是说闲话就是东走走西看看，总是坐立不安。 2. 从作业情况来看，案主数学还比较好，语文相对较差，主要的困难在于不会读题目，每次都要靠社工给他读题目并讲解题目的大意。 3. 针对父亲溺爱案主的某些行为，社工继续跟其沟通。		

表9-6 个案工作·介入过程记录与分析2

案主姓名	小勇（化名）		个案社工	×××
介入目的	1. 了解案主近期的学习和生活状况。 2. 准备结案			
介入过程与分析	**介入过程**		**社工反思**	
	经过一个愉快的暑假生活之后又开学了，案主像往常一样来到社工办公室，让社工帮他辅导作业，于是社工便趁辅导案主作业的时间与案主聊天，了解案主近期的学习和生活情况		社工与案主之间已经建立了比较良好的关系，以作业辅导的形式陪伴案主更容易了解到案主的真实想法	
介入小结	1. 从言谈中，明显感觉到案主变得自信了，能够较好地和社工、同学交流。 2. 从前几次活动来看，案主的人际范围逐渐扩大，开始与社区的其他小朋友一起玩耍。 3. 案主经过社工的辅导之后，数学成绩有明显提升，语文成绩由于眼睛视力不好，致使审题和阅读还存在一定的困难			

（5）结案。（见表9-7）

表9-7 个案工作·结案报告

案主姓名	小勇	个案社工	×××
接案日期	2014年7月11日	结案日期	2014年9月11日
访谈次数 与形式	个别访谈次数：共3次；家庭访谈次数：共1次； 小组面谈次数：共5次；电话访谈次数：共2次； 其他接触：共10次；合计：21次		
案主（家庭）的 问题	案主现在7岁，母亲前不久突然离世，现与父亲住在一起。父亲是一个临时工，常年靠在社区周围打点零工维持生计。姐姐现在大学毕业，不常在家住，偶尔会回家看看，辅导案主作业		
对案主的 一般描述	1. 案主体型瘦小，眼睛视力不好。 2. 性格内向、孤僻、不愿与人交流。 3. 学习困难，成绩差		
案主（家庭）的 社会背景	案主现在在××小学上二年级，母亲去世后跟父亲住在一起，偶尔单身的三伯也会到他们家来。案主朋友很少，常常独来独往，人际交往较差		
案主（家庭）的 生活状况	案主现目前跟父亲住在一起，由于父亲与母亲是二婚，母亲是社区的居民，而父亲不是，所以现在案主所住的房屋是母亲和姐姐的。现在父亲一边外出打工，一边照顾案主，家庭经济来源主要靠父亲打工所得		
社工对案主（家庭） 的评估	案主因为母亲的突然离世，性格变得更加内向了，现在案主跟父亲住在一起，平日里父亲都要外出打工，再加上父亲本人文化知识水平不高，所以没有能力辅导孩子的学习。因此，案主的学习成绩及作业辅导成了整个家庭最为关心的事情		

续表

曾提供的服务	邀请案主参加"天使团"志愿者小组活动,帮助案主建立新的人际交往圈,使案主性格变得开朗
现状	1. 性格上变得外向了,愿意主动与人交流了。 2. 学习上,具有了一定的自主性,能够主动完成作业。 3. 生活上,比以前更加自立了。 4. 社会交往上,重新认识了一些新朋友,不再像以前那样孤僻了
跟进建议	1. 对案主的作业辅导依旧继续,逐步提高案主的学习成绩 2. 时常邀请案主参加社工站的一些活动,提高其人际交往能力

二、自治

(一)自治服务案例汇集

在自治板块,"我最闪亮"领袖培养小组、"圆桌会议"、院坝会议、天使团志愿者小组、"三协会"的成立等活动激发居民领袖的领导潜能,提升居民领袖的主人翁意识。居民领袖的作用发挥,带动了更多居民参与讨论、参与自治、共谋民主和谐。

(二)服务案例

1. 院坝会议(见表 9-8)

表 9-8　小组工作·院坝会议计划书

活动名称	院坝会议
小 组 理 念	为贯彻落实党的十八大精神,以科学发展观为统领,以人为本、关注民生、服务民生,不断提高居民的幸福感,促进和谐为服务理念,努力把社区建设成为管理有序、服务完善、文明祥和的服务型社区。 　　为了实现这一目标,采用社会目标模式的理论为基础,强调社会系统与个人、群体间的互动和相互影响,关注社会责任和社会变迁,以小组工作原则与方法,培养组员社会责任感、社会意识。组员通过小组互动过程形成共同目标,又可以推动小组工作过程。在小组工作过程中,组员能获得自我发展、提升参与能力、承担有意义社会行动的能力。 　　通过院坝会议的参与方式,积极推进基层民主政治建设,贯彻党的群众路线实践教育活动,真正做到权为民用、事由民议,充分调动了居民参与社区事务的积极性,鼓励居民参与到社区建设中去,让居民在舒适的氛围下,针对社区存在的问题提出建设性意见,逐步提升居民的参与意识、参与能力,实现居民自我管理、自我服务

续表

小组目标及目的	1. 提升了居民领袖的主人翁意识。 2. 参与讨论、参与自治、共谋民主和谐
活动内容	性质：发展性小组。 对象：嘉兴社区赋闲在家的中老年人。 人数：10~25 人。 次数：每月四次，每周一次，共开展两个月。 地点：嘉兴广场。 时间：19：30—21：00
招募方法	广播宣传、海报宣传
预计会出现的困难及解决方案	1. 招募组员过程中存在困难。 应对策略：社工可以让积极性高的老人帮忙宣传。 2. 在小组过程中有些组员谈论其他话题。 应对策略：在小组开始第一次大家设定小组规范，用小组规范来进行限制。 3. 遇天气不好的夜晚，如下雨。 应对策略：社工提前查看天气预报，如有特殊情况则晚会提前或取消
评估方法	1. 依据工作员在小组进行时的观察及分析，进行评估。 2. 从出席率及参与，做出组员投入程度的评估。 3. 透过与组员的访谈评估他们对小组的感受及意见

<h3 style="text-align:center">小组工作·院坝会议活动过程记录</h3>

第一节活动内容（见表9-9）

时间及安排：2014 年 8 月 21 日 19：30—21：00

表 9-9 院坝会议第一节活动内容

时间	地点	目标	内容	备注
15 分钟	嘉兴小广场	社工和居民相互认识	互相介绍	
60 分钟	嘉兴小广场	了解社区现存的环境卫生问题。 了解社区居民目前对社区环境卫生的看法及建议	社工引导居民发言、对居民分组进行讨论，收集有效信息	社工做好相关记录
15 分钟	嘉兴小广场	达成共识	总结归纳居民讨论的问题及建议，并讲解给居民	

第二节活动内容（见表9-10）

时间及安排：2014年9月4日　19：30—21：00

表9-10　院坝会议第二节活动内容

时间	地点	目标	内　容	备注
15分钟	嘉兴小广场	回顾上节社区问题	加深社工与居民的认识，宣读上次院坝会议居民们对环境的建议	
60分钟	嘉兴小广场	收集成立环境卫生协会的看法及建议	通过居民探讨、了解居民对成立环境卫生协会的看法、想法及建议，其中包括确定协会的核心领导人物、如何开展工作	社工做好相关的记录
15分钟	嘉兴小广场	达成共识	把讨论的核心领导人及如何发挥协会的作用的结果，再次宣读给组员，询问组员意见	

第三节活动内容（见表9-11）

时间及安排：2014年9月11日　19：30—21：00

表9-11　院坝会议第三节活动内容

时间	地点	目标	内　容	备注
15分钟	嘉兴小广场	回顾上节内容	回顾上节成立环境卫生协会的共识，并让新加入的居民了解	
60分钟	嘉兴小广场	初步认识业主委员会	通过居民探讨、和社工的问答，了解居民眼里的业主委员会是什么，有什么作用，怎么构成，权利有哪些	社工做好相关的记录
15分钟	嘉兴小广场	加深组员的认识	社工对业委会方面的问题进行澄清和总结	

第四节活动内容（见表9-12）

时间及安排：2014年9月18日　19：30—21：00

表9-12　院坝会议第四节活动内容

时间	地点	目标	内　容	备注
15分钟	嘉兴小广场	回顾上节内容	回顾上节居民们对业主委员会的一些认识，并让一些可能新加入的居民了解什么是业主委员会	
60分钟	嘉兴小广场	加强居民主人翁地位	引导居民发言，如：在我们社区成立业主委员会，有什么资源、具备什么条件，还差什么条件，如果让其中的居民做业主委员会的成员，你们会怎么做	社工做好相关的记录
15分钟	嘉兴小广场	加深认识	通过居民的发言，社工对其澄清和总结	

第五节活动内容（见表9-13）

时间及安排：2014年9月25日　19：30—21：00

表9-13　院坝会议第五节活动内容

时间	地点	目标	内容	备注
15分钟	嘉兴小广场	回顾上节	回顾上节，加深居民对社区成立业主委员会的一些认识，并让一些可能新加入的居民了解什么是业主委员会	
60分钟	嘉兴小广场	明确如何行使权力	在我们社区成立业主委员会应该做什么，怎么样行使和代表居民的意愿	社工做好相关的记录
15分钟	嘉兴小广场	深化认识	通过居民的发言，社工对其澄清和总结	

【活动评估及反思】

在院坝会议中，采取的形式比较随意，比较贴近居民的生活，这样更有利于我们了解居民的真实需求；在面对部分居民不太愿意说话的时候，社工通过鼓励和由相对活跃的居民带动比较沉默的居民；在技巧上，主要运用了引导、总结、澄清等，以此帮助我继续进行下去。

还需改进的地方：居民容易在交流中逐渐偏题，社工应及时打断，适时将讨论引回正题。

2. 手工协会成立大会（见表9-14）

表9-14　社区活动·手工协会成立大会策划书

活动主题	成立社区手工协会	活动形式	圆桌茶话会	
活动日期	2014年×月×日	社工		
活动背景	嘉兴社区是位于重庆市北部新区礼嘉街道的安置房社区，社区居民多为原当地农民，在拆迁安置后逐渐市民化的过程中，一些居民特别是老人在融入中表现出极大的不适应。重庆仁爱社会工作服务中心入驻嘉兴社区后，社工在探访的过程中发现，很多老人平日里缺乏文化娱乐活动，人际交往的圈子仅限于家人及个别熟悉的人，大多时候都待在家里看电视、带带孙子孙女。这样的现状不利于农转非社区的和谐、共荣。 　　为了打破这种境况，将居民组织起来，自娱自乐，站点社工特意策划并组织以丝网花制作培训为代表的手工制作兴趣小组。丝网花制作小组已经进行过一期，目前正在进行第二期的小组活动，逐渐形成了一批小组骨干成员，成员参与活动更加自觉主动，小组规范日益成熟。为了进一步巩固小组活动的常态化运作，扩大小组的影响力，丰富活动内容，站点社工准备在丝网花小组的基础上，成立手工协会，丰富活动内容，吸纳更多社区居民参与。 　　手工制作活动的开展，可以满足社区老人对精神及心理上的需求和慰藉，同时可以改善老人对人际关系的认识，改善和增加现有的社交活动内容及对象，丰富老年人生活。在小组中，老年人通过互相交往与学习，可以重新确认自身的能力，进而建立自信心			

活动简介	活动计划于 2014 年 12 月 9 日在社区会议室进行，将召集前期活动骨干成员共同协商成立手工协会。活动当场对提前草拟的协会章程进行讨论并形成决议，制定活动开展、参与的组织规范
活动开展	一、前期准备 提前通知宣传成立手工协会的意图以及成立大会的相关事宜，鼓励大家积极参与；社工策划活动安排并草拟活动章程；做好会前准备。 二、中期安排 1. 组织参会人员就座，介绍活动流程。 2. 开展热身活动。 3. 讨论协会章程及今后活动的开展方式和内容。 4. 对本次活动进行总结。 三、后期工作 做好会后总结；继续跟踪帮扶协会发展
预计困难及应对措施	1. 参会积极性不高。 对策：提前通知，并耐心讲解会议的意义和流程安排。 2. 谈论协会章程热情不高。 对策：积极引导，鼓励前期活动骨干热情参与

【活动总结与反思】

本次活动的开展主要是为了成立手工协会，进一步提升协会的影响力，进而吸引更多社区居民参与协会活动，同时丰富协会活动，鼓励会员发表意见，开展新的手工制作项目。在本次活动中，对民主选取的会长和联络员颁发了聘书，确立了协会这一组织领袖的核心作用，同时引导居民自主制定协会规章纪律，从而增强协会的凝聚力和规范性。会员居民对于活动的各项内容积极参与、大力支持，活动的目标基本实现。居民的自组织能力进一步增强。

社工在组织参与整个活动的过程中，都在引导居民自我参与、自我组织，而不是直接告诉居民应该怎么做。通过这样的方式，居民自身的潜能得以挖掘，变得更加自信。

三、自教

（一）自教服务案例汇集

自教组织在"文明发展提升课堂"中开展了"儿童夏令营"活动、冬令营活动、计算机小组、夏日养生保健培训课堂、法律法规讲座、象棋小组、"老年人防跌防骗"小组等活动，后期还将根据居民需求不定期的开办以"急救常识""礼仪规范"为主题的专题讲座。

（二）具体案例

1. 儿童冬令营活动（见表9-15）

表9-15　儿童冬令营活动策划书

活动主题	爱上一座城	活动形式	冬令营
活动日期	××年1月29日、2月4、5日	社工	×××
活动场地	嘉兴社区	预计人数	20人
活动背景	随着社会的发展，城镇化建设越来越快，现在社区里面的儿童要么是社区内原本的转非居民外出打工后的留守儿童，要么是外来务工人员的子女，这些孩子的教育问题越来越引起人们的关注。寒暑假期，父母们更是由于工作繁忙无暇照顾孩子们的学习和生活起居，有些孩子因为生活的重压、学业的挫折，过早地告别了童年的欢乐时光，经常处于动荡、紧张、困惑与迷茫之中		
活动目标	1. 让儿童拥有一个快乐的寒假。 2. 扩大儿童人际关系交往圈。 3. 增强儿童的沟通和团队协作能力。 4. 促进儿童融入城市生活		
活动方案	一、筹备期 （1）撰写活动计划书。 （2）招募参与活动的成员。 （3）确定活动场地，购买活动物资。 二、执行期 活动人数：20人，随机分配4人/组。 整个活动的主题为：爱上一座城（重庆）。分为四个主题：分别是爱上一群伙伴（初相识、团建）、学习一项技能（剪纸）、享受一份温情（观看感恩电影）、爱上山城地理（趣味地理认识运动会）。 （一）1月29日 1. 上午9：30—10：30筹备会，接受小朋友的正式报名，并讲解接下来活动的安排事宜 （二）2月4日 1. 上午9：30—11：30（爱上一群伙伴）团建，通过游戏让小朋友们互相认识。 2. 下午2：30—4：30（学习一项技能）开展手工课堂，剪纸 （三）2月5日 1. 上午9：30—11：00（享受一份温情）观看教育动漫片：《你看起来很好吃》，引导儿童学会感恩父母；11：00—11：30带领小朋友进行看完电影后的一个分享。 2. 下午2：30—5：00（爱上山城地理）开展趣味运动会。下午5：00—5：30同小朋友一起总结整个冬令营，分析自己在这次活动中收获到了什么，并颁发奖状		
预计困难及应对措施	1. 小朋友人数太多，社工太少，安全问题得不到保障。 措施：寻求志愿者，或邀请小朋友的家长。 2. 小朋友活动结束后，不会分享活动感受。 措施：社工要尽力引导，让小朋友有更多的收获		

附件 1　团建游戏

游戏一：有缘相识

一、活动目的

1. 通过游戏让组员体验主动交往的乐趣。

2. 组员在交流中发现共同爱好，寻找志同道合的朋友。

二、活动时间

大约需要 20 分钟。

三、活动道具

多种颜色的小方形纸若干，每张纸分别剪成四小块彼此能相互契合的形状。选择欢快的乐曲作背景音乐。

四、活动场地

室内为宜。

五、活动程序

1. 在背景音乐的欢快气氛下，社工要求每个参与者到场地中央的盘子里选取一张自己喜欢的纸片。

2. 根据自己所选纸片的颜色与形状，到群体中寻找能与自己图形契合的"有缘人"。

3. 找到了"有缘人"后，两人坐在一起，相互介绍自己，通过交谈找出彼此间三个以上的共同点。

4. 所有人交流分享。

六、注意事项

1. 此游戏比较适合相互陌生的群体。

2. 纸片设计时可以 4 张相互契合拼成一个正方形，就会出现一人同时可以与两人相契合的情况。社工可以要求第一个图形契合的人为"有缘人"，也可以要求只要是图形能契合的人都为"有缘人"。

3. "有缘人"可以是颜色相同形状契合，也可以是颜色不同但形状契合的人，由学生自己理解决定。

4. 游戏还可以继续深入，在两个"有缘人"的基础上接着做"成双成对"，继续寻找图形契合的另两个"有缘人"。找到后，四个"有缘人"通过交谈，寻找彼此间存在的三个共同点。

七、活动扫描

一群陌生人走在一起，如何主动介绍自己、认识他人？"有缘相识"游戏利用小道具——一张不规则的纸片，让你跨出主动交往的第一步。不管他是谁，不知道他在哪里，凭着手中的小纸片，努力去寻找。相信相遇是一种缘分，所以当彼此找到图形契合的"有缘人"时就会特别高兴，开心地坐在一起交谈，挖掘着彼此间的共同点。陌生感没有了，人与人的距离拉近了。当发现彼此有这样那样的相似时，就会特别兴奋、特别珍视。

当社工要求"有缘人"与大家一起分享共同点时，他们总是自告奋勇，迫不及待，在分享受到大家的认可时更是开心不已。原本一个陌生的群体，由于找到"有缘人"，而变得融洽与温馨。

游戏二：个性名片

一、活动目的

1. 把自己最想与他人交流的信息简洁明了地公布出来，学会推荐自己。

2. 通过"个性名片"的交流，让学生了解他人，尽快地彼此熟悉。

二、活动时间

需要 20~25 分钟。

三、活动道具

每人准备 1 张空白 A4 纸，代表自己的名片、彩色笔若干。

四、活动场地

室内、室外均可以。

五、活动程序

1. 社工发给每位组员一个空白的 A4 纸，彩色笔放场地中央公用。

2. 在 5 分钟时间内，每位组员为自己设计一张"个性名片"。

3. "个性名片"要求：

（1）不少于 5 条个人信息。

（2）除文字外可用图形等多种形式表示。

（3）可以使用多种颜色的笔。

4. 小组交流，集体分享。

六、注意事项

1. 5 条个人信息可以是具体的，也可以是抽象、含蓄的，但要求是个性化的。

2. 社工发现典型案例要进行交流并重点提问，深入挖掘个性特质，帮助当事人进一步了解自己。

这一游戏安排在彼此不熟悉的群体中进行效果特别好，可以推荐自己、了解他人，让陌生人群较快熟悉。

七、活动扫描

一群彼此不熟悉的学生坐在一起，如何在短时间内推荐自己、了解他人？设计、交流"个性名片"是一个好方法。

假如我们脖子上挂着的胸卡，除了名字这一符号，其他什么也没有，彼此了解的仅仅是一个符号、一个称呼。但假如我们为自己做一张"个性名片"，把自己的特点公布出来，介绍给大家，让别人记住自己、了解自己，同时在别人了解自己的同时，自己也很快记住了他们，这不是很好吗？我们在交流的过程中，会发现身边还有不少兴趣、爱好相同的朋友，与陌生人的交往真的不是很难。

"个性名片"上写些什么信息呢？不妨从以下几方面考虑：

（1）姓名——昵称——网名——外号。

（2）特长——爱好——兴趣——嗜好。

（3）崇拜的人——欣赏的人——敬重的人——厌恶的人——痛恨的人。

（4）理想——目标——经历——志向。

（5）对自己的比喻——体型——外貌——身高——体重——肤色。

（6）联系方式——家庭电话——手机号——QQ 号——班级——学号。

把自己最想让别人知道并想与他人交流的信息简洁明了地公布在小小的卡片上，可以用直白的语言，也可以诗句来表达；可以用单色的线条，也可以用彩色画面来展现。总之，一张小的"个性名片"，就是你人际交往的"通行证"。

游戏三："松鼠"搬家

一、活动目的

1. 让组员在游戏中体验竞争和被淘汰的残酷，感受合作的力量。

2. 开拓学生思维方式，在竞争中体验双赢的快乐。

二、活动时间

大约需要 10 分钟。

三、活动道具

无。

四、活动场地

室内、室外均可以。

五、活动程序

1. 参与者每三人为一组，其中两人双手举起对撑搭成一个"小木屋"，另一个人扮"小松鼠"，蹲在"小木屋"里。

2. 根据社工的口令进行变化，如：

"松鼠搬家"——"小松鼠"调换到其他的"小木屋"。

"樵夫砍柴"——搭建"小木屋"的两个人分开，寻找新的"樵夫"搭建新的"小木屋"。

"森林大火"——"小松鼠"可以变成"樵夫","樵夫"可以变成"小松鼠"。

3. 社工可以不断变化着发出口令，大家作出相应的变化。在活动一开始安排 2 只无家可归的"小松鼠"充当竞争的角色，这样在变化中必然会有新的"小松鼠"或"樵夫"被淘汰出来。

4. 集体分享活动的感悟。

六、注意事项

1. 要有足够大的活动空间，便于"小松鼠""樵夫"跑动变化。

2. 本活动是人数越多效果越好，出现无家可归的"小松鼠"和没有"小松鼠"的"小木屋"均被认为是淘汰。

3. 社工要关注多次被淘汰的"小松鼠"和"樵夫"，可以请他们表演节目或交流被淘汰的原因及心理感受。

七、活动扫描

"松鼠搬家"游戏是在快乐的笑声中进行。在激烈动荡的"森林大火"中，机灵的"小松鼠"很快找到了新的家；勤劳的"樵夫"不仅搭好了新"屋"，还热情地呼唤着"小松鼠"进"屋"，形成了和谐的"松鼠之家"。假如"小松鼠"和"樵夫"没有主动交往的意识，没有积极合作的态度，没有有效竞争的能力，被淘汰是必然的。活动一开始社工安排两只以上无家可归的"小松鼠"，所以按一间"木屋"一只"小松鼠"，一定有"小松鼠"或"樵夫"被淘汰出来。但社工发现，有的小木屋里住着两只"小松鼠"。是强行登陆还是友情邀请？这时就得请出两只"小松鼠"问个明白。原来一只"小松鼠"无家可归时，温馨的"松鼠之家"热情地邀请它加盟，接纳与包容使"小松鼠"感动万分。

虽然游戏规则中要求是一间"小木屋"中住一只"小松鼠"，但出现了一屋住双鼠的情形，社工对此不是否定而应该肯定，欣赏这种突破规则开放思路的态度，提倡这种"在竞争中合作，在合作中竞争"的精神。游戏一方面让大家感受竞争的压力和残酷，另一方面也体验了温馨与快乐。

游戏四：我说你画

一、活动目的

1. 让组员学会全局思维、清晰表述、准确回应。

2. 组员学会多角度找原因，主动承担责任。

3. 体验有效的信息沟通要素，包括准确表达、用心聆听、思考质疑、澄清确定等。

二、活动时间

需要 10~15 分钟。

三、活动道具

两张样图，每人一张 16 开白纸和笔。

四、活动场地

室内为宜。

五、活动程序

1. 第一轮请一名志愿者上台担任"传达者",其余人员都作为"倾听者","传达者"看样图一二分钟,背对全体"倾听者",下达画图指令。

2. "倾听者"们根据"传达者"的指令画出样图上的图形,"倾听者"不许提问。

3. 根据"倾听者"的图,"传达者"和"倾听者"谈自己的感受。

4. 第二轮再请一位志愿者上台,看着样图二,面对"倾听者"们传达画图指令,其中允许"倾听者"不断提问,看看这一轮的结果如何。

5. 请"传达者"和"倾听者"谈自己的感受,并比较两轮过程与结果的差异。

六、注意事项

1. 第一轮与第二轮两张样图构成基本图形一致,但位置关系有所区别。

2. 两轮中的"传达者"可以为同一人,也可以为不同人。

3. 邀请"倾听者"谈感受时要选择有代表性的,如画得较准确的和特别离谱的,这样便于分析出造成不同结果的多种因素,从而找到改进的主要原因。

七、活动扫描

社工把游戏的大致过程与要求解说完后,就有不少的志愿者要求担任"传达者",特别是当"传达者"两分钟看完样图一后,都觉得比较简单。社工问:"你能够准确地把信息传达给全体'倾听者'吗?""没问题!""传达者"总是自信地回答。

当"传达者"一个个指令发出后,教室里渐渐地开始不安起来,可以听到越来越多的议论声、抱怨声、责备声。甚至有人说:"自己都搞不清楚,还说什么,越说越糊涂了。"也有的人干脆放下笔拒绝接受指令了。

"传达者"自己也明白为什么会如此表达不清楚,很少有人能够画出与样图一完全相同的图形。

通过"传达者"与"倾听者"的交流,发现理解、表述、质疑、回应都是有效沟通的基本要素。

第二轮中"传达者"与"倾听者"尝试和体验了有效沟通,"倾听者"们画出的图形与样图二基本相同,结果令双方满意。

附件 2 趣味运动会（爱上山城地理）

本次活动让小朋友，通过一个虚拟的场地，以其中的建筑为每个地点的代表，并以闯关夺宝的形式，向目的地出发。

具体闯关形式：礼嘉出发点（渝北区）——观音桥（江北区）——洪崖洞（渝中区）——南坪（南岸区）——鱼洞（巴南区）——石桥铺（九龙坡区）——大学城终点（沙坪坝区）

游戏：除起点以外，每个地点都会设立各自的游戏，全程共有六个游戏，分别是：

1. 观音桥（踢毽子）规则：团队围圈至少踢六个以上，任务期间毽子不能落地，且每人至少都能踢到；如期间落地，需重新开始。方式：计时。

2. 洪崖洞（跳长绳）规则：一个一个进去，直到团队的最后一个人进去，在一起合跳五个，中间如有人踩到长绳，需重新开始，直到挑战成功；如遇到不会跳长绳的，则单独跳短绳十个，或者让所在队除自己以外的所有组员多跳长绳三个，直到挑战成功。方式：计时。

3. 南坪（你比我猜）规则：一个人比画，团队中剩余的人猜，合计猜对六个题，其中有两次换题的机会，直到挑战成功。方式：计时。

4. 鱼洞（夹气球）规则：整个团队人员一起背靠背夹气球，从起点到终点再返回起点，途中气球不能落地，如果落地，需重新开始，直到挑战成功。

5. 石桥铺（过河拆桥）规则：每组共有 3 块纸板（每张纸板大约 25 厘米宽的正方形），组员需合力利用纸板过河，每个成员都需站在纸板上，将最后一块纸板拆下连接在最前一块纸板前，以此类推，直到过河成功。过程中不可有成员离开纸板，如离开则算失败，需重新开始。方式：计时

6. 大学城（三人两足）规则：团队一起脚绑脚，然后在指定的路线内跑完全程，直到挑战成功。方式：计时。

夺宝方式是：以小组为单位，游戏闯关，以六个游戏通关时间的累计的多少，决定谁是夺宝之王。（小组计时卡见表 9-16）

表 9-16 小组计时卡

组名： 总成绩： 分 秒	
地点	用时（分秒）
观音桥（踢毽子）	

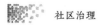

续表

洪崖洞（跳长绳）	
南坪（你比我猜）	
鱼洞（夹气球）	
石桥铺（过河拆桥）	
大学城（三人两足）	
总计	

2. 法律法规讲座（见表9-17）

表9-17　社区工作·中老年人法律法规讲座

活动主题	法律知多少	活动形式	讲座
活动日期	2015 年×月×日	社工	×××
活动场地	嘉兴社区会议室	预计人数	30 人
活动背景	<td colspan="3">现在，我国已进入法制社会的时代，公民的日常生活涉及经济、文化和伦理道德等，都必须用法律来调整。法律意识是法律规范、法律关系、法律行为以及立法、执法、司法等活动在人们头脑中的反映。法律意识是一种特殊的社会意识，是社会主体对法律现象的主观把握方式，是人们关于法的知识、情感、评价与行为倾向的有机综合体。其中法律情感是社会主体对于法的稳定的情绪体验，如对于法的尊重、亲近、关切还是蔑视、厌恶、冷漠等。在知识、情感、评价的基础上选择守法还是违法等就是社会主体的法律行为倾向。 通过对社区居民法律法规意识现状的调查发现，社区很多居民的法律意识比较淡薄，尤其是中老年社区居民，往往不清楚自身的合法权益有哪些，如何去维护自身的合法权益。重庆仁爱社会工作服务中嘉兴社工站根据这一现实需求组织开展法律法规讲座，希望借此能加强和增进公民的法律意识，使社区居民树立正确的法律的观念，对我们的法律有正确的态度，真正做到知法、懂法、守法、用法</td>		
活动目标	<td colspan="3">1. 进一步强化群众法律意识，增强政治敏锐性，提高依法维权和依法反暴的能力，提高社区居民的法律素质。 2. 营造社区法制氛围，引导居民在任何时候都要依法办事，以理性、合法的形式表达利益诉求，营造和谐文明的社区。 3. 帮助居民学习法律、引导居民自觉运用法律来解决问题，努力在全社会形成自觉学法、知法、懂法、守法、用法的良好氛围。 4. 为社区的全民法律素质的提高以及社区的安全稳定做出积极的贡献</td>		

续表

活动方案	一、筹备期 1. 仁爱嘉兴社工站的全体社工组织开展活动讨论会，集体讨论决定法律法规讲座主题。 2. 与督导联系，确定主题并撰写活动计划书。 3. 购买活动物资，以广播、人传人等形式对活动提前进行宣传招募，确定并联系讲座的主讲人。 二、执行期 14：00—14：20　迎接讲座主讲人，布置会议室 14：20—14：30　组织居民签到 14：30—15：20　主讲老师开展法律法规知识讲座 15：20—15：30　组织居民总结分享 15：30—17：30　社工总结本次活动并撰写总结（简报）、新闻稿等
预计困难及应对措施	1. 参加讲座的人数太多，没有座位。 解决方法：提前准备好塑胶凳子。 2. 法律专业的志愿者难以寻找。 解决方法：调动社工的同学资源，寻找合适的讲师

【活动总结及反思】

本次讲座过程一共分为三个流程：社工介绍、老师讲解、社工总结，重点环节在老师讲解和社工总结部分。由于参与本次讲座的人群主要是社区的中老年居民，所以讲座的主题就定为《中华人民共和国老年人权益保障法》相关的内容，主要让老年居民们知道有哪些法律法规是保障他们权益的、都有哪些权利和义务、如何去维护自身的合法权益等，这一目标基本达到。参会的居民对自身的权益保障也有了新的认识。

由于法律法规知识的讲解本身比较枯燥，所以如何让课堂变得生动愉悦是社工需要考虑到的。本次讲座社工表现得比较好的地方也在这里，社工提议大家一起唱"常回家看看"这首歌，一方面贴近本次讲座的主题，另一方面活跃了现场的氛围。

此外，社工中途加入居民的讨论中，有利于引导居民讨论分析。最后的总结环节，社工与居民一起总结回顾，加深印象，引导居民营造和谐、和睦的氛围。

从居民们的状态来看，居民对专业权威还是比较看重的，因此，以后类似这样的讲座，依旧邀请专业的讲师讲解，以保证效果。

四、自娱

（一）自娱服务案例汇集

自娱组织打造了"四最美"。其中"最美工艺"居民手工制作协会，通过开设中老年手工兴趣小组，如丝网花小组、丝网花大赛、饰品手工小组等活动；"最美体魄"开展了居民身体素质提升小组；"最美歌声"开展了每周五晚的卡拉OK坝坝会；"最美才艺"开展了象棋PK大赛等。这些活动丰富了居民的业余生活，提升了居民的参与和交流，挖掘了居民的生命潜能，促进了居民的社区融入。

（二）服务案例

1. 丝网花小组（见表9-18）

表9-18 小组工作·丝网花小组计划书

活动名称	丝网花小组
小组理念	一、背景 　　嘉兴社区是位于重庆市北部新区礼嘉街道的安置社区，社区居民多为原社区居民，拆迁安置后，部分居民特别是年长的居民不能很好地适应城市化的生活。社工在探访的过程中了解到，社区很多老年人在"转非"后就很少走出家门参加社区活动，也很少和社区的老人一起交流娱乐。他们几乎都待在家里，看看电视，带带孙子孙女，老人的交际圈局限在家人。因此许多老人表示"转非"后就没什么事儿做了，身体也不太好。对此，重庆仁爱社会工作服务中心，针对老年人目前的生活状态，特意策划了本次丝网花培训活动。丝网花是一种材质便宜、易教易学的一种手工活动。活动的开展可以丰富社区居民的生活，可以提高居民的动手能力，可以通过丝网花成品来提升居民的自信心，同时给社区居民搭建了一个互动交流的平台，易于社交网络的扩展
小组目标及目的	1. 丰富社区居民的文化活动，培养居民的兴趣爱好。 2. 增强社区居民的动手能力和创新能力。 3. 搭建社区互动交流平台，拓宽居民的社交网络。 4. 利用身边的废弃材料代替专用制作材料，培养节约意识
活动内容	性质：发展性学习小组。 对象：嘉兴社区赋闲在家的中老年人。 人数：10~25人。 次数：每月四次，每周一次，共开展两个月。 地点：老年活动室。 时间：14：30—16：00

续表

招募方法	广播宣传、海报宣传
预计困难及解决方案	1. 小组成员主要是中老年人，对一些难度较高的动作学的比较慢甚至没有兴趣再学下去。 　解决方法：社工需要耐心地教他们，尽量教一些简单的动作，让他们有兴趣学下去。 2. 在时间控制上可能没有很强的固定性，不知道居民的接受能力是多少。 　解决方法：根据他们的接受能力灵活安排时间
评估方法	1. 依据工作员在小组进行时的观察及分析，进行评估。 2. 从出席率及参与，做出组员投入程度的评估。 3. 通过与组员的倾听来指导他们对小组的感受及意见

【活动评估与反思】

从 2014 年 11 月 7 日起开始进行丝网花小组第二期的活动，由于第一期的开展，部分居民对丝网花比较熟悉，参与的热情也更高了。11 月 7 日，社工带领 4 名居民外出学习丝网花的各种花型制作方法，并购买制作材料。11 月 11 日，丝网花小组第一次正式学习在社区老年活动室进行，还没到约定的时间就有许多居民前来询问相关事宜，本次参加人数 15 人，学习牡丹花的制作方法，新来的居民从花瓣制作到花形的成型，学习得有模有样，会做的居民主动帮助新来的居民学习制作方法，气氛很是融洽。11 月 18 日第三次活动，又有新的成员加入，练习的过程中，会做的尝试新的花形，不会做的学得认真，最后都能做出一两个成品。11 月 25 日第四次活动，由于与社区会议冲突，来参加的人较少，但热情很高，做花的效率也很高。社区会议结束后，仍有小组成员来参加丝网花制作。成员之间相互交流、彼此分享，氛围很融洽。12 月 2 日小组第五次活动，还是集体学习，还没有到约定的时间，就有小组成员到社工站询问今天做花的地点安排，经询问社区安排丝网花制作在社区会议室；社工把准备好的材料分发给前来参与小组的居民，成员巩固复习学过的花形，并加入自己的新的想法和灵感，还相互展示做好的花；在最后一次活动中，组员自由发挥，创作自己喜爱的花型，相互欣赏、学习。

本次小组活动是在第一期小组活动基础上进行的，由于有第一期小组活动做铺垫，所以居民对丝网花的认知度比较高，也更加积极主动地参加。本次小组重在吸纳更多居民参与，并学习新的花形，所以在内容设计上会以学习不同花形为主，并不断进行巩固练习，以至每个人都能掌握一两种花形的制作，并按照自己的想法进行设计。在具体的参与过程中发现，居民的参与热情很高，制作丝网花的积极性很高，效率也得到提高，而且小组成员之间相互学习、相互鼓励、相互称赞，氛围融洽。

在小组活动中，小组成员学习到了新的花形，尝试了新的制作方法，都对这样的活动表示满意，并且一直积极参与。社工在小组过程中，逐渐从第一期小组的领导者角色转变为辅助者，居民之间自教自娱，社工只是帮助维持秩序和提供素材，深切感受到组员的成长和自觉主动，而且居民之间也在形成自己的居民领袖，带领居民进行小组活动。小组计划按期进行，按质完成。但是也有不足的地方，比如每个居民的学习进度不同、动手能力不同，由于这些条件的限制，难以都照顾到，而且制作方法的熟练程度不同，难免造成材料的浪费。

为了进一步丰富居民的娱乐文化生活，吸纳居民参与，社工将成立手工协会，组织居民学习新的手工制作类型。

2. 象棋大赛（见表9-19）

表9-19 小组工作·象棋大赛计划书

活动主题	"棋艺人生"象棋大赛	活动形式	竞技比赛
活动日期	2014年×月××日	社工	××
活动背景	重庆仁爱社会工作服务中心嘉兴社工站在前期的服务与工作中发现社区有许多老年人喜欢下象棋，于是开展了象棋兴趣小组。通过小组活动的开展，部分组员从活动中受益。为了推进嘉兴社区文体活动，培养居民兴趣爱好，丰富居民生活，以社区中老年人为中心开展本次活动，以丰富中老年人的晚年生活，增进中老年人身心健康与增强其人际关系为目标；同时消除中老年人的失落感、空虚感，以棋会友，修身养性，让中老年人在活动中感到快乐，得到幸福；进而增强社区归属感和幸福感		
活动简介	本次活动以竞技比赛的形式开展，规则如下： 总规则：一盘一胜制。 （1）把人员分为两组比赛，预赛实行淘汰制；决赛实行一盘一胜制。 （2）出现平局，双方加赛或者抽签。 （3）比赛有计时，一步至多不超过1分钟，累计超过3次，直接判为输；对局时，由红方先走，双方轮流各走一着，直至分出胜负或者和棋 （4）要听从裁判的规定。 奖项设置：一等奖：4名，洗衣粉。 二等奖：4名，洗脸盆。 参与奖：若干名，肥皂		
活动开展	一、前期准备 1. 由仁爱社工做筛查，了解中老年人参与象棋活动的数量（确定中老年人参与数量），以及做适当的宣传（如传单）。 2. 如有社区居民想报名，到社工站办公室登记报名。 二、中期安排 1. 设置1名社工；1名解说员及活动游戏解说员；2名裁判，2名协助人员，以及3名现场控制人员，2名采访人员。		

续表

活 动 开 展	2. 活动场地的布置，（材料是象棋 2 副，气球若干，桌子 2 张，横幅一条，小宣传单及卡片、剪刀若干，双面胶若干，凳子 20 张，照相机，奖品（洗衣粉，洗脸盆，肥皂等） 3. 活动流程： （1）欢迎各参赛成员入场就座。 （2）活动比赛环节：根据实际参与人数而定。 （3）颁奖环节。 三、后期工作 由社工站社工及志愿者清理现场，同时，采访居民及社区负责人，收集本次活动的反馈信息，拍照留影并存档
预计困难 及应对措施	1. 参与成员不多 解决方法：邀请已有的象棋小组成员参赛并让他们帮忙招募； 2. 中老年人易中暑 解决方法：提前准备好防暑药品； 3. 活动室没空调，天气太热 解决方法：时间提前到早上或申请社区会议室开展活动

【活动总结及反思】

这次活动共邀请十几名爱好下棋的居民，其中由象棋小组的组长带头邀请其他爱好者，同时本次活动实行淘汰制规则，总规则是：一盘一胜制，很好地激起了参赛人员的参与热情。当有一组选手在下棋时，周围聚集了很多观摩组员，在他们旁边默默地加油打气，活动最后，一等奖获胜选手 4 名，优秀奖 10 名。

总的来说这次活动效果比较好，为之后的象棋协会奠定了一定的基础。做得好的地方有：到组员在大赛上有什么提议的时候，社工立即作出了回应，这一方面让组员感受到了自己的提议被尊重，另一方面又调动了其他组员参与讨论的积极性。

需要改进的地方：这次比赛是我们社工充当的裁判，没有安排组员担任裁判员。安排组员担任裁判对象棋协会今后的发展很重要，尤其是在举办象棋比赛的时候，引导居民自我开展象棋活动，实现居民自我组织、自我发展。

【本章小结】

本章介绍了重庆仁爱社会工作服务中心社区自组织化社区治理 4S 模式，即"自助、自治、自教、自娱"社区治理新模式，分别从个案、小组和社区的服务过程中展示出来。

4S 模式即自教（Self-education）、自治（Self-government）、自助（Self-service）、自娱（Self-entertainment），在这种模式下调动社区的优势资源，激发居民的平等参与，促进居民自我管理、自我组织、自我发展。

自助即居民自助、家庭互助、邻里相助、社区协助，帮助居民分析和寻找他们自身及社区、政府、社会的资源，并在社区内创建帮扶组织，搭建社区居民自助互助平台。

自治即民主协商、民主决策、民主管理、民主发展，通过社会工作的三大手法，为居民搭建参与社区公共事务的平台，调动居民参与社区事务的积极性，提升居民参与社区服务的意识和能力，逐步实现居民自我参与、自我管理、自我发展。

自教即自我教授、自我学习、自我参与、自我提升，以多样化的形式来促进"转非"居民生活、文化等方面的融入，实现居民整体综合素质的提高。

自娱即自我组织、自我参与、自我娱乐、自我开发。引导居民搭建和发扬社区内部文化，同时发展居民的自身特长以充实其业余生活，提高其精神文化生活。

【思考题】

1. 社区自组织化社区治理模式是在什么样的背景下提出来的？
2. 如何应用推广社区治理 4S 模式？

参考文献

[1] 冯玲，王名. 治理理论与中国城市社区建设[J]. 理论与改革，2003(3).

[2] 董小燕. 公共领域与城市社区自治[J]. 北京. 社会科学文献出版社，2010.

[3] 陈伟东，李雪萍. 社区治理主体：利益相关者[J]. 当代世界与社会主义，2004(2).

[4] 让·皮埃尔·戈丹. 现代的治理，昨天和今天：借重法国政府政策得以明确的几点认识[J]. 国际社会科学（中文版），1999(2).

[5] 高鉴国，高泰姆·业达马. 社区治理的理论与实践模式[M]//田玉荣. 非政府组织与社区发展. 北京：社会科学文献出版社，2008.

[6] 告尼思·阿罗. 放弃社会资本[M]//曹荣湘. 走出因徒困境——社会资本与制度分析. 上海：三联书店，2003.

[7] 周红文. 社会资本与中国农村治理改革[M]. 北京：中央编译出版社，2007.

[8] 刘务勇，金一兰. 我国城市社区民主建设的现状及对策思考[J]. 贵州大学学报（社会科学版），2011(3).

[9] 吴志华，程桂萍，注丹. 大都市社区治理研究[M]. 上海：复旦大学出版社，2008.

[10] 张宝锋. 城市社区自治研究综述[J]. 普阳学刊，2005(1).

[11] 桑玉成. 从五里堡街道看城市社区管理的体制建设[J]. 政治学研究，1992(2).

[12] 陈伟东. 社区自治[M]. 北京：中国社会科学出版社，2004.

[13] 徐耀东. 社区民主自治与基层民主建设[J]. 湖南行政学院学报，2007(1).

[14] 夏建中. 治理理论的特点与社区治理研究[J]. 黑龙江社会科学，2010(2).

[15] 刘炳静. 重构城市社区——以治理理论为分析范式[J]. 社会主义研究，2004(1).

[16] 丁茂战. 我国城市社区管理体制改革研究[M]. 北京：中国经济出版社，2009.

[17] 夏同杰. 试论城市社区管理体制的改革与创新[EB/OL]. http://www.sxmz.gov.cn/article/11735.shtml.

[18] 丁丁. 我国城市社区管理体制改革研究[D]. 中共浙江省委党校，2012.

[19] 方伟华. 城市社区管理体制改革研究[D]. 西南交通大学，2013.

[20] 王青山，刘继同. 中国社区建设模式研究[M]. 北京：中国社会科学出版社，2004.

[21] 陈家刚. 从社会管理走向社会治理[N]. 学习时报，2012-12-22(006).

[22] 侯非. 社会组织参与社会治理路径研究[D]. 重庆：西南大学，2013.

[23] 张康之. 论主体多元化条件下的社会治理[J]. 中国人民大学学报，2014(2).

[24] 朱晓红，伊强. 论社会治理的多元主体结构[J]. 学习论坛，2007(8).

[25] 魏娜. 我国城市社区治理模式：发展演变与制度创新[J]. 中国人民大学学报，2003(1).

[26] [美]埃莉诺·奥斯特罗姆. 公共事务的治理之道[M]. 余逊达，陈旭东，译. 上海：上海三联书店，2000.

[27] 刘娴静，邝凤霞. 中国城市社区治理：现状与路径[J]. 广东省社会主义学院学报，2004(4).

[28] 冯玲，李志远. 中国城市社区治理结构变迁的过程分析[J]. 人文杂志，2003(1).

[29] 汪大海. 社区管理学[M]. 北京：北京师范大学出版社，2011.

[30] 李国旗. 城市社区的法制化思考[J]. 长沙铁道学院学报(社会科学版)，2007(3).

[31] 石玉庆. 城市社区管理体制创新[J]. 社会视野，2007(7).

[32] 王思斌. 中国社会工作概论[M]. 北京：高等教育出版社，1999.

[33] 李丽君. 城市社区管理体制创新路径探析[J]. 天水行政学院学报，2009(1).